프로그래머를 위한 강화학습

강화학습 기초부터 대표 알고리즘의 원리와 코드 구현 및 튜닝까지

프로그래머를 위한 강화학습

초판 1쇄   2021년 3월 31일

지은이 멀티코어, 김남준, 윤철희 공저
발행인 최홍석

발행처 (주)프리렉
출판신고 2000년 3월 7일   제 13-634호
주소 경기도 부천시 원미구 길주로 77번길 19 세진프라자 201호
전화 032-326-7282(代)   **팩스** 032-326-5866
URL www.freelec.co.kr

편집 강신원
표지 디자인 황인옥
본문 디자인 박경옥

ISBN 978-89-6540-293-0

REIN FORCE MENT LEARNING
FOR PROGRAMMERS

TIME TO WIN
YES
ENJOY THIS
GO!
SOME FUN

강화학습 기초부터 대표 알고리즘의 원리와 코드 구현 및 튜닝까지

프로그래머 를 위한

강화학습

멀티코어·김남준·윤철희 공저

프리렉

이 책은 강화학습에 관심이 많지만 너무 어려워서 공부를 포기했던 많은 프로그래머를 위해 집필했습니다. 강화학습은 알파고를 통해 처음으로 세상에 알려졌지만 실제로는 다양한 곳에서 현실적인 문제를 해결하기 위해 사용하고 있습니다. 주식 투자 분야에서는 강화학습 알고리즘을 사용한 트레이딩 봇 개발을 진행 중이고, 구글 딥마인드는 눈 스캔 분석 데이터를 바탕으로 녹내장, 황반변성 등 안과질환 진단을 돕는 소프트웨어를 강화학습을 기반으로 개발했습니다.

. . .

강화학습을 공부해야 하는 이유

인공지능은 크게 머신러닝, 딥러닝, 그리고 강화학습으로 나뉩니다. 일반적으로 머신러닝은 정형 데이터를 분석하는 데 주로 사용하고 딥러닝은 이미지나 자연어 같은 비정형 데이터를 다루는 데 사용합니다. 이러한 데이터 기반 학습의 특징은 라벨링된 대량의 데이터가 필요하다는 것입니다. 대량의 데이터를 학습하기 위해서는 매우 큰 인공신경망이 필요하고, 이렇게 거대한 인공신경망 학습에는 고사양의 컴퓨팅 파워가 요구됩니다.

이렇듯 데이터 기반 인공지능은 기술만이 아니라 거대 자본력이 필수입니다. 데이터 라벨링에는 수작업이 필요하므로, 대량의 데이터를 수작업으로 라벨링하려면 많은 인력을 고용해야 합니다. 컴퓨팅 파워 또한 자본의 문제입니다. 고성능 GPU, 병렬로 연결된 대량의 컴퓨터 등, 돈이 많으면 많을수록 좋은 성능을 보장합니다.

하지만 강화학습은 기술력으로 많은 부분을 해결할 수 있습니다. 강화학습은 미리 라벨링된 데이터를 통해 학습하는 것이 아니라, 에이전트를 실행하면서 데이터를 스스로 만들어 내기 때문에 데이터 작업에 대한 부담이 없습니다. 또한 컴퓨팅 파워가 고사양이면 좋지만, 연산 속도가 빠르다고 해서 반드시 학습 결과가 좋은 것은 아닙니다. 오히려 강화학습은 알고리즘에 대한 깊은 이해와 문제를 해결하기 위한 프로그래밍 실력에 더 많은 것이 달려있기 때문입니다.

강화학습은 대한민국과 같이 자본력이 부족한 환경에서 적합한 인공지능 기술입니다. 비즈니스 환경에서 발생하는 많은 문제들을 프로그래밍 실력과 강화학습 알고리즘으로 해결할 수 있고, 이러한 특성을 기반으로 보다 향상된 서비스와 상품을 만들어 낼 수 있기 때문입니다.

· · ·

이 책의 특징

강화학습을 공부하기 위해서는 다양한 수학 지식과 통계 이론을 알아야 합니다. 그리고 마르코프 의사결정 과정이라는 최적화 알고리즘을 기본적으로 알고 있어야 합니다. 프로그래머가 이 모든 것을 이해하면서 강화학습 알고리즘을 공부한다는 것은 쉬운 일이 아닙니다.

이 책은 프로그래머가 강화학습을 좀 더 쉽게 이해할 수 있도록 다음과 같이 구성하였습니다.

- **강화학습 이해에 필요한 모든 통계와 수학 이론을 기초부터 설명합니다.** 필수적으로 이해해야 하는 부분은 자세히 설명하고, 개념만 알고 있어도 되는 부분은 간단하게 소개하며 강화

학습에서 어떻게 사용되는지 이해할 수 있도록 활용 방법을 안내합니다. 이 모든 것을 프로그래머가 별도로 자료를 찾아보지 않아도 가능하도록 준비해 두었습니다.

- **그림을 통해 쉽게 설명합니다.** 이론을 글로 설명하다 보면 개념이 명확히 전달되지 않는 경우가 많습니다. 특히 내용이 어려운 경우 반복적으로 읽어야 하는 경우가 많은데, 이런 어려움을 해결하고자 그림을 활용합니다. 어려운 개념을 도식화해서 읽는 사람이 쉽게 이해할 수 있도록 구성했습니다.

- **하나의 예제를 통해 개념과 이론을 설명합니다.** 강화학습 기초 이론의 경우 배가 섬을 향해 항해하는 예제를 만들어 점점 개념을 발전시켜 나가며, 알고리즘은 모두 카트폴(Cartpole) 게임을 사용해서 설명합니다. 따라서 강화학습을 배우기 위해 다양한 환경을 설치하거나 이해해야 하는 어려움을 모두 제거했습니다.

- **이론부터 튜닝까지 실무에 적용할 수 있는 수준까지 설명합니다.** 강화학습 최신 알고리즘을 소개할 뿐만 아니라 튜닝에 필요한 기초 지식과 방법론까지 구체적으로 설명합니다. 입문자를 위한 도서지만 실무에 활용하기에 부족함이 없도록 내용을 풍부하게 구성했습니다.

· · ·

누가 이 책을 읽어야 하나

이 책은 강화학습에 관심을 가지고 있는 모든 사람을 위해 집필되었습니다. 하지만 단 하나, 프로그래밍에 대한 기본 지식은 갖추고 있어야 합니다.

가장 중요한 것은 프로그래밍 지식입니다. 대부분의 프로그래머들이 Java나 C 언어를 사용할 겁니다. 이런 분들은 파이썬(Python) 기초 문법을 먼저 공부하는 것이 좋습니다. 시중에 있는 파이썬 기본 도서를 보는 것보다는 인터넷에서 쉽게 찾을 수 있는 데이터 분석과 관련된 파이썬 지식 정도면 충분합니다. 파이썬은 많은 기능을 제공하고 있지만, 데이터 분석 분야에서는 그중 극히 일부분만 사용하기 때문입니다.

이 책은 이러한 프로그래밍 지식을 가지고 있는 사람 중에서 특히 다음과 같은 사람에게 적합합니다.

먼저 **인공지능으로 업무를 개선하고 싶은 사람**입니다. 알파고를 통해 소개된 강화학습은 게임에 많이 적용되고 있지만, 비즈니스 환경에서 마주치는 다양한 문제 역시 강화학습을 통해 해결할 수 있습니다. 프로그래밍으로 반복문과 비교문을 통해 업무를 자동화할 수 있다면, 강화학습으로는 적절한 보상 체계를 설계해서 업무를 자동화하고 지능화할 수 있기 때문입니다.

다음으로 **나를 도와줄 지능화된 소프트웨어 봇을 만들고 싶은 사람**입니다. 반복적인 규칙에 의한 업무 처리를 담당하는 단순한 소프트웨어 봇은 누구나 쉽게 만들 수 있습니다. 하지만 데이터에 기반해 스스로 업무를 처리하는 소프트웨어 봇은 구현하기 쉽지 않습니다. 그렇지만 강화학습에 대한 기본 지식을 가지고 있으면 단순한 소프트웨어 봇을 지능을 갖도록 업그레이드할 수 있습니다.

마지막으로 **인공지능 기술을 활용해서 혁신적 제품을 만들고자 하는 사람**입니다. 요즘 소프트웨어 스타트업이 많이 만들어지고 있습니다. 너도나도 인공지능 기술을 사용해서 제품을 개발하고 있지만, 이미지 인식이나 자연어 처리를 제품 수준의 예측률이 나올 수 있도록 개발하는 것은 굉장히 어려운 일입니다. 하지만 강화학습의 경우 적절한 환경과 보상 체계를 설계하면 놀라운 성능을 발휘할 수 있습니다.

· · · ·

이 책의 구성

이 책은 강화학습의 기초 개념과 인공지능 개념, 가치 기반 강화학습, 정책 기반 강화학습, 튜닝 문제, 이렇게 모두 다섯 부분으로 구성됩니다.

가장 먼저 설명하는 것은 **강화학습의 기초 개념**입니다. 강화학습에 필요한 통계 및 수학 이론을 먼저 설명한 다음, 확률 과정에서 MDP 알고리즘에 이르는 과정을 자세하게 설명합니다.

다음으로 강화학습을 비약적으로 발전시킨 공로가 있는 **인공신경망에 대해 소개**합니다. 인공신경망이 무엇인지 직접적으로 설명하기보다는 인공신경망으로 이르는 과정을 선형 회귀부터 차근차근 설명합니다. 인공지능에 대한 개념이 전혀 없는 사람도 읽을 수 있도록 아주 기초부터 설명하기 때문에 프로그래밍에 대한 기초 지식만 있으면 누구나 쉽게 이해할 수 있습니다.

가치 기반 강화학습 부분에서는 DQN 알고리즘을 코드 중심으로 설명합니다. 다양한 강화학습 알고리즘 중 가치 기반 강화학습이 상대적으로 이해하기 쉬우므로 먼저 소개합니다.

본격적인 강화학습 알고리즘은 **정책 기반 강화학습** 부분에서 소개합니다. REINFORCE, A2C, PPO 알고리즘을 코드를 중심으로 설명하고 직접 실행할 수 있도록 안내합니다. 정책 기반 알고리즘은 가치 기반 알고리즘보다 이해하기 어렵지만 비교적 안정적인 성능을 보여주기 때문에 많은 지면을 할애해서 설명하고 있습니다.

마지막으로 **튜닝 문제**에 대해 설명하는데, 튜닝에 필수적인 인공신경망 세부 이론부터 시작해서 알고리즘 파라미터 튜닝을 효율적으로 돕는 베이지안 최적화 기법까지 구체적으로 다루고 있습니다.

강화학습은 인공지능 기술 중 이론적으로 가장 어렵지만, 이해만 할 수 있다면 가시적 성과를 보여줄 수 가장 현실적인 기술입니다. 개인적으로 또는 중소규모 기업에서 인공지능 기술을 통해 무엇인가를 만들어내고 싶다면 지금 즉시 강화학습을 공부할 것을 추천하고 싶습니다. 이 책은 그런 사람들이 목표에 도달하는 시간을 단축해, 하루라도 빨리 성과를 달성할 수 있도록 돕기 위해 만들어졌습니다.

차 례

8 정책 기반 PPO 알고리즘 213

9 인공신경망 튜닝 241

1

강화학습 기본 개념

이번 장에서는 강화학습이란 무엇인지 간단히 알아보고, 본격적으로 강화학습 알고리즘을 학습하기 전에 필요한 지식들에 대해 알아보도록 한다. 강화학습 알고리즘은 인공지능 분야에서 가장 난이도가 높은 기술이기 때문에 바로 알고리즘에 대해 알아보기보다는 배경 지식을 탄탄하게 익혀두는 것이 좋다.

1.1 강화학습이란

강화학습(Reinforcement Learning)이란 적절히 설계된 보상 체계를 활용해 에이전트가 긍정적인 행동을 할 수 있도록 에이전트 행동을 제어하는 정책을 찾아내는 최적화 기법이다.

강화학습에서 에이전트(Agent)는 정책(Policy)에 따라 어떤 환경(Environment)에서 특정 행동(Action)을 한다. 그러한 행동에 따라 환경의 상태(State)가 바뀌고 상태가 긍정적으로 바뀌었는지 부정적으로 바뀌었는지에 따라 보상(Reward)을 받는다.

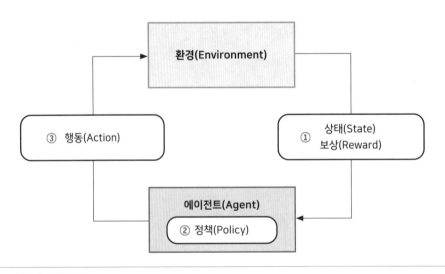

그림 1-1 강화학습 구성요소

에이전트의 행동을 결정하는 정책이 우수하다면 환경이 계속해서 긍정적으로 바뀔 것이고 그에 따른 보상도 커질 것이다. 강화학습의 목적은 행동의 결과로 받는 모든 보상을 누적해서 합산하고 그 값이 최대가 될 수 있는 정책을 찾는 것이다. 한 마디로 강화학습은 가장 좋은 정책을 찾는 것이 목적이고, 가장 좋은 정책은 누적 보상의 합을 최대로 만든다.

그림 1-2 강화학습 기본 개념(https://pixabay.com/)

발 밑을 볼 수 없고 앞만 볼 수 있는 아이가 꽃이 심어져 있는 화단을 건너가는 경우를 생각해 보자. 꽃을 잘 피해서 화단을 건너가면 발에 밟힌 꽃이 없을 것이고 잘못 발을 디뎌 꽃을 밟는다면 화단을 건너간 후에 많은 꽃이 죽어있을 것이다.

아이가 한 발자국 내딛을 때마다 꽃을 밟으면 꾸중을 하고 꽃을 밟지 않으면 칭찬을 한다고 생각해 보자. 화단을 건너는 무수히 많은 시도를 한다면 결국에는 꽃을 전혀 밟지 않고 화단을 건널 수 있을 것이다. 이것은 발걸음을 내딛는 결정을 할 때 칭찬을 받았던 기억이 자연스레 누적되어 어디로 가면 꽃을 밟지 않을지 경험적으로 알 수 있기 때문이다.

강화학습에서는 이때의 화단이 환경이 되고 화단에 있는 꽃들이 상태가 된다. 그리고 아이가 에이전트, 발을 내딛는 것이 행동, 마지막으로 발을 내딛을 때 받는 칭찬과 꾸중이 보상에 해당한다.

우리는 성장 과정에서 모르는 사이에 강화학습을 통해 많은 것을 배우게 된다. 걸음마를 배울 때나 말을 배울 때 그리고 자전거를 탈 때, 이 모든 과정에서 실패와 성공, 칭찬과 꾸중, 아픔과 성취감이라는 보상 체계를 통해 자연스레 이 모든 것들이 몸에 익게 된다.

행동과 상태의 종류가 아주 적은 경우에는 계산을 통해 최적의 정책을 찾을 수 있지만, 행동과 상태의 종류가 많아지면 계산을 통해 최적의 정책을 찾기란 쉽지 않다. 이런 경우에 활용하는 것이 바로 인공신경망이다.

지금까지 언급한 강화학습의 개념이 조금은 추상적이고 다소 뜬금없을 수도 있지만, 앞으로 강화학습의 필수 개념들을 하나씩 살펴보면서 이해해 나가면 어렵지 않게 나만의 지식으로 만들 수 있을 것이다.

1.2 확률과 확률 과정

1.2.1 확률

강화학습을 이해하려면 가장 먼저 확률의 개념에 대해 알고 있어야 한다. 확률의 사전적 의미(위키백과)는 어떤 사건이 실제로 일어날 것인지 혹은 일어났는지에 대한 지식 혹은 믿음을 표현하는 방법이다. 또한 확률은 같은 원인에서 특정한 결과가 나타나는 비율을 뜻하기도 한다. 확률이라는 단어를 생각하면 가장 먼저 머리에 떠오르는 것이 바로 주사위 게임이다. 주사위는 1부터 6까지 모두 여섯 개 숫자로 구성되어 있다. 주사위를 던져 1이 나올 확률은 1/6이다. 너무나 당연한 것처럼 알고 있다. 하지만 문구점에서 주사위를 하나

사서 진짜로 던져보자. 내가 6번을 던지면 반드시 1이 하나 나올까? 그렇지 않다. 확률이 1/6이라는 얘기는 주사위를 무수히 많이 던져서 나온 횟수를 평균했을 때 여섯 번에 한 번 꼴로 1이 나올 가능성이 있다는 얘기다. 이렇듯 확률이라는 개념에는 무작위라는 개념이 섞여 있다. 따라서 어떤 현상이 확률적(stochastic)이라고 하면 무작위적(random)이라 생각해도 좋다. 하지만 이때는 주사위 게임과 같이 가지고 있는 상태의 개수에 따라 어떤 현상의 확률을 계산할 수 있어야 한다.

1.2.2 조건부 확률

조건부 확률이란 확률의 특수한 경우로 어떤 특정한 조건 아래에서 발생하는 확률을 의미한다. 예를 들어 A 사건이 발생했을 때 B 사건이 발생할 확률을 $P(B|A)$라 표시하고 이를 A 사건에 대한 B 사건의 조건부 확률이라 부른다. 남학생 5명과 여학생 5명이 섞여있는 학급이 있다고 가정해 보자.

그림 1-3 조건부 확률(https://pixabay.com/)

여기에서 남학생 중 2명이 노트북을 가지고 있고 여학생 중 3명이 노트북을 가지고 있다고 하자. 그럼 이 반 학생 중 한 명을 고를 때 노트북을 가지고 있을 학생을 선택할 확률은 5/10, 즉 1/2이 된다. 그런데 남학생 중에 노트북을 가지고 있을 확률을 구해 보면 2/5가 된다. 앞서 말했던 A 사건이 남학생이고 B 사건이 노트북을 가지고 있는 학생이다. 즉, 이때는 조건부확률로써 남학생이라는 조건하에 노트북을 가지고 있는 학생을 선택할 확률을 구해야 한다. 그럼 여학생이 노트북을 가지고 있을 확률은 얼마인가? 같은 방식으로 3/5이라는 것을 쉽게 알 수 있다.

1.2.3 확률 과정

확률 과정(Stochastic Process)이란 확률(Stochastic)의 개념과 과정(Process)의 개념이 합쳐진 용어다. 확률(Stochastic)은 앞에서 살펴본 바와 같이 짧은 시간 동안에는 무작위적이지만, 긴 시간을 놓고 보면 일종의 규칙을 가지고 있다. 과정(Process)은 시간과 연관되어 있다. 성장 과정, 발전 과정, 진화 과정과 같은 모든 과정이 시간의 흐름에 따라 결정되는 것들이다. 따라서 확률 과정이란 시간의 흐름에 따라 확률적(무작위적)으로 움직이는 상태를 말한다.

$$\{X_t\}$$

- X : 랜덤 변수
- t : 시간
- { } : 집합

그림 1-4 확률 과정

확률 과정을 수학적으로 표현하는 방법은 다양하지만 대표적으로 $\{X_t\}$와 같이 나타낼 수 있다. 여기에서 X는 랜덤 변수고 t는 시간을 나타내며 { }는 집합을 의미한다. 즉, 시간의 흐름에 따라 발생하는 랜덤 변수의 집합으로 확률 과정을 표현할 수 있다.

확률 과정이란 개념을 만든 이유는 어떤 문제를 해결하기 위해서다. 과학적으로 어떤 개념을 해결하기 위해 먼저 해야 할 일은 수학적으로 현상을 표현하는 것이다. 수학적으로 표현할 수 있다면 프로그래밍을 통해 쉽게 문제를 해결할 수 있기 때문이다. 따라서 확률 과정이란 시간에 따라 무작위로 변화하는 상태 또는 환경을 수학적으로 표현한 것이라 정의할 수 있다.

확률 과정이 활용된 대표적인 사례는 브라운 운동(Brownian motion)이다. 브라운 운동은 1827년 스코틀랜드 식물학자 로버트 브라운(Robert Brown)이 발견한 현상으로써 물 위에 꽃가루 입자가 불규칙적으로 운동하는 현상을 이론적으로 설명한 것이다. 기존에는 살아있는 생명체가 스스로 움직인다고 생각했으나 로버트 브라운은 돌가루, 유리와 같은 무기물을 사용했을 때도 꽃가루의 움직임과 동일한 현상이 발생하는 것을 밝혀냈다.

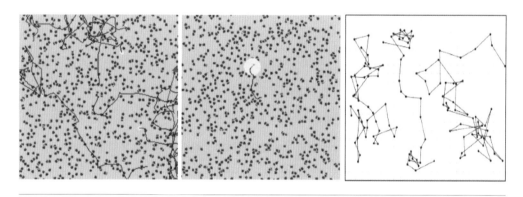

그림 1-5 브라운 운동 사례(https://en.wikipedia.org/wiki/Brownian_motion)

한 지점에서 출발한 꽃가루가 일정 시간 간격으로 멋대로 움직일 때, n회 움직인 후 출발점으로부터 거리를 측정할 수 있고, n이 충분히 크면 꽃가루가 어디에 위치할지에 대한 확률을 구할 수 있다.

로버트 브라운에 의해 밝혀진 이러한 현상은 아인슈타인에 의해 구체화되었다. 아인슈타인은 브라운 운동의 원인이 액체 분자에 의한 충돌 때문이라는 것을 밝혀냈으며, 이러한 현상을 수학식으로 정리하였다.

브라운 운동의 개념은 대표적으로 통계역학과 경제학 분야에서 많이 활용되고 있으며, 특히 경제학 분야에서는 시장을 움직이는 규칙을 설명하기 위해 브라운 운동을 많이 사용하고 있다.

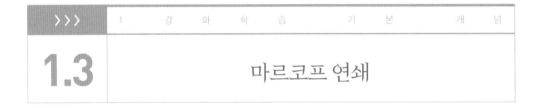

>>> 1 강 화 학 습 기 본 개 념

1.3 마르코프 연쇄

1.3.1 마르코프 속성

마르코프 속성(Markov Property)이란 용어는 러시아 수학자 안드레이 마르코프(Andrey Markov)의 이름에서 따온 것이다. 마르코프 속성은 확률 과정의 특수한 형태로서, 메모리를 가지고 있지 않다는 특성이 있다. 메모리란 과거에 일어났던 일들에 대한 시간적 기록을 말한다. 즉, **과거에 일어났던 모든 일을 무시하고 현재의 상황만을 가지고 미래를 예측**하는 것이다. 따라서 변수가 마르코프 속성을 지녔다고 한다면 바로 이전 상황에만 영향을 받는다고 생각하면 된다.

그럼 왜 과거에 일어났던 일들을 무시하고 현재의 상황만을 고려할까? 그것은 사건을 단순화하기 위한 것이다. 만일 과거의 모든 상황과 현재 상황을 고려해서 미래를 예측한다고 가정해 보자. 그렇다면 고려해야 할 데이터가 감당할 수 없을 만큼 많아질 것이다. 하지만 미래에 가장 영향을 많이 미치는 현재만 생각한다면 문제를 풀기가 훨씬 수월해질 것이다.

이러한 마르코프 속성을 조건부 확률로 나타내면 다음과 같다.

$$P[S_{t+1} \mid S_t] = P[S_{t+1} \mid S_1, \dots, S_t]$$

그림 1-6 조건부 확률로 표현한 마르코프 속성

이는 시간 t에서 상태가 S_t일 때 시간 $t+1$에서 상태가 S_{t+1}일 확률을 의미한다. 즉, S_{t+1}은 S_t에 의해서만 결정되므로 S_t만으로 S_{t+1}을 알 수 있다.

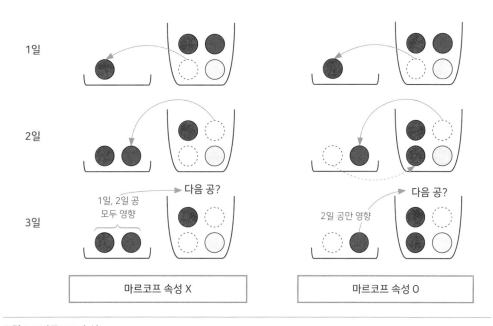

그림 1-7 마르코프 속성

자루에 담긴 공을 꺼내는 상황을 생각해 보자. 자루에 빨간색 2개, 파란색 1개, 노란색 1개 모두 4개의 공이 들어 있다고 가정해 보자. 오늘 하나의 공을 꺼내서 다른 곳에 보관하고,

내일 또 다른 공을 꺼내서 다른 곳에 보관한다면, 삼일 째 나올 수 있는 공은 오늘과 내일 꺼낸 공에 모두 영향을 받는다. 이런 상황은 마르코프 속성을 만족하지 않는다.

하지만 오늘 꺼낸 공을 다른 곳에 보관하고 내일 다른 공을 꺼낸 후 오늘 꺼낸 공을 다시 자루로 집어 넣는 상황을 생각해 보자. 그러면 삼일 째 나올 수 있는 공은 바로 전날 꺼낸 공에만 영향을 받는다. 오늘 꺼낸 공은 다음날 공을 꺼내면서 자루에 집어 넣기 때문이다. 이런 상황은 마르코프 속성을 만족한다.

1.3.2 마르코프 연쇄

마르코프 연쇄(Markov Chain)는 마르코프 속성을 지닌 시스템의 시간에 따른 상태 변화를 나타낸다. 즉, 과거와 현재 상태가 주어졌을 때, 미래 상태의 조건부 확률 분포가 과거 상태와는 독립적으로 현재 상태에 의해서만 결정되는 환경을 말한다. 이러한 상태 공간이 이산적(discrete)일 때 마르코프 연쇄(Markov Chain)라 하고, 연속적(continuous)일 때 마르코프 과정(Markov Process)이라 한다.

> **여기서 잠깐** **이산적(discrete)과 연속적(continuous)**
>
> 이산적이라는 말은 분리되고 따로 떨어져 있다는 의미다. 반대로 연속적이라는 말은 연달아 이어진다는 의미를 가지고 있다. 숫자를 생각해 보면 좀 더 이해하기 쉽다. 1, 2, 3과 같이 자연수(Natural Number)는 따로 떨어져 있기 때문에 이산적이고, 1.000000001, 1.00000000002와 같이 실수(Real Number)는 정확히 구분하기 어렵고 연결되어 있기 때문에 연속적이라 할 수 있다.

마르코프 연쇄는 두 가지 요소로 구성된다. 상태 집합(S: Set of States)과 상태 전이 매트릭스(P: State Transition Matrix)이다. 상태 전이 매트릭스는 각 상태별 확률을 매트릭스(행렬) 형태로 모아 놓은 것이다.

- S : 상태(State)의 집합
- P : 상태 전이 매트릭스

$$P_{ss'} = P[S_{t+1} = s' \mid S_t = s]$$

그림 1-8 마르코프 연쇄 구성요소

날씨를 예측하는 시스템을 예로 살펴보자. 현실과 정확히 맞지는 않지만 이해를 돕기 위해 상황을 단순하게 만들어 보자. 오늘의 날씨 상태에 따라 다음 날 날씨가 어떨지 과거의 데이터를 통계 분석해서 어떤 확률을 구했다고 가정하자.

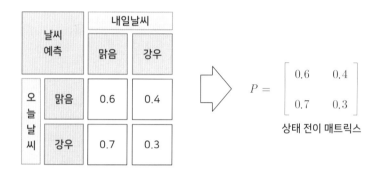

그림 1-9 상태 전이 매트릭스

날씨 상태는 맑음과 강우 2가지가 있다고 할 때 조건부 확률은 모두 4가지가 있다. (1) 맑음→맑음, (2) 맑음→강우, (3) 강우→맑음, (4) 강우→강우, 이렇게 모두 4가지다. (1)의 경우 오늘 날씨가 맑았을 때 다음 날 다시 맑을 확률은 0.6이다(물론 이것은 누군가 과거의 날씨 데이터를 분석해서 계산한 확률이라고 가정한 것이다). (2)의 경우 확률은 0.4이고 (3)의 경우 0.7 그리고 (4)의 경우 0.3이다. 이것을 매트릭스 형태로 나타낼 수 있으며 이를 상태 전이 매트릭스라 부른다.

이제 상태 전이 매트릭스를 가지고 오늘 날씨가 맑았을 때 3일 후 날씨가 어떨지 예측해 보자. 마르코프 상태에서는 과거의 데이터는 고려하지 않기 때문에 앞으로 일어날 일에 대한 조건부 확률만 고려하면 된다. 따라서 3일 후 날씨를 예측하기 위해서는 상태 전이 매트릭스를 모두 3번 곱해주면 된다. 단순한 행렬의 곱셈으로 미래를 그럴 듯하게 예측할 수 있는 것이다.

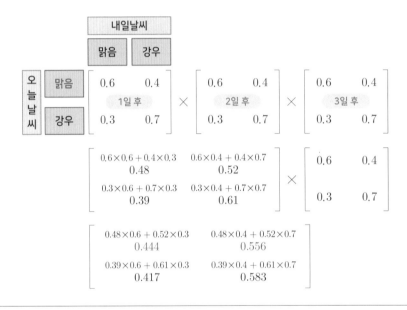

그림 1-10 3일 후 날씨 예측

3일 후 상태 전이 매트릭스는 0.444, 0.556, 0.417, 0.583과 같다. 여기에서 오늘 맑았을 때 3일 후 날씨가 맑을 확률은 0.444이고 비가 올 확률은 0.556이다. 즉, 오늘 맑으면 3일 후에는 비가 올 확률이 더 높다는 것이다.

마르코프 연쇄는 마르코프 속성을 지닌 시스템의 시간에 따른 상태 변화를 나타내며 상태 집합(Set of States)과 상태 전이 매트릭스로 구성된다. 앞서 사례로 든 날씨 예측 시스템의 경우 조건부 확률을 매트릭스 형태로 표현했다. 이제 네트워크 형태로 표현된 시스템(또는 환경)을 통해 마르코프 연쇄를 좀 더 깊이 알아보도록 하자.

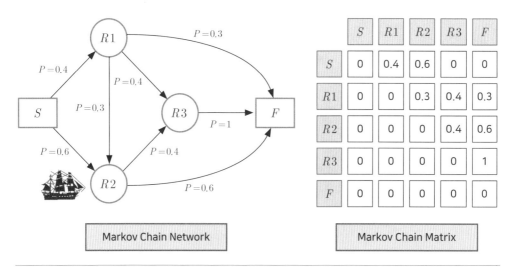

그림 1-11 마르코프 연쇄의 다양한 표현

앞선 그림에서 확인할 수 있는 시스템은 시작점(S)에서 종착점(F)까지 라우터(R)를 거쳐 길을 찾아가는 구성이다. 화살표가 갈 수 있는 방향을 나타내고 각 화살표는 확률을 가지고 있다. 시작점 S에서 선택할 수 있는 길은 모두 두 가지다. S에서 $R1$로 갈 수 있는 확률은 0.4이고 $R2$로 갈 수 있는 확률은 0.6이며 각각의 선택지에 대한 확률을 더하면 1이 나온다.

마르코프 연쇄는 앞선 그림의 왼쪽처럼 네트워크 형태로 표현할 수도 있고, 오른쪽처럼 매트릭스 형태로도 표현할 수 있다. 어떤 형태로 표현해서 사용할지는 해결하고자 하는 문제가 무엇인지에 달렸다.

한 타임(t)에 화살표 하나씩 이동한다고 할 때, 정확히 3타임 동안 출발점(S)에서 목적지(F)까지 도달할 수 있는 확률을 구해 보자. 여기에서 한 타임에 하나씩 이동하는 것을 다른 말로 타임스텝(Time Step)이라 부른다. 매트릭스 형태가 아닌 네트워크 형태에서 확률은 다음과 같이 구할 수 있다.

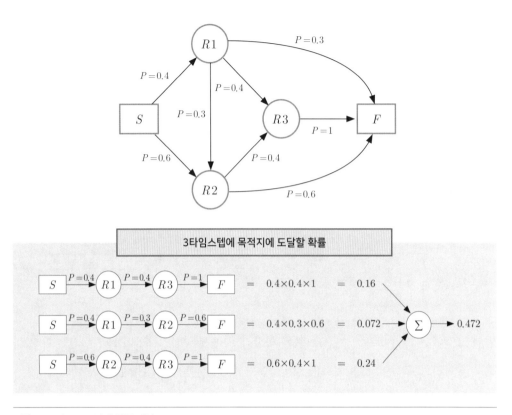

그림 1-12 마르코프 연쇄 확률 계산

먼저 3타임스텝에 출발지에서 목적지까지 갈 수 있는 경우의 수(2타임스텝에 도착하는 경우는 제외)를 모두 구해 보자. 그러면 경우의 수는 (S, R1, R3, F), (S, R1, R2, F) 그리고 (S, R2, R3, F) 이렇게 모두 3가지임을 알 수 있다. 이런 일련의 연속된 상태의 변화를 에피소드(Episode)라 부른다. 다시 말하면 3타임스텝에 목적지에 도달하는 경우는 모두 3 가지 종류의 에피소드가 존재한다. 화살표로 표시된 이동 경로에는 확률이 표시되어 있고, 각각의 경로로 이동하기 위해서는 조건부 확률이 연속적으로 발생해야 하기 때문에 각 확률을 서로 곱해 준다. 마지막으로 경로마다 구한 확률 값을 더해주면 3타임스텝에 목적지까지 갈 수 있는 확률(0.472)을 구할 수 있다. 이렇듯 마르코프 연쇄를 사용하는 목적은 해결하고자 하는 문제에 대한 발생 확률을 구하는 것이다.

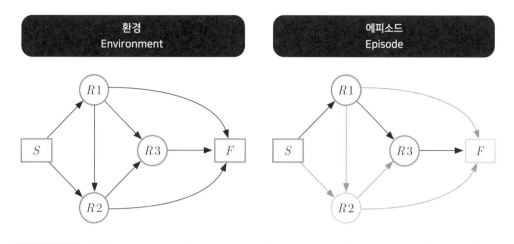

그림 1-13 환경과 에피소드

마르코프 연쇄는 실제로 많이 활용되고 있다. 특히 야구 통계 분야에서 널리 사용되는데 2011년에 개봉한 영화 머니볼(Money Ball)에서 주인공이 야구 결과를 예측하는 데 사용한 기법이 바로 마르코프 연쇄다. 과거 야구 통계 데이터를 분석해서 선수별 평균 득점 확률을 얻고 모델을 만들어 다음 경기에서의 예상 득점을 계산해서 어떤 선수를 등판시킬지 결정하는 것이다. 마르코프 연쇄는 개념이 아주 단순한 것 같지만 야구에 이 개념을 도입함으로써 과학적 야구의 시대를 열 수 있었다.

마르코프 연쇄 이론을 사용하는 목적은 어떤 사건이 발생할 확률을 구하는 것이다. 사건은 3일 후 열릴 경기에 출전할 4번 타자의 타율이 될 수도 있고, 3년 후 백화점 예상 매출이 될 수도 있다. 여기에서 구한 확률을 기반으로 경기에 출전할 선수를 고른다든가 백화점의 판매 전략을 세울 수 있다.

1.4 마르코프 보상 과정

마르코프 보상 과정(MRP: Markov Reword Process)은 마르코프 연쇄에 보상(Reword) 과 시간에 따른 보상의 감가율을 의미하는 감마(γ)가 추가된 개념이다. 마르코프 연쇄 가 상태(S)와 상태 전이 매트릭스(P)로 이루어져 있다면 MRP는 상태 집합(S), 상태 전 이 매트릭스(P), 보상 함수(R) 그리고 감가율(γ)로 구성된다. 마르코프 연쇄에서는 상태 (State)에 전이 확률(Transition Probability)만 주어졌을 뿐이지 상태 변화가 얼마나 가 치가 있는지는 알 수 없다. 하지만 MRP를 활용하면 상태 변화에 대한 가치를 계산할 수 있다. MRP는 1971년 출판된 로널드 아서 하워드(Ronald Arthur Howard)가 저술한 책 에 처음으로 소개된 개념이다.

이제부터 수학적 개념이 조금씩 들어가기 시작한다. 너무 당황하지 말고 하나씩 살펴보 자. 생각보다 어렵지 않다. 먼저 마르코프 보상 과정을 이루는 요소를 수학적으로 표현해 보면 다음과 같다.

- S : 상태(State)의 집합
- P : 상태 전이 매트릭스
  $$P_{ss'} = P[S_{t+1} = s' \mid S_t = s]$$

  마르코프 연쇄

- R : 보상 함수
  $$R_s = E[R_{t+1} \mid S_t = s]$$

- γ : 감가율
  $$\gamma \in [0, 1]$$

그림 1-14 MRP 구성요소

S(Set of Sates)는 다루고 있는 환경(Environment)이 가질 수 있는 다양한 **상태**다. MRP 에서 상태는 유한해야 한다(개수가 정해져 있음). 여기에서 환경은 우리가 다루고 있는 시스템 또는 문제와 같은 개념이다. 주가를 예측하고 싶다면 주가 예측에 필요한 다양한 변수가 환경에 해당하고, 백화점 매출을 예측하고 싶다면 고객 정보, 매출 정보, 재무 정보 등이 환경에 해당한다.

앞에서 설명한 바와 같이 P는 **상태 전이 매트릭스(State Transition Matrix)**이다. 각각의 상태가 다른 상태로 변할 수 있는 조건부 확률을 매트릭스 형태로 표현한 것이다. 수식으로는 앞선 그림에서와 같이 표현할 수 있는데 시간 t에서 상태가 s일 때 시간 $t+1$에서 상태가 s'이 될 조건부 확률을 의미한다.

R은 **보상 함수(Reword Function)**이다. 보상 함수는 확률의 기댓값(E: Expectation) 형태로 표현할 수 있는데 앞의 그림 나와있는 수식이 의미하는 것은 상태가 시간 t에서 s일 때 시간 $t+1$에서 받을 수 있는 보상의 기댓값이다.

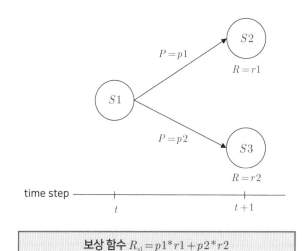

그림 1-15 보상 함수 계산

상태 s가 $t+1$에서 가질 수 있는 상태가 2개($s2$, $s3$)이고 각각의 확률이 $p1$, $p2$이며 각 상태 변화에 따른 보상이 $r1$, $r2$일 때 보상 함수의 값은 $p1 \times r1 + p2 \times r2$이다. 시간 t에서 상태가 $s1$일 때 보상 함수를 통해서 구할 수 있는 보상은 그 순간에 받는 보상만을 계산할 수 있다(이 부분은 뒤에서 설명할 반환값에 대해 이해하면 좀 더 깊이 알 수 있다). 자 그럼 상태 $s1$의 보상이 계산되는 시간은 언제일까? 바로 $t+1$에서 상태 $s1$의 보상이 계산된다. 시간 t에서의 상태는 s이고 시간 $t+1$에서의 상태는 s'이다. 시간이 한 타임스텝 지나서 $t+1$로 이동되고 상태는 s'으로 이동될 때, 상태 s의 보상이 계산되는 것이다.

> **여기서 잠깐** **확률의 기댓값(Expected Value)**
>
> 각 사건이 벌어졌을 때의 이득과 그 사건이 벌어질 확률을 곱한 것을 전체 사건에 대해 합한 값이다. 이것은 어떤 확률적 사건에 대한 평균의 의미로 생각할 수 있다. (출처: 위키백과)
>
> - **이산 확률 분포의 기댓값:** $E(X) = \sum x f(x)$
>
>   이산 확률 분포에서 $f(x)$는 x 사건이 일어날 확률이다. 따라서 기댓값은 x 사건의 값(이득)과 확률(p)을 곱해서 더하는 것이다.
>
> - **주사위의 기댓값:** $1 \cdot \frac{1}{6} + 2 \cdot \frac{1}{6} + 3 \cdot \frac{1}{6} + 4 \cdot \frac{1}{6} + 5 \cdot \frac{1}{6} + 6 \cdot \frac{1}{6} = 3.5$
>
>   주사위는 사건의 값이 1부터 6까지 있고 확률은 모두 1/6이다. 모든 사건과 그에 따른 확률을 고려해 기댓값을 구할 수 있다. 주사위가 가질 수 있는 값과 각 값에 해당하는 확률을 곱해서 합산하면 주사위 값의 평균과 같다. 즉, 확률의 기댓값은 사건 값의 평균을 구하는 것과 같다.
>
> - **연속 확률 분포의 기댓값:** $E(X) = \int_{-\infty}^{\infty} x f(x)\, dx$
>
>   연속 확률 분포에서 $f(x)$는 확률 밀도 함수이다. 이산적인 환경에서는 각각의 값을 구할 수 있지만 연속적인 환경에서는 값을 하나하나 구할 수 없기 때문에 적분을 사용한다. 적분은 주어진 그래프가 표현하고 있는 공간의 면적을 구하는 것이다.

γ(**감마**)는 **감가율(할인율)**을 의미한다. 감가율은 0과 1 사이의 값을 가질 수 있다. 일반적으로 감가율이란 시간의 흐름에 따라 가치를 얼마의 비율로 할인할지를 결정하는 비율이다.

2년 된 자동차와 3년 된 자동차의 가격을 평가할 때 연 단위로 감가율 0.8을 사용한다고 가정해 보자. 2년 된 자동차는 $0.8 \times 0.8 = 0.64$의 감가율을 원래 자동차 가격에 곱해 가격을 산출하고, 3년 된 자동차는 $0.8 \times 0.8 \times 0.8 = 0.512$의 감가율을 곱해 자동차 가격을 산출할 수 있다.

감가율은 지난 시간의 가치뿐만 아니라 아직 다가오지 않은 미래의 가치를 계산할 때도 사용된다. 오늘 납품한 상품 대금을 오늘 받는 것과 1년 후에 받는 것은 돈을 받는 사람의 입장에서 느끼는 가치가 다를 것이다. 오늘 받는 천만 원과 1년 후에 받는 천만 원은 똑같은 돈이 아니라 오늘 받는 천만 원이 훨씬 큰 가치가 있다. 이때 1년 후에 받을 돈의 가치를 현재 가치로 환산하기 위해 사용하는 것이 감가율이다. 금리와 물가 상승률을 고려했을 때 감가율을 0.9라고 가정하면 1년 후에 받을 돈의 현재 가치는 9백만 원이 된다.

MRP의 목적은 가치를 계산하는 것이다. 이 가치 계산이라는 것은 보상 함수를 사용해서 한순간의 가치만을 계산하는 것이 아니라, 하나의 에피소드 혹은 전체 환경의 가치를 한꺼번에 모두 계산하는 것이다. 그리고 그러한 가치는 현재 가치로 환산되어야 한다. 하나의 에피소드 전체 가치를 계산하기 위해서는 에피소드가 끝날 때까지 몇 개의 타임스텝을 진행해야 한다. 그래서 여기에 감가율이 필요하며 감가율을 사용해서 몇 타임스텝 후에 얻을 수 있는 가치를 현재 가치로 환산해 현 시점에서 바라보는 에피소드의 가치를 구할 수 있다.

감가율은 현재의 보상과 미래의 보상을 바라보는 관점과 관계가 있다. 감가율이 0이면 미래의 보상을 전혀 고려하지 않는 것과 같고, 감가율이 1이면 현재의 보상과 미래의 보상을 똑같이 평가하는 것이다.

여기서 **반환값(G: Return)**이라는 새로운 개념이 등장한다. 반환값은 타임스텝 t에서 계산한 누적 보상의 합계이다. 물론 이때 누적 보상은 감가율로 할인되어 계산된다. 반환값은 주로 전체 환경이 아닌 에피소드 단위로 계산되는데, 에피소드의 효율성이나 가치를 반환값을 통해 평가하며, 이 반환값을 극대화할 수 있도록 환경을 설계하는 것이 MRP의 목적 중 하나다.

$$G_t = R_{t+1} + R_{t+2} + \ldots = \sum_{k=0}^{\infty} \gamma^k R_{t+k+1}$$

그림 1-16 반환값

반환값 계산식에서 한 가지 특이한 점은 상태 전이 확률이 고려되지 않는다는 것이다. 반환값은 하나의 선택된 경로(에피소드)에 대한 전체적인 보상을 계산하는 방식이다. 따라서 이미 경로가 선택되었기 때문에 상태 전이 확률을 사용할 필요가 없다.

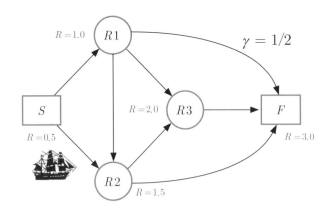

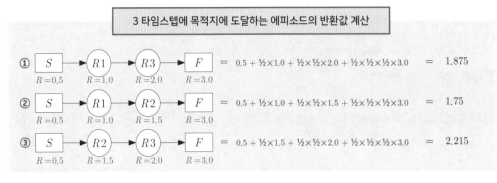

그림 1-17 반환값 계산

임의로 감가율은 1/2로 설정했다. 3타임스텝에 목적지에 도달하는 에피소드는 모두 3가지다. 각 노드마다 보상이 정해져 있고, 이 보상값에 타임스텝이 진행됨에 따라 감가율을 계속 곱해 준다. 타임스텝마다 계산한 값을 모두 합산하면 각각의 에피소드에 해당하는 반환값이 나온다. 반환값을 통해 계산한 효율은 3번째 에피소드가 가장 높다.

$$
\begin{aligned}
v(s) &= E[G_t \mid S_t = s] & ① \\
&= E[R_{t+1} + \gamma R_{t+2} + \gamma^2 R_{t+3} + \ldots \mid S_t = s] & ② \\
&= E[R_{t+1} + \gamma(R_{t+2} + \gamma R_{t+3} + \ldots) \mid S_t = s] & ③ \\
&= E[R_{t+1} + \gamma G_{t+1} \mid S_t = s] & ④ \\
&= E[R_{t+1} + \gamma v(S_{t+1}) \mid S_t = s] & ⑤
\end{aligned}
$$

그림 1-18 상태 가치 함수

이제 **상태 가치 함수(v: State Value Function)**에 대해 알아보자. 반환값(G)으로 에피소드 하나에 대한 가치를 측정할 수 있었다면, 상태 가치 함수로는 환경(Environment) 전체에 대한 가치를 측정할 수 있다. 함수라는 용어에서 짐작할 수 있듯이 상태 가치 함수에서는 상태 전이 확률을 같이 고려한다.

	측정 대상	특징	감가율 γ	상태 전이 확률 P
반환값 G: Return	에피소드 Episode	합계	사용	미사용
상태 가치 함수 v: State Value Function	전체 환경 Environment	기댓값	사용	사용

그림 1-19 반환값과 상태 가치 함수

상태 가치 함수 수식 ①이 의미하는 것은 타임스텝 t에서 상태가 s일 때 상태 가치 함수는 반환값에 대한 기댓값으로 구할 수 있다는 것이다. 즉, 상태 s에서 다음 상태로 이동할 경우의 수가 2가지라고 하면 다음 타임스텝에 이동할 수 있는 상태에서 반환값($g1$, $g2$)을 각각 구하고 각 상태로 이동할 수 있는 조건부 확률($p1$, $p2$)을 곱해서 더해주면 ($v(s) = p1 \times g1 + p2 \times g2$) 된다.

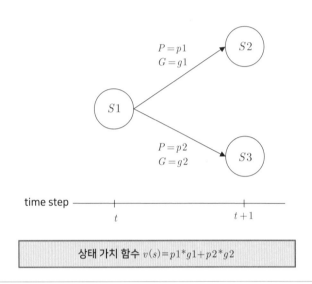

그림 1-20 수식 ①을 사용한 상태 가치 함수의 예

수식 ②는 반환값을 구하는 수식을 그대로 집어넣은 것이고 수식 ③은 다음 타임스텝의 반환값을 감가율로 묶은 것이다. 수식 ④는 다시 이것을 다음 타임스텝의 반환값으로 대치한 것이다. 마지막 수식 ⑤는 반환값(G_{t+1}) 대신에 상태 가치 함수($v(S_{t+1})$)를 집어넣었다. 반환값을 상태 가치 함수로 대체할 수 있는 이유는 반환값에 대한 기댓값(E, 모든 경우의 수를 고려)을 구하면 상태 가치 함수를 구하는 것과 같기 때문이다. 앞선 식에서는 반환값에 대해서도 기댓값을 구하고 상태 가치 함수에 대해서도 기댓값을 구했는데, 이것이 어떻게 동일하냐라는 의문을 가질 수 있다. 그것은 바로 기댓값을 구하는 상황에서는 반환값과 상

태 가치 함수가 같은 역할을 하기 때문이다.

이제 이 수식을 좀 더 일반화하여 프로그래밍이 가능한 형태로 만들어 보자.

$$v(s) = E[R_{t+1} + \gamma v(S_{t+1}) \mid S_t = s] \quad \text{①}$$
$$= R_{t+1} + \gamma E[v(S_{t+1}) \mid S_t = s] \quad \text{②}$$
$$= R_{t+1} + \gamma \sum_{s' \in S} P_{ss'} v(s') \quad \text{③}$$

그림 1-21 상태 가치 함수 벨만 방정식

강화학습에서는 프로그래밍으로 가치를 구하기 위해 **벨만 방정식(Bellman equation)**을 많이 사용하는데, 이는 미국의 수학자 리처드 어니스트 벨만(Richard Ernest Bellman)의 이름을 따서 명명된 수학적 표현 방법이다.

벨만 방정식은 일반적으로 기댓값을 시그마 기호를 사용한 수열의 합으로 표현하며 현재 상태와 다음 상태의 관계로 나타낸다. 수식 ①이 앞에서 알아본 개념적인 상태 가치 함수며 수식 ②는 상수는 기댓값에서 의미가 없기 때문에 앞으로 빼내 수식을 좀 더 간단히 정리한 것이다. 수식 ③은 기댓값을 수열의 합과 다음 상태에서의 상태 가치 함수로 나타낸 것으로 이것을 벨만 방정식이라 부른다.

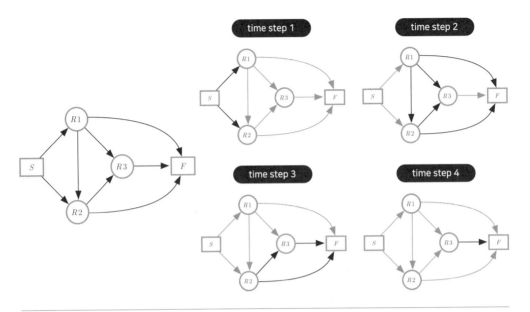

그림 1-22 타임스텝별로 고려해야 하는 상태

이 예제에서 벨만 방정식을 그대로 적용해 직접 가치를 계산하는 것은 쉬운 일이 아니다. 벨만 방정식을 사용하는 이유는 프로그래밍을 통해 문제를 해결하기 위해서다. 간단한 네트워크로 구성된 라우팅 문제의 경우 순차적으로 반환값을 구해 상태 가치 함수를 계산할 수 있다.

MRP는 강화학습을 이해하기 위해 거쳐가는 과정이기 때문에 상태 가치 함수를 모두 계산하기 보다는 상태 가치 함수가 의미하는 바가 무엇이고, 벨만 방정식으로 어떻게 표현되는지 이해하는 선에서 만족하도록 하자.

2

강화학습 기본
알고리즘

강화학습 알고리즘은 마르코프 결정 과정(MDP)에서 시작한다. 지금까지 공부한 확률과 마르코프 보상 과정(MRP)은 비교적 이해하기 쉬운 부분이었지만 MDP부터는 난이도가 갑자기 올라간다. MDP에는 MRP에 없는 행동(Action)과 정책(Policy)이 추가되기 때문이다.

하지만 MDP를 제대로 이해하지 못한다면 Q 러닝, REINFORCE, A2C, PPO와 같은 본격적인 강화학습 알고리즘을 절대 이해할 수 없다. 그만큼 MDP는 이론적 기초로써 매우 중요하므로 이번 장을 반드시 이해하고 넘어가길 바란다.

2.1 마르코프 결정 과정

마르코프 결정 과정(MDP: Markov Decision Process)은 마르코프 보상 과정(MRP: Markov Reward Process)에 행동(A: Action)과 정책(π: Policy)이 추가된 개념이다. **MRP가 에피소드나 환경 전체의 가치를 계산하는 것이 목적이라면 MDP는 환경의 가치를 극대화하는 정책을 결정하는 것**이 목적이다. 아직 무슨 말인지 이해하기 어렵겠지만 우선 머릿속에 정책 결정이라는 용어를 넣어두길 바란다.

MRP	에이전트는 시간의 흐름(타임스텝)에 따라 상태 전이 확률에 영향을 받으며 자연스럽게 이동
MDP	에이전트는 타임스텝별로 정책에 따라 행동을 선택하고 상태 전이 확률에 영향을 받아 이동

그림 2-1 MRP와 MDP에서 에이전트의 이동

MDP에서는 **에이전트(Agent)**라는 개념이 새로 등장한다. 확률 과정에서 꽃가루의 움직임을 관찰해서 브라운 운동을 발견했다고 설명한 바 있다. 이때 꽃가루가 바로 에이전트(Agent)에 해당한다. 확률 과정과 MRP에서도 에이전트를 사용해서 개념을 설명할 수 있지만, 꼭 필요하지는 않아 도입하지 않았다. 확률 과정과 MRP에서 환경(Environment)의 상태(S: State)는 시간의 흐름에 따라 상태 전이 확률(P)의 영향을 받으면서 자연스럽게 바뀐다. 따라서 어느 정도 수동적인 의미가 들어 있다. 하지만 MDP에서는 에이전트가 취한 행동과 상태 전이 확률의 영향을 동시에 받아 환경의 상태가 바뀌게 된다. 에이전트가 스스로 행동을 결정(정책에 따라)한다는 의미에서 능동적인 의미가 들어 있다. 이러한 의미의 차이는 MRP와 MDP의 활용 분야에도 영향을 미친다.

에이전트라는 단어는 행위자라는 의미를 지니고 있다. 어떤 행동을 하는 주체라는 의미다. MDP에서 에이전트는 정책(π)에 따라 행동(Acton)을 하며 상태(State)는 에이전트가 취한 행동과 상태 전이 확률(P)에 따라 바뀌게 된다.

- S : 상태(State)의 집합
- P : 상태 전이 매트릭스
  $$P_{ss'}^a = P[S_{t+1} = s' \mid S_t = s, A_t = a]$$
- R : 보상 함수
  $$R_s^a = E[R_{t+1} \mid S_t = s, A_t = a]$$

- γ : 감가율
  $$\gamma \in [0, 1]$$
- A : 행동(Action)의 집합
- π : 정책 함수

그림 2-2 MDP 구성요소

상태 전이 매트릭스(P)는 시간 t에서 상태가 s였을 때 a 행동을 할 경우 시간 $t+1$에서 상태가 s'일 조건부 확률이다. 보상 함수(R)는 시간 t에서 상태가 s였을 때 a 행동을 할 경우 시간 $t+1$에서 받는 보상의 기댓값이다. MDP에서는 MRP의 상태 전이 매트릭스와 보상 함수에 행동이라는 조건이 더 추가됐다.

MDP에는 **행동(A : Set of Actions)**이 추가되었기 때문에 상태 전이 매트릭스와 보상 함수 또한 행동을 함께 생각해줘야 한다. 행동이란 다음 상태에 영향을 미치는 행위이기 때문이다. MDP에서 취할 수 있는 행동의 개수는 상태(S: State)와 마찬가지로 종류가 정해져 있다(유한 상태).

$$\pi = P[A_t = a \mid S_t = s]$$

그림 2-3 MDP 정책

MDP에서 정책이란 행동을 선택하는 확률(상태 전이 매트릭스와 같은 형태)이다. 만일 4가지 종류의 행동이 있다면 에이전트가 한 상태에서 각각의 행동을 할 확률의 합은 1이 되어야 한다. 정책은 확률이기 때문에 에이전트가 정책에 따라 행동한다는 것은 항상 확률이 높은 행동을 하는 것이 아니라 확률이 높은 행동을 할 가능성이 크다라는 의미다.

예를 들어 어떤 정책이 A 행동에 대한 확률이 60%이고 B 행동에 대한 확률이 40%인 경우를 생각해 보자. A 행동에 대한 확률이 높다고 해서 정책을 따를 경우 항상 A 행동을 하는 것은 아니다. 정책은 A 행동을 60%의 확률로 선택하는 것이다. 나머지 40%는 B 행동을 선택한다.

사람이 하는 일처럼 MDP에서 에이전트는 항상 정해진 길을 따라가는 것이 아니므로 언제나 의외성이 존재한다. 이것은 나중에 배울 탐험(Exploration) 문제와도 깊은 연관이 있다.

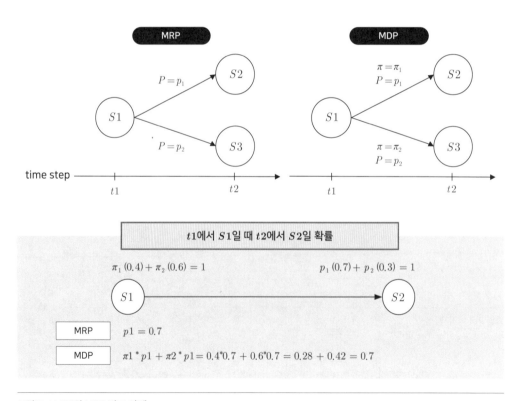

그림 2-4 MRP와 MDP 비교 사례

갑자기 행동과 정책이라는 개념이 등장해서 잠시 혼란스럽겠지만 앞의 예제를 살펴보면 좀 더 이해하기 쉬울 것이다. MRP 환경은 비교적 간단하다. 타임스텝 $t1$에서의 상태는 $s1$이고 타임스텝 $t2$에서의 상태는 $s2$와 $s3$이 있는데 각각의 상태 전이 확률은 0.7과 0.3 이다. 타임스텝 $t2$에서 $s2$일 확률은 상태 전이 확률과 동일하다.

문제는 MDP 환경에서 $s2$에 있을 확률을 구하는 것이다. $s1$에서 취할 수 있는 행동은 $a1$, $a2$ 모두 두 가지다. 행동 $a1$을 선택하면 상태 $s2$로 이동하고 행동 $a2$를 선택하면 상태 $s3$으로 이동한다. 에이전트가 가지고 있는 정책은 $a1$과 $a2$를 선택할 확률이 각각 0.4와 0.6 이다. 에이전트가 정책에 따라 $a1$을 선택했다고 해도 반드시 $s2$로 이동하지는 않는다. 바로 상태 전이 확률에 영향을 받기 때문이다. MDP 환경에서 에이전트는 배에서 키를 잡고 있는 선장과 같고 상태 전이 확률은 해류나 바람과 같다. 상태 전이 확률은 에이전트의 의지와 전혀 상관없는 환경에서 자연적으로 발생하는 확률이다. 따라서 정책에 대한 확률과 상태 전이 확률을 각각 곱해서 더해야 한다.

> **여기서 잠깐** **정책(π)과 상태 전이 확률(P)**
>
> MRP에서는 상태 전이 확률(P)만 사용했지만, MDP에서는 정책(π)이라는 새로운 확률이 생겨 잠시 혼란스러울 수 있다. 배가 항해하는 상황을 생각해 보자. MRP에서는 배가 바람(상태 전이 확률)에 따라 그냥 흘러갈 것이고, MDP에서는 배(에이전트)가 바람과 선장이 조정하는 키의 방향(정책)에 모두 영향을 받으면서 이동할 것이다. 한 마디로 요약하면 MDP에서는 정책과 상태 전이 확률이 동시(두 확률의 곱셈)에 에이전트의 다음 상태에 영향을 미친다.

앞선 예제에서 알 수 있듯이 $s1$에서 $s2$로 이동할 확률은 MRP와 MDP 모두 동일하다. MDP 에서는 정책이라는 새로운 요소가 추가된 것이고, 이것을 고려하기 위해 좀 더 복잡한 수식이 사용될 뿐이다. 하지만 이러한 복잡성은 새로운 기능이 추가될 가능성을 가지고 있다.

MDP에서 에이전트의 행동은 오로지 정책에 의해 결정되며 정책은 시간에 따라 변하지 않는다. 또한 MDP는 마르코프 속성을 가정하기 때문에 정책은 과거의 상태가 아닌 오로지 현재 상태에만 영향을 받는다.

$$P_{ss'}^{\pi} = \sum_{a \in A} \pi(a \mid s) P_{ss'}^{a}$$

$$R_{s}^{\pi} = \sum_{a \in A} \pi(a \mid s) R_{s}^{a}$$

그림 2-5 정책을 고려한 상태 전이 매트릭스와 보상 함수

MDP에서는 정책이 중요한 요소이기 때문에 상태 전이 매트릭스(P) 또한 정책을 고려해서 새로 만들어 보자. 상태 전이 매트릭스는 환경(Environment)에서 상태(State)가 변할수 있는 조건부 확률을 매트릭스 형태로 나타낸 것이다. MDP에서는 행동(Action)이 추가되고 행동을 결정하는 유일한 요소는 정책(π)이다. 정책 또한 매트릭스 형태의 조건부 확률이다. 따라서 MDP에서 상태가 변한다는 것은 원래 가지고 있던 상태 전이 매트릭스와 정책의 영향을 동시에 받는다는 것과 같다. 따라서 행동에 따른 정책과 상태 전이 확률의 기댓값(평균)을 구함으로써 정책을 고려한 상태 전이 매트릭스를 구할 수 있다.

정책을 고려한 보상 함수 또한 상태 전이 매트릭스와 동일하게 정책과 각 행동별 보상 함수의 기댓값(평균)을 통해 나타낼 수 있다.

$$
\boxed{\text{MRP}}\quad
\begin{aligned}
v(s) &= E[R_{t+1} + \gamma v(S_{t+1}) \mid S_t = s] &\text{①}\\
&= R_{t+1} + \gamma E[v(S_{t+1}) \mid S_t = s] &\text{②}\\
&= R_{t+1} + \gamma \sum_{s' \in S} P_{ss'} v(s') &\text{③}
\end{aligned}
$$

$$
\boxed{\text{MDP}}\quad
\begin{aligned}
v_{\pi}(s) &= E_{\pi}[R_{t+1} + \gamma v_{\pi}(S_{t+1}) \mid S_t = s] &\text{①}\\
&= \sum_{a \in A} \pi(a \mid s)\left(R_s^a + \gamma \sum_{s' \in S} P_{ss'}^a v_{\pi}(s')\right) &\text{②}\\
&= \underbrace{\sum_{a \in A} \pi(a \mid s) R_s^a}_{\text{③-1}} + \underbrace{\gamma \sum_{a \in A} \pi(a \mid s) \sum_{s' \in S} P_{ss'}^a v_{\pi}(s')}_{\text{③-2}} &\text{③}
\end{aligned}
$$

그림 2-6 MDP 상태 가치 함수

MDP에서도 MRP와 마찬가지로 **상태 가치 함수(State Value Function)**를 구할 수 있다. 이제부터 수식이 좀 더 복잡해진다. 하지만 하나씩 차근차근 분석한다면 이해하기 그리 어려운 내용은 아니다. ① 일반적인 식은 MRP와 동일하나 정책(π)이 고려된 점이 다르다. ② 정책은 행동을 선택하기 위한 확률이고 하나의 상태에서 선택할 수 있는 행동에 대한 확률의 합은 1이다. 따라서 정책을 고려한 기댓값을 구하기 위해서는 선택할 수 있는 행동별로 조건부 확률(정책)을 곱해서 합산해야 한다. ③-**1**에서 상태 S에서 정책을 고려한 직접적인(immediate) 보상을 계산했다. ③-**2**에서는 정책과 상태 전이 매트릭스를 함께 고려해야 하기 때문에 수열의 합($\sum$)이 모두 두 번 사용됐는데, 첫 번째가 행동별 정책이고 두 번째가 상태별 전이 확률이다.

$$v(s) = v_\pi(s)$$

그림 2-7 MRP와 MDP의 상태 가치 함수 관계

여기에서 많이 실수하는 부분이 $v(s)$와 $v_\pi(s)$를 다른 값으로 생각하는 것이다. 두 값은 결국에는 모두 동일한 상태 가치를 구하는 함수이며, 단지 $v_\pi(s)$는 가치를 계산할 때 정책이라는 요소를 하나 더 고려한 것뿐이다.

상태 가치 함수는 해당하는 상태가 얼마나 가치 있는지 평가하는 함수이다.

$$v_\pi(s) = R^\pi + \gamma P^\pi v_\pi \quad ①$$
$$v_\pi(s) = (1 - \gamma P^\pi)^{-1} R^\pi \quad ②$$

상태 가치 함수를 보다 간단한 형태로 나타낼 수 있다. 다양한 알고리즘에서 활용하기 위해서는 상세한 내용보다는 간략화한 표현이 좀 더 유리할 수 있기 때문이다. ① 직접적인 보상은 정책 π를 따랐을

Matrix Form

$$\begin{bmatrix} v(1) \\ \vdots \\ v(n) \end{bmatrix} = \begin{bmatrix} R_1 \\ \vdots \\ R_n \end{bmatrix} + \gamma \begin{bmatrix} P_{11} & \cdots & P_{1n} \\ \vdots & & \vdots \\ P_{n1} & \cdots & P_{nn} \end{bmatrix} \begin{bmatrix} v(1) \\ \vdots \\ v(n) \end{bmatrix} \quad ③$$

그림 2-8 상태 가치 함수의 간단한 형식(매트릭스 형식)

때의 보상을 계산하는 것이므로 R^π로 나타낼 수 있고, 다음 타임스텝에서 받을 수 있는 보상의 경우에는 정책 π를 따랐을 경우에 받을 보상과 상태 전이 확률 그리고 감가율을 동시에 고려한다. ② 정책, 보상, 상태 전이 확률 그리고 감가율만을 사용해서 상태 전이 확률을 구하기 위해서는 $\gamma P^\pi v_\pi$를 좌변으로 넘겨서 v_π로 묶고 양변을 나눠주면 된다.

그런데 여기에서 좀 이상한 점이 있는데 ①에서 다음 타임스텝에서 받을 보상의 경우 s가 아니라 s'에서 $v_\pi(s')$을 계산해야 한다는 것이다. 하지만 여기에서는 그냥 $v_\pi(s)$를 그대로 사용했다. 그 이유는 ③과 같은 매트릭스 형태로 나타냈기 때문이다. **모든 상태**($s \in S$)에 대해 상태 전이 확률을 각각 계산하기 때문에 동일한 $v_\pi(s)$를 사용해도 계산 결과는 같기 때문이다. s와 s' 모두 모든 상태 집합 S의 부분 집합이다.

2.2 MDP 행동 가치 함수

앞에서 MDP는 환경의 가치를 극대화하는 정책을 결정하는 것이 목적이라 언급했다. 그럼 정책이란 무엇인가? 정책은 바로 행동을 결정하는 확률이다. 그럼 가치를 극대화하는 정책은 정책을 따라 행동했을 때 가치 함수의 결과가 가장 좋게 나온다고 생각할 수 있다. 상태 가치 함수는 행동이 아닌 상태를 중심으로 가치를 평가했다. 정책을 평가하기 위해 필요한 것은 행동에 따른 가치를 평가하는 함수가 필요하다. 이것이 바로 **행동 가치 함수(Q: Action Value Function)**이며 다른 말로 Q 함수라고 부른다.

$$v_\pi(s) = E_\pi[R_{t+1} + \gamma v_\pi(S_{t+1}) \mid S_t = s]$$

$$= \underbrace{\sum_{a \in A} \pi(a \mid s) R_s^a}_{①-1} + \gamma \underbrace{\sum_{a \in A} \pi(a \mid s)}_{①-2} \sum_{s' \in S} P_{ss'}^a v_\pi(s') \quad ①$$

$$q_\pi(s,a) = E_\pi[R_{t+1} + \gamma q_\pi(S_{t+1}, A_{t+1}) \mid S_t = s, A_t = a] \quad ②$$

$$= R_s^a + \gamma \sum_{s' \in S} P_{ss'}^a \pi(s', a') q_\pi(s', a') \quad ③$$

그림 2-9 MDP 행동 가치 함수(Q 함수)

행동 가치 함수(Q 함수)는 선택할 수 있는 여러 가지 행동 중에 하나를 선택했을 때의 가치를 계산하는 함수이다. 수식 ①은 상태 가치 함수를 다시 기술한 것이다. 행동 가치 함수에서는 행동을 미리 선택했기 때문에 기댓값을 구할 필요가 없다. 따라서 ①-1과 ①-2 부분을 빼고 수식 ③과 같이 기술할 수 있다. 여기에서 특이한 점은 $\pi(s', a')$ 부분이 추가된 것인데, 다음 상태에서의 보상을 정확히 계산하기 위해서는 행동을 선택하는 확률 매트릭스(정책)와 상태 전이 확률 매트릭스를 곱해줘야 하기 때문이다.

$$v_\pi(s) = \sum_{a \in A} \pi(a \mid s) q_\pi(s,a) \quad ①$$

$$q_\pi(s,a) = R_s^a + \gamma \sum_{s' \in S} P_{ss'}^a v_\pi(s') \quad ②$$

그림 2-10 행동 가치 함수와 상태 가치 함수의 관계

행동 가치 함수는 내가 선택한 행동의 가치를 계산하는 함수이고, 상태 가치 함수는 특정 상태의 가치를 계산하는 함수이다. MDP에서 하나의 상태에서 다른 상태로 이동하기 위해서는 상태 전이 매트릭스와 함께 행동을 선택할 확률, 즉 정책을 같이 고려해야 한다. 따라서 ① **행동 가치 함수를 사용해서 상태 가치 함수를 구하기 위해서는 정책에 대한 기댓값, 즉 평균을 구해야 한다.**

행동 가치 함수는 하나의 행동(a)을 했을 때 그 가치가 어떻게 되는지 계산하는 것이다. 가

치는 현 상태에서 즉시 받을 수 있는 보상과 미래에 받을 수 있는 보상의 합계로 계산할 수 있다. 미래 보상은 행동을 했을 때 이동할 수 있는 상태에 따라 달라지며, 그 상태는 에이전트가 선택한 행동과 환경에 가지고 있는 상태 전이 매트릭스 값에 영향을 받는다. 따라서 ② 감가율, 상태 전이 매트릭스, 미래 상태의 가치 함수 값을 함께 고려해서 행동 가치 함수를 계산할 수 있다. 이 수식을 이해하는 핵심은 $P_{ss'}^{a}$에 있다. 즉, **상태 전이 매트릭스에서 모든 행동을 고려하는 것이 아니라 하나의 행동만을 고려하는 것**이다.

앞에서 MDP는 환경의 가치를 극대화하는 정책을 결정하는 것이 목적이라 언급했다. 지금까지 우리가 공부한 행동 가치 함수와 상태 가치 함수는 모두 어떤 가치를 계산하기 위한 함수이다. 가치를 계산하는 목적은 바로 정책을 평가하기 위한 것이다. 가치를 기반으로 정책을 평가해서 가치를 최대화하는 정책(최적 정책: Optimal Policy)을 찾는 것이 MDP의 목적이다. 이것이 바로 강화학습의 가장 기초적인 개념이다.

2.3 MDP 최적 가치 함수

이제부터 MDP의 최종 목적을 달성하기 위해 최적 가치 함수(Optimal Value Function)에 대해 알아보자. 최적 가치 함수는 최적 상태 가치 함수와 최적 행동 가치 함수로 나눌 수 있다.

$$v^{*}(s) = \max_{\pi} v_{\pi}(s) \qquad ①$$

$$q^{*}(s,a) = \max_{\pi} q_{\pi}(s,a) \qquad ②$$

그림 2-11 최적 상태 가치 함수와 최적 행동 가치 함수

① 최적 상태 가치 함수($v^*(s)$: Optimal State Value Function)를 수식으로만 살펴보면 여러 가지 정책을 따르는 상태 가치 함수가 있을 때, 가치를 최대로 하는 정책을 따르는 상태 가치 함수를 말한다. ② 마찬가지로 최적 행동 가치 함수($q^*(s, a)$: Optimal Action Value Function)는 다양한 정책을 따르는 행동 가치 함수 중에서 가치를 최대로 하는 정책을 따르는 행동 가치 함수를 말한다.

MDP에서 최적 행동 가치 함수를 안다는 것은 가장 효율적인 행동을 선택할 수 있는 정책을 안다는 것과 같다. 따라서 최적 행동 가치 함수를 찾아낼 수 있다면 MDP 문제를 해결할 수 있다.

$$
\begin{aligned}
&\pi^*: \quad \pi^* \geq \pi, \forall \pi \qquad ① \\
&v_{\pi^*}(s) = v^*(s) \qquad\qquad ② \\
&q_{\pi^*}(s) = q^*(s) \qquad\qquad ③
\end{aligned}
$$

그림 2-12 최적 정책의 다양한 특성

이제 우리는 자연스럽게 최적 정책(π^*: Optimal Policy)을 정의할 수 있다. 최적의 가치를 얻도록 행동할 수 있게 만드는 정책이 바로 최적 정책이며, 최적 정책은 다음과 같은 다양한 특성을 가지고 있다. ① 최적 정책은 어떠한 정책보다 값이 크다. 정책이란 행동을 선택할 수 있는 확률이기 때문에 값이 크다는 얘기는 확률이 높다는 얘기다. ② 최적 정책을 사용해서 구한 상태 가치 함수의 값은 최적 상태 가치 함수의 값과 같다. ③ 최적 정책을 사용해서 구한 행동 가치 함수의 값 또한 최적 행동 가치 함수의 값과 같다.

$$
\pi^*(a \mid s) = \begin{cases} 1 & \text{if } a = \arg\max_{a \in A} q^*(s,a) \quad ① \\ 0 & \text{otherwise} \qquad\qquad\qquad\qquad ② \end{cases}
$$

그림 2-13 최적 정책을 나타내는 하나의 방법

MDP에서 최적 정책을 나타내는 하나의 방법에 대해 알아보자. ① 하나의 행동(a: Action)이 최적 행동 가치 함수의 최댓값을 반환하게 만드는 행동과 같다면 해당 행동에 대한 정책은 1이되고, 그렇지 않을 경우 행동에 대한 정책은 0이 된다. 이때 정책은 행동을 선택할 수 있는 확률이기 때문에 상태 s에서의 정책은 확률이 1로 설정된 행동을 반드시 선택하게 된다.

> **여기서 잠깐** **수학 기호 ∀와 argmax**
>
> 수학 기호 ∀는 임의의 또는 전체라는 의미를 지니고 있다. 따라서 ∀π란 모든 정책에 대해 해당한다는 의미다. $\arg\max f(x)$는 조건을 만족하는 함수의 값을 가장 크게 만드는 x를 찾는 것이다. 예를 들어 $\arg\max \sin(x)$, $0 \leq x \leq 2\pi$의 경우 sin 함수의 값을 최대로 하는 x값인 0.5π가 된다.

>>> 2 강 화 학 습 기 본 알 고 리 즘

2.4 강화학습에 사용되는 다양한 용어

2.4.1 정책 평가와 정책 제어

강화학습에서는 다양한 용어들이 사용된다. 알고 보면 별거 아니지만 모르면 다른 개념을 이해할 수 없으므로 먼저 몇몇 용어에 대해 짚고 넘어가자.

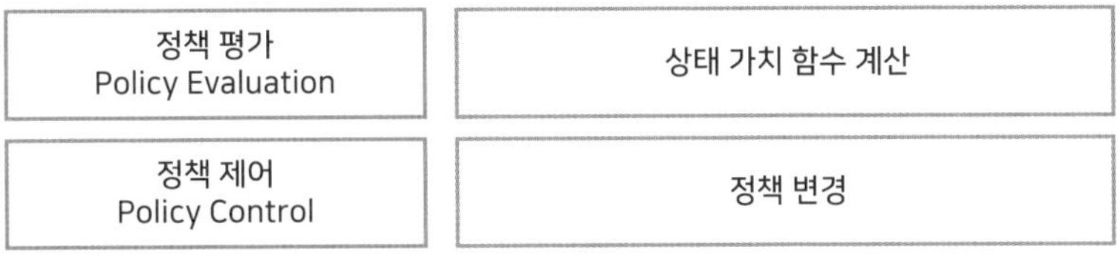

정책 평가 Policy Evaluation	상태 가치 함수 계산
정책 제어 Policy Control	정책 변경

그림 2-14 정책 평가와 정책 제어

MDP에서 정책을 평가하는 것은 상태 가치 함수를 구하는 것과 같다. MDP에서 상태 가치 함수의 의미는 어떤 정책(π: Policy)을 따랐을 때 보상의 총 합계를 구하는 것이다. 따라서 상태 가치 함수를 계산함으로써 확인할 수 있는 보상이 정책의 효율성을 말하기 때문이다. 즉, 상태 가치 함수 값이 클수록 좋은 정책이라 생각할 수 있다.

정책 제어는 정책을 변경하는 것이다. 정책을 평가해 보니 설정한 정책으로 얻을 수 있는 보상이 작거나 크면 그에 따라 정책을 조정해야 한다. MDP의 궁극적인 목적은 가치를 가장 크게 만드는 정책을 찾는 것이기 때문에 반복적인 정책 제어 과정을 통해 최적의 정책을 찾을 수 있다.

정책 평가와 정책 제어는 상호 보완적으로 동작한다. 정책을 평가해서 정책이 얼마나 잘 설정되어 있는지 확인하고, 정책 제어를 통해 새로운 정책으로 갱신하며, 새로운 정책은 정책 평가로 다시 얼마나 효율적인지 평가할 수 있다.

정책 평가와 정책 제어가 구체적으로 어떻게 사용되는지는 나중에 살펴볼 다이내믹 프로그래밍에서 확인해 보도록 하자.

2.4.2 모델 기반과 모델 프리

모델 기반 Model Based	환경에 대한 모든 정보를 알고 있는 경우
모델 프리 Model Free	환경에 대한 일부 정보만 알고 있는 경우

그림 2-15 모델 기반과 모델 프리

강화학습 알고리즘을 공부하다 보면 모델 기반과 모델 프리에 관한 얘기를 가장 많이 듣게 된다. 모델 기반을 쉽게 말하자면 환경에 대한 모든 정보를 알고 있다는 것이다. 환경이란 MDP가 동작하는 모든 주변 상태를 말한다. 환경은 크게 상태, 상태 전이 확률, 보상, 행동 그리고 감가율로 구성된다. 앞에서 살펴본 예제와 같이 모든 것이 그림에 표시되어 있다면 모델 기반으로 생각하면 된다. 그리고 블랙박스로 표시되며 입력된 행동과 상태에 따라 새로운 상태와 보상을 반환하는 환경은 모델 프리라 생각하면 된다.

강화학습에서 모델 기반과 모델 프리의 가장 큰 차이점은 다음 상태를 알 수 있느냐에 대한 문제다. 앞에서 살펴본 예제는 현재 상태와 다음 타임스텝에서 갈 수 있는 다음 상태들이 화살표로 연결되어 있다. 복잡한 알고리즘을 사용하지 않고도 눈으로 다음 상태를 확인할 수 있다. 이것이 바로 모델 기반 강화학습이다. 모델 프리의 경우 다음 타임스텝에서 에이전트가 갈 수 있는 상태를 알 수 없기 때문에 복잡한 알고리즘을 사용해서 찾아내야 한다. 우리가 강화학습으로 해결해야 할 대부분의 문제는 바로 모델 프리 환경에 있다.

2.5 다이내믹 프로그래밍

다이내믹 프로그래밍은 최적화 이론을 사용하여 문제를 보다 쉽게 해결할 방법을 제시하는 대표적인 알고리즘이다. MDP와 같은 최적화 문제는 대부분 복잡한 환경으로 구성된 경우가 많다. 앞서 살펴본 예제의 경우라면 몇 번의 계산을 통해 정답을 찾을 수 있지만, 네트워크의 노드가 수백 개가 되는 경우에는 문제를 해결하기가 쉽지 않다.

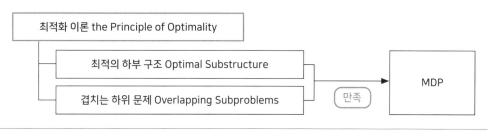

그림 2-16 최적화 이론과 MDP

최적화 이론(the Principle of Optimality)으로 문제를 나누어서 해결할 수 있는 조건에는 다음 두 가지가 있다. 첫 번째는 최적의 하부 구조(Optimal Substructure)다. 이것은 큰 문제를 작은 문제로 나누고 작은 문제에 대한 최적의 해답을 찾으면 그 해답을 통해 큰 문제에 대한 해답을 찾을 수 있다는 것이다. 두 번째는 겹치는 하위 문제(Overlapping Subproblems)다. 이것은 한 번 발생한 작은 문제는 반복해서 발생하므로 한 번 찾은 작은 문제에 대한 해답은 계속해서 재사용할 수 있다는 것이다. MDP는 이러한 두 가지 조건을 모두 만족하고 있다. 최적화 이론이 무엇이고 어떻게 MDP가 두 가지 조건을 만족하는지는 강화학습을 이해하는 데 크게 중요하지 않은 사항이기 때문에 넘어가도록 하자. 여기에서 중요한 것은 MDP는 문제를 작은 단위로 나누어서 해결할 수 있다는 것이다.

이제 모델 기반 환경에서 MDP 문제를 작은 단위로 나누어서 해결하는 가장 대표적인 방법인 다이내믹 프로그래밍에 대해 알아보자.

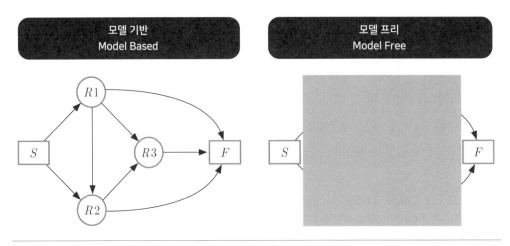

그림 2-17 모델 기반과 모델 프리

먼저 라우팅 예제를 모델 기반과 모델 프리로 나누어 보자. 모델 기반 환경에서는 행동과 상태에 대한 모든 정보를 가지고 있다. 하지만 모델 프리 환경에서는 시작과 끝에 대한 정보만 가지고 있고 행동에 따른 다음 상태가 무엇인지 미리 알 수 없다. 다만 직접 행동을 했을 때 비로소 다음 상태가 무엇인지 알 수 있다.

다이내믹 프로그래밍(DP: Dynamic Programming)은 환경에 대한 모든 정보를 알고 있는 모델 기반(Model Based) 방법론이다. 따라서 다이내믹 프로그래밍에서는 $< S, A, P, R, \gamma >$를 알고 있으며 v_π와 v^* 그리고 π^*를 계산할 수 있다. 다이내믹 프로그래밍은 정책 평가를 통해 먼저 v_π를 계산하고 다음으로 정책 제어를 통해 v^*와 π^*를 계산하고 정책을 갱신한다.

그럼 이제 MDP를 다이내믹 프로그래밍을 사용하여 해결해 보자.

먼저 정책 평가(Policy Evaluation)를 진행한다. MDP에서 가치 함수는 두 가지 식으로 구성된다. 일단 처음 타임스텝과 뒤따르는 스텝들에 대한 해를 각각 구해서 합산한다. 그러고 나서 정책 평가 과정에서는 고정된 정책을 사용해서 다음 타임스텝만을 고려해서 가치 함수를 계산한다. 그리고 현재 타임스텝의 가치를 갱신한다. 이어서 이러한 과정을 반복하면서 각 상태의 가치를 계산한다. 만일 이 과정을 무한히 반복한다면 MDP의 진짜 가치 함수의 값(True Value Function)을 계산할 수 있을 것이다. 이것은 수학적으로 이미 증명된 개념이다.

고정된 정책(policy)에 따라 계산한 가치 함수를 사용해서 탐욕적(greedy)으로 정책을 선택해서 현재 정책을 갱신(update)하는 것이 정책 제어다. 이런 식으로 반복적인 정책 평가와 정책 제어를 통해 최적의 정책을 찾을 수 있다.

이제 그리드월드 예제를 통해 좀 더 자세히 알아보자. 그리드월드는 바둑판처럼 정사각형으로 나누어진 환경에서 에이전트가 목적지를 찾아가는 게임이다. 예제 게임은 모두 16개의 상태를 가지고 있다. 게임에서 에이전트는 목적지(2개)를 제외한 나머지 14개 상태에 무작위로 위치하게 된다. 게임의 목적은 최단 거리로 에이전트가 목적지를 찾아가도록 정책을 설정하는 것이다.

- 상태 전이 확률 : 1로 가정
- 보상 : 타임스텝에 따라 -1
- 초기 정책 : 랜덤(상/하/좌/우 : 0.25)

actions

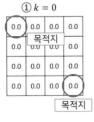

그림 2-18 그리드월드 예시

상태 전이 확률을 1로 가정하고 타임스텝이 진행됨에 따라 보상은 −1을 받는다. 동작은 상/하/좌/우 모두 4개이며, 초기 정책은 각 행동별로 균등하게 0.25로 설정했다. 모두 16개의 상태가 있으며 ① 좌측 상단과 우측 하단이 그리드월드의 목적지다. ② 하나의 타임스텝이 진행됨에 따라 모든 상태(목적지를 제외)가 −1로 초기화된다. ③ 타임스텝 2에서 좌표 (0, 1) 상태의 가치는 −1.75가된다.

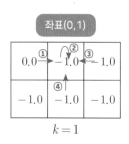

$$-1.0 + (0.0{*}0.25 + -1.0{*}0.25 + -1.0{*}0.25 + -1.0{*}0.25) = -1.75$$

현재 상태의 ①   ②   ③   ④
가치

그림 2-19 상태 가치 계산

타임스텝 $k = 2$에서 좌표 (0, 1)의 상태 가치를 직접 계산해 보자. 초기 정책은 모든 행동에 대한 확률이 0.25이기 때문에 각각의 상태 값에 정책을 곱해서 더해주면 다음 타임스텝에서 해당 상태의 가치를 구할 수 있다. 이런 방식으로 계속 계산하면 상태 가치를 계속해서 업데이트할 수 있다.

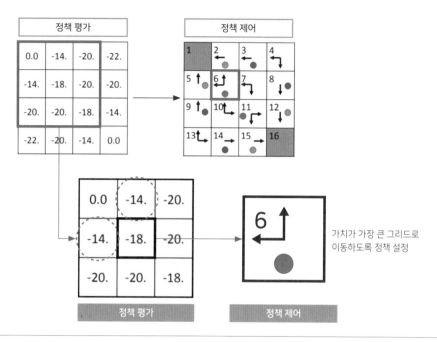

그림 2-20 정책 업데이트

정책 평가를 반복적으로 수행해서 그리드별로 가치를 충분히 계산한 다음, 고르게(각 행동별 0.25) 초기화된 정책을 업데이트한다. 이것을 정책 제어라 한다. 정책 제어는 그리드에서 행동별 확률을 새로 설정하는데, 이때 탐욕적(greedy)인 방식을 사용하려면 가장 가치가 큰 그리드로 이동하도록 정책을 설정한다. 앞선 예제에서는 -14의 가치를 가진 그리드가 가장 가치가 크기 때문에 각각 이동 확률을 0.5로 동일하게 설정하고 나머지 그리드로 이동할 확률을 0으로 설정한다.

다이내믹 프로그래밍에서는 정책 평가와 정책 제어를 반복적으로 충분히 수행한다면 결국에는 최적 가치와 정책을 찾을 수 있다.

지금까지 설명한 내용으로 다이내믹 프로그래밍을 완벽하게 이해하기는 쉽지 않지만, 강화학습을 공부하기 위해 다이내믹 프로그램을 속속들이 알 필요는 없기 때문에 이 정도로 언급하고 넘어가도록 하겠다.

2.6 몬테카를로 방법

다이내믹 프로그래밍에서는 모델을 알고 있다(Model Based)는 전제하에서 정책을 평가하고 제어했다. 모델을 알고 있는 상태에서는 다음 상태를 알 수 있기 때문에 문제를 작은 단위로 나누어서 순차적으로 계산해서 최적의 정책을 찾을 수 있었다.

하지만 모델을 알지 못하는 상태(Model Free)에서는 보상 함수(R: Reward Function)와 상태 전이 확률(P: State Transition Probability)을 알 수 없고, 특히 다음 상태가 무엇인지 알 수 없기 때문에 다이내믹 프로그래밍 같은 문제 해결 방법을 사용할 수 없다. 이때 필요한 것이 몬테카를로(Monte-Carlo Prediction) 예측이다.

다이내믹 프로그래밍은 전체 상태를 한 번씩 모두 실행하면서 각 상태(State)의 가치를 업데이트했지만, 몬테카를로 예측에서는 하나의 에피소드가 끝날 때까지 실행하면서 경험을 모으고, 그 경험으로부터 가치 함수를 계산한다.

이렇게 환경에 대한 정보가 충분하지 않을 때 많이 사용하는 방법 중 하나가 바로 **몬테카를로 방법(MC: Monte-Carlo Method)**이다. 몬테카를로 방법은 정확한 수학 수식에 의해 계산하거나 측정하는 것이 아니라 확률적인 방법에 의해 값을 통계적으로 계산하는 방법이다. 계산하려는 값이 복잡할 때, 정확한 결과를 얻기보다는 근사적인 결과를 얻으려 할 경우에 사용한다.

몬테카를로라는 이름은 이 방법을 개발한 폴란드계 미국인 수학자인 스타니스와프 울람 (Stanislaw Ulam)이 모로코의 유명한 도박 도시 이름을 따온 데서 유래했다. 몬테카를로 방법은 컴퓨터로 계산하기에 적합하여 원자폭탄이나 수소폭탄 개발과 같은 컴퓨터 모의 실험에 사용되었으며, 현재도 다양한 분야에 활발히 응용되고 있다.

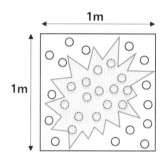

사각형 면적 : 1m x 1m = 1m²

사각형 안 공 개수 : 30개

다각형 안 공 개수 : 15개

몬테카를로 방법 : 1m² : x ≒ 30개 : 15개

다각형 면적 ≒ 0.5m²

그림 2-21 몬테카를로 방법

예를 들어 앞선 그림과 같은 다각형 면적을 구할 때 수학적으로 계산하기는 쉽지 않다. 이 때 몬테카를로 방법을 사용한다면 다음과 같이 계산할 수 있다. 먼저 다각형을 감싸는 사 각형을 하나 그린다. 예를 들어 가로와 세로 길이가 각각 1m인 정사각형을 그렸다고 하 자. 정사각형의 면적은 쉽게 구할 수 있다. 가로와 세로 길이를 곱하면 1m²인 것을 쉽게 알 수 있다. 이제 동그란 공을 사각형 안에 뿌려 보자. 예를 들어 30개의 공을 뿌렸을 때 다 각형 안에 15개의 공이 들어갔다고 하자. 사각형 안에 들어가 있는 전체 공의 수, 다각형 안에 들어가 있는 공의 수 그리고 사각형의 면적을 비율로 구하면 0.5m²이 된다. 이런 식 으로 근삿값을 구하는 것이 바로 몬테카를로 방법이다.

실제로 다각형의 면적을 측정하지 않고 공의 개수에 따른 비율로 면적을 추정하는 방식을 사용했다. 강화학습에서도 환경에 대한 정보가 충분하지 않은 상황에서 몬테카를로 방법 을 사용한다면 많은 정보를 근사하여 구할 수 있다.

강화학습에 몬테카를로 방법을 사용하기 위해서는 하나의 전제 조건이 필요하다. 에이전트가 동작하는 환경에 시작과 끝이 있어야 한다는 것이다. 이것을 다른 말로 에피소드 단위의 환경이라고 하는데, 게임을 예로 들면 리니지와 같은 MMORPG와 같은 경우 에피소드의 끝이 없다. 하지만 디아블로와 같은 게임의 경우에는 에피소드 단위로 게임이 진행된다. 전자의 경우는 몬테카를로 방법을 사용할 수 없으며, 후자와 같이 에피소드 단위로 나눌 수 있는 경우에만 적용할 수 있다.

몬테카를로 방법은 에피소드를 끝까지 실행하고 그 결과를 가지고 어떤 값을 추정하는 방식을 사용한다. 예를 들어 가치 함수를 구할 때 벨만 방정식을 사용하는데, 이는 현재 타임스텝에서 얻을 수 있는 가치와 이후 타임스텝에서 얻을 수 있는 할인된 모든 가치를 합산하는 방식이다. 환경에 대한 모든 정보를 가지고 있는 경우에는 다음 상태를 알 수 있으므로 다이내믹 프로그래밍과 같은 방식으로 정확히 계산할 수 있지만, 환경에 대한 모든 정보를 가지고 있지 못한 경우에는 다음 상태가 어디인지 알 수 없다. 따라서 선택한 정책과 환경이 가지고 있는 상태 전이 확률에 따라 에이전트가 실제로 에피소드가 끝날 때까지 동작을 수행하면서 정보를 수집해 이를 합산하는 방식으로 가치 함수의 값을 구해야 한다. 처음 한번 에피소드를 수행했을 때는 참 가치 함수(환경에 대한 모든 정보를 알고 있을 때 계산할 수 있는 가치 함수, 모델 프리 환경에서는 계산이 불가능하다)와 차이가 크겠지만, 수많은 에피소드를 반복해서 얻는 가치 함수의 값을 평균하면 참 가치 함수에 가까워질 것이다. 이를 몬테카를로 방법이라 한다.

$$\boxed{\text{MDP}} \quad v_\pi(s) = E_\pi[G_t \mid S_t = s] \quad \textcircled{1}$$

$$= E_\pi[R_{t+1} + \gamma v_\pi(S_{t+1}) \mid S_t = s]$$

$$= \sum_{a \in A} \pi(a \mid s)\Big(R_s^a + \gamma \sum_{s' \in S} P_{ss'}^a v_\pi(s')\Big)$$

$$= \sum_{a \in A} \pi(a \mid s)R_s^a + \gamma \underbrace{\sum_{a \in A} \pi(a \mid s)}_{\textcircled{2}\text{-}1} \underbrace{\sum_{s' \in S}}_{\textcircled{2}\text{-}2} P_{ss'}^a v_\pi(s')$$

$$\boxed{\text{MC}} \quad v_\pi(s) = V(s) \quad \textbf{when } N(s) \to \infty \qquad \textcircled{3}$$

누적 Count $: N(s) \leftarrow N(s) + 1$ (하나의 에피소드 수행) $\quad\textcircled{4}$

누적 Return $: S(s) \leftarrow S(s) + G_t$ $\qquad\textcircled{5}$

평균 Return $: V(s) \leftarrow S(s)/N(s)$ $\qquad\textcircled{6}$

그림 2-22 MDP를 몬테카를로 방법으로 해결

MDP를 몬테카르로 방법(MC)으로 해결하기 위해 수식으로 표현해 보자. MDP에서 상태 가치 함수의 정의를 다시 떠올려보면 ① 반환값(G: Return)의 기댓값으로 표현된다. 이는 모든 고정된 정책을 따라갔을 때 ②-1 모든 행동과 ②-2 모든 상태를 고려해서 가치를 계산해야 하는 것이다. 환경에 대한 모든 정보를 알고 있는 상태(Model Based)에서 가능한 방식이다.

이제 MC를 사용해서 상태 가치 함수를 구해 보자. MC에서는 ③ 반환값의 평균을 상태 가치 함수로 사용한다. ④ 먼저 에피소드가 끝날 때까지 에이전트를 동작시킨다. 에피소드가 한 번 끝나면 카운트(N: 누적 카운트)를 하나 증가시킨다. ⑤ 에피소드 동안 모은 반환값을 모두 모아서 변수(S: 누적 반환값)에 저장한다. 이때 MDP에서와는 달리 모든 행동과 상태를 고려하지 않고 에피소드 동안 에이전트가 수행한 행동과 에이전트가 거쳐간 상태만 계산된다. ⑥ 이제 마지막으로 누적 반환값을 누적 카운트로 나누어 평균을 구하면 상태 가치 함수를 계산할 수 있다. 이렇게 계산한 상태 가치 함수 값으로 고정된 정책을 평가할 수 있다.

$$\mu_k = \frac{1}{k}\sum_{j=1}^{k} x_j \qquad \text{①}$$

$$= \frac{1}{k}\left(x_k + \sum_{j=1}^{k-1} x_j\right) \qquad \text{②}$$

$$= \frac{1}{k}\left(x_k + \left(\frac{k-1}{1}\right)\underbrace{\left(\frac{1}{k-1}\right)\sum_{j=1}^{k-1} x_j}_{\text{③-1}}\right) \qquad \text{③}$$

$$= \frac{1}{k}\left(x_k + (k-1)\mu_{k-1}\right) \qquad \text{④}$$

$$= \mu_{k-1} + \frac{1}{k}\left(x_k - \mu_{k-1}\right) \qquad \text{⑤}$$

$$\approx \mu_k + \frac{1}{k}\left(x_k - \mu_k\right) \qquad \text{⑥}$$

수학적 계산 편의를 위해 변경
from $k-1$ to k

그림 2-23 증분 평균

증분 평균(Incremental Mean)은 이전 타임스텝까지 계산된 평균을 활용하여 새로운 값이 들어왔을 때 전체 평균을 빠르게 구할 수 있는 방법을 제공한다. 수식에서 x_j는 연속적으로 발생하는 값을 의미한다.

① 연속적으로 발생하는 x값에 대한 전체 평균을 구하려면 모든 x값을 더해서 발생 횟수로 나누어야 한다.

② 가장 최근에 발생한 x값을 x_k로 분리하고 이전 타임스텝까지 발생한 값의 합을 수열의 합으로 묶는다.

③ 프로그래밍으로 계산하기 쉬운 형태로 변형하기 위해 $k-1$로 곱해주고 나주어 준다. 이 부분은 계산 편의를 위해 추가했다.

③-1 부분은 $k-1$까지만 x값을 합산했기 때문에 $k-1$번째 데이터까지의 합계가 된다.

④ 이 부분은 이전 타임스텝까지 계산된 평균으로 생각할 수 있으므로 μ_{k-1}로 표현할 수 있다.

⑤ 계산을 위해 식을 한 번 더 변형한다.

⑥ 마지막으로 프로그래밍하기 쉬운 형태로 변경했다. 정확한 수식은 μ_{k-1}을 사용해야 하지만 편의를 위해 μ_k로 변경해도 무방하다. 증분 평균을 사용하는 환경은 무수히 많이 반복되는 환경이기 때문에 이와 같은 트릭을 적용할 수 있다.

MC

$$v_\pi(s) = V(s) \quad \textbf{when } N(s) \rightarrow \infty$$

누적 Count : $N(s) \leftarrow N(s) + 1$ (하나의 에피소드 수행)
누적 Return : $S(s) \leftarrow S(s) + G_t$
평균 Return : $V(s) \leftarrow S(s)/N(s)$ ①
증분 평균 Incremental Mean Return : $V(s) \leftarrow V(s) + \frac{1}{N(s)}\big(G_t - V(s)\big)$ ②

그림 2-24 증분 평균을 사용한 MC

이제 증분 평균을 사용해서 MC를 프로그래밍이 가능한 형태로 바꿔보자.

① 앞에서 살펴본 식에서는 누적 반환값을 누적 카운트로 나누어 평균을 구했다. 이렇게 값을 구하기 위해서는 과거에 수행했던 모든 에피소드에 대한 정보를 저장하고 있어야 한다. 이렇게 하면 시스템에 많은 부담을 주고 연산 속도가 느려지는 단점이 있다.

② 이 식을 증분 평균을 이용해서 변경하면 최신 에피소드에서 얻은 반환값 G_t에서 이전 타임스텝까지의 반환값의 평균 $V(s)$를 빼준 다음, 에피소드 횟수로 나누어 주면 된다. 이 값을 이전 타임스텝까지의 평균 반환값과 더해주면 상태 가치 함수를 구할 수 있다.

이 식에서 한 가지 특이한 점은 G_t와 $V(s)$가 같다면 식이 $V(s) = V(s)$가 되어 더 이상 상태 가치 함수가 변하지 않는 상태가 된다. 바로 이 상태가 참 가치 함수가 된다. 따라서 강화학습에서는 G_t와 $V(s)$의 차가 최소가 되도록 하는 정책을 찾는 것을 목표로 한다.

$$\text{MC} \qquad V(s) \leftarrow V(s) + \frac{1}{N(s)}\big(G_t - V(s)\big) \qquad \text{①}$$

$$V(s) \leftarrow V(s) + \propto \big(G_t - V(s)\big) \qquad \text{②} \qquad \frac{1}{N(s)} \text{을} \propto \text{로 변경}$$

그림 2-25 프로그래밍을 위한 MC

이제 앞에서 살펴본 ①번 식의 $1/N(s)$을 $\propto$로 변경해서 새로운 식 ②를 만들어 보자. 여기서 $\propto$라는 값은 시간에 따라 변하는 값이 아닌 고정된 상수다. 보통 $\propto$는 $0 < \propto < 1$인 값을 사용한다. 고정 상수로 변형하면 프로그래밍하기가 훨씬 수월해진다. **수학적으로 완전한 식에서 하나 둘씩 프로그래밍 편의를 위해 새로운 값으로 대체**해 가는 것은 MC가 경험적으로 솔루션을 찾아가는 방법론이기 때문에 가능한 것이다. 측정하는 것이 아니라 경험을 통해 통계적으로 예측하는 것이기 때문에 프로그래밍을 위한 다양한 가정들이 의미를 갖게 된다.

MC는 앞으로 다룰 함수 근사법의 기초가 되는 이론이며 증분 평균 또한 강화학습 알고리즘에서 굉장히 많이 사용되므로 반드시 이해하고 넘어가야 한다.

2.7 TD와 SARSA

2.7.1 TD

MC는 한 가지 단점이 있다. 바로, 상태 가치 함수를 계산하는 시점이 에피소드가 완료된 후라는 것이다. 이렇게 되면 학습을 느리게 한다는 단점이 있다. 그래서 시간차 학습(TD: Temporal Difference Learning) 이라는 새로운 개념이 등장한다.

$$V(s_t) \leftarrow V(s_t) + \propto \Big(G_t - V(s_t) \Big) \quad \text{①}$$

MC

$$V(s_t) \leftarrow V(s_t) + \propto \Big(R_{t+1} + \gamma V(s_{t+1}) - V(s_t) \Big) \quad \text{②}$$

TD

$$\text{from } G_t \text{ to } R_{t+1} + \gamma V(s_{t+1})$$

그림 2-26 시간차 학습 TD

① MC에서 사용한 G_t(Return: 반환값)는 하나의 에피소드가 끝났을 때 얻을 수 있는 값이다. 좀 더 효율적인 학습을 위해 이 값을 하나의 타임스텝이 완료되면 얻을 수 있는 값으로 대체해 보자. ② 다음 타임스텝에서 즉시 얻을 수 있는 가치(R_{t+1})와 계산(또는 추정)에 의해 얻을 수 있는 가치($\gamma V(s_{t+1})$)로 대체할 수 있다.

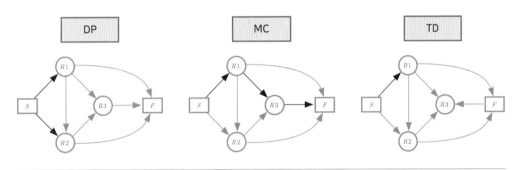

그림 2-27 DP와 MC 그리고 TD

TD의 이해를 돕기 위해 다이내믹 프로그래밍(DP)과 MC를 TD와 함께 시각화해서 표현해 보자. 다이내믹 프로그래밍은 하나의 상태에서 갈 수 있는 모든 상태를 고려해 가치를 계산하고 바로 정책을 평가(가치를 업데이트)한다. 그리고 이 과정을 계속 반복한다. MC의 경우 에피소드를 따라가면서 가치를 계산하고, 에피소드가 끝나면 정책을 한번에 평가한다. 반면 TD의 경우 하나의 행동을 선택했을 때 얻을 수 있는 가치만을 고려하고 바로 정책을 평가한다. 대신 이 과정을 계속 반복하는 것이다. TD는 다이내믹 프로그래밍의 짧고 잦은 반복과 MC의 하나의 행동을 선택해서 실행한다는 특징을 결합한 알고리즘이다.

TD는 에피소드가 완전히 끝나지 않아도 가치 함수를 계산할 수 있기 때문에 MC처럼 에피소드로 이루어진 환경(Terminating Environment)에서만 사용할 수 있는 것이 아니라, 끝이 정해지지 않은 환경(Nonterminating Environment)에서도 사용할 수 있다.

MC와 TD에서 정책 제어를 살펴보기 전에 다이내믹 프로그래밍에서 정책 제어를 어떻게 했는지 살펴보자. 다이내믹 프로그램에서는 먼저 정책을 평가해서 다음에 행동을 선택해서 갈 수 있는 여러 가지 상태에 대한 가치 함수를 구하고, 그 가치 함수 중에서 값이 가장 큰 상태로 가는 행동을 하도록 정책을 갱신하면서 정책 제어를 수행한다. 그런데 여기에서 중요한 것은 다이내믹 프로그래밍은 모델 기반 환경, 즉 모델에 대한 모든 정보를 알고 있는 상황에서 가능하다는 것이다. 다음에 갈 수 있는 상태를 모두 알고 있으므로 어떤 상태로 갈 때 가치 함수가 가장 큰지를 계산할 수 있다.

하지만 MC와 TD를 사용하는 환경은 모델 프리 환경이므로 환경에 대한 충분한 정보를 가지고 있지 않다. 따라서 다음 상태를 알 수 없으며 어떤 상태로 갔을 때 가장 큰 가치 함수를 구할 수 있는지도 알 수 없다. 하지만 Q 함수를 사용하면 좋은 행동에 대한 평가가 가능하다. Q 함수는 특정 행동을 했을 때의 가치이기 때문에, 다음 상태에 대한 모든 정보가 없더라도 평가할 수 있다.

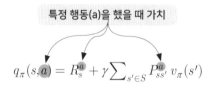

$$q_\pi(s, a) = R_s^a + \gamma \sum_{s' \in S} P_{ss'}^a v_\pi(s')$$

그림 2-28 Q 함수(행동 가치 함수)

MDP에서 살펴본 Q 함수 수식을 다시 한번 살펴보자. Q 함수는 상태 가치 함수에서 하나의 행동만 선택했을 때 얻을 수 있는 보상을 측정하는 것이다. 상태 가치 함수를 통해 Q 함수 값을 얻기 위해서는 하나의 행동(a)을 했을 때 갈 수 있는 모든 상태에서의 상태 가치 함수와 상태 전이 확률의 기댓값을 구하면 된다.

TD로 돌아와보자. TD에서는 정책(처음에는 무작위 값으로 초기화)에 따라 한 타임스텝을 더 가서 가치를 구한 다음, 여기에서 이전 타임스텝에서 구한 가치를 차감했다. 무작위로 설정된 정책을 업데이트하기 위해서는 다이내믹 프로그래밍에서는 다음 타임스텝의 모든 상태에서 상태 가치 함수를 구하고 그 값이 큰 상태로 가는 행동을 하도록 정책을 변경했지만, TD에서는 다음 타임스텝에 갈 수 있는 상태가 무엇인지 모르고 어떤 상태들이 있는지조차 모른다.

$$\pi'(s) = \arg\max_{a \in A} Q(s, a)$$

그림 2-29 모델 프리(Model Free) 환경에서 정책 제어

단지 TD에서 알 수 있는 것은 현재 상태에서 할 수 있는 행동이 무엇인지에 대한 정보이다. 따라서 각각이 행동을 모두 하면서 가장 큰 Q 함수(행동 가치 함수)를 찾아 그와 관련된 행동을 하도록 정책을 수정하면 된다.

지금까지 살펴본 것은 한 타임스텝만 살펴본 것이다. 이것을 좀 더 확장해서 몇 번의 타임스텝을 실행한 다음, 이와 같은 방법론을 적용할 수 있다. 이것을 TD(λ)라 부른다. λ는 임의의 타임스텝을 실행할 수 있다는 의미이며 2타임스텝을 실행하면 TD(2)가 된다. 이 책에서는 한 타임스텝만 실행해 보는 TD(1)만 다루도록 한다.

2.7.2 살사(SARSA)

앞에서 살펴본 TD는 정책을 평가할 때 상태 가치 함수를 사용했고 정책을 제어할 때만 Q

함수(행동 가치 함수)를 사용했다. 하지만 Q 함수를 가지고 정책을 평가하고 동시에 정책을 제어할 수도 있다. Q 함수 안에 행동과 상태에 대한 가치가 모두 들어 있기 때문이다.

$$\boxed{\text{TD}} \quad V(s_t) \leftarrow V(s_t) + \propto \left(R_{t+1} + \gamma V(s_{t+1}) - V(s_t) \right)$$

$$\boxed{\text{SARSA}} \quad Q(S,A) \leftarrow Q(S,A) + \propto \left(R_{t+1} + \gamma Q(S',A') - Q(S,A) \right)$$

$$\boxed{(S_t, A_t, R_{t+1}, S_{t+1}, A_{t+1}) \rightarrow \mathsf{S\,A\,R\,S\,A}}$$

그림 2-30 살사(SARSA)

Q 함수는 상태 S_t일 때 A_t 행동을 하고 보상 R_{t+1}을 받는다. 다음 상태 S_{t+1}에서 A_{t+1} 행동을 하면서 앞에서 했던 상황을 계속 반복한다. 따라서 S, A, R, S, A가 연속된다고 해서 SARSA(살사)라는 이름이 붙었다.

다시 TD를 살펴보면 환경에서 에이전트가 정책에 따라 한 타임스텝만큼 이동한 다음 상태 가치 함수를 구했다. 원래 상태 가치 함수는 정책에 따른 행동의 기댓값과 상태의 기댓값을 구해야 한다. 즉, 모든 행동과 상태를 고려해야 한다는 의미다. 하지만 MC와 TD에서는 정책에 따른 하나의 행동만을 선택해서 가치를 구했기 때문에 올바른 표현이 아니다.

따라서 살사(SARSA) 알고리즘이 우리가 구하고자 하는 모델 프리 환경에서의 정책 평가 수식이 된다. 살사에서도 정책 제어는 MC나 TD에서와 같이 Q 함수를 최대로 하는 행동을 선택하도록 업데이트한다.

2.8.1 온 폴리시와 오프 폴리시

지금까지 우리가 공부한 모든 내용은 온 폴리시(On Policy)에 대한 것이다. 정책을 평가하는 데 사용하는 정책(π)과 정책을 제어하는 데 사용하는 정책(π)이 모두 같기 때문이다. 온 폴리시로 학습하는 TD에서는 한 타임스텝을 더 가서 상태 가치 함수를 계산해서 폴리시를 평가하고, Q 함수에서 탐욕적(Greedy, 가장 큰 Q값을 가진 행동을 선택하는 정책)으로 정책을 수정한다. 그리고 이 과정을 계속 반복한다. 여기에는 두 가지 문제가 있는데, 하나는 한 번 평가에 사용했던 경험은 나중에 재사용되지 못한다는 점이고, 다른 하나는 정책을 항상 탐욕적으로 선택하기 때문에 다양한 정책을 적용하지 못하는 문제가 발생한다는 점이다.

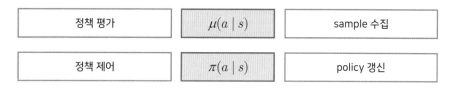

정책 평가	$\mu(a \mid s)$	sample 수집
정책 제어	$\pi(a \mid s)$	policy 갱신

그림 2-31 오프 폴리시

따라서 경험의 재사용 문제와 다양한 정책 적용 문제를 해결하기 위해 등장한 것이 오프 폴리시(Off Policy) 알고리즘이다. 오프 폴리시는 정책 평가에 사용하는 정책과 정책 제어에 사용하는 정책을 각각 달리 적용한다.

2.8.2 중요도 샘플링

중요도 샘플링이란(Importance Sampling)이란 $f(x)$(x의 함수, 어떤 형태든 상관없음)의 기댓값을 계산하고자 하는 확률 분포 $p(x)$를 알고 있지만 p에서 샘플을 생성하기 어려울 때, 비교적 샘플을 구하기 쉬운 확률 분포 $q(x)$에서 샘플을 생성하여 확률 분포 $p(x)$에서 $f(x)$의 기댓값을 생성하는 것을 말한다.

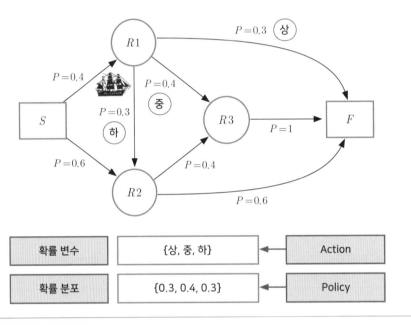

그림 2-32 확률 변수와 확률 분포

확률 변수는 쉽게 말하면 행동의 종류(A: Set of Actions)이며, 확률 분포는 정책(π: Policy)이라 할 수 있다. 앞선 그림에서 행동의 종류는 상, 중, 하 모두 세 가지다. 그리고 각 행동별 정책은 0.3, 0.4, 0.3이다. 여기에서 비교적 정확한 기댓값을 구하기 위해서는 에이전트가 상태 $R1$에서 다음 상태로 이동하는 많은 행동을 관찰(샘플: samples)해서 평균을 구해야 한다. 새로운 항해 경로를 찾는 경우라고 생각하면 샘플을 구할 수 없기 때문에 기존에 가지고 있던 데이터를 활용해야 한다.

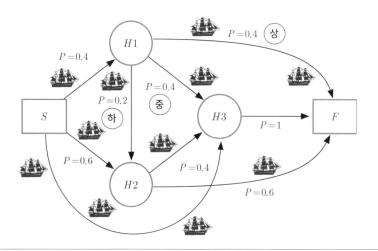

그림 2-33 기존 항로 데이터

기존 항로 데이터를 활용하면 확률 변수, 확률 분포뿐 아니라 많은 샘플을 얻을 수 있기 때문에 중요도 샘플링(Importance Sampling) 이론을 적용해서 신규 항로에 알맞은 기댓값을 구할 수 있다.

$$\sum P(X)f(X) = \sum Q(X)\left[\frac{P(X)}{Q(X)}f(X)\right]$$

$P(X)$	어떤 환경에서 변수 X의 확률 분포 P
$Q(X)$	다른 환경에서 변수 X의 확률 분포 Q
$f(X)$	X의 함수, 어떤 함수도 가능(sin, cos, $2x+1$ 등)
$\sum P(X)f(X)$	변수 X의 함수 $f(X)$에 대한 확률 분포 P의 기댓값

그림 2-34 중요도 샘플링(Importance Sampling)

중요도 샘플링으로 문제를 해결하기 위해서는 충분한 데이터를 가지고 있는 환경의 확률 분포(Q)와 정답을 찾고자 하는 환경의 확률 분포(P)를 알고 있어야 한다. 그리고 확률 분 포 Q와 변수 x에 대한 기댓값을 구하면서 Q와 P의 비율을 곱해주면 된다. 이 부분은 수 학적으로 증명된 부분이므로 좀 더 깊은 부분까지 들여다보지 않더라도 이 정도 수준의 지 식만 가지고 강화학습에 접근해도 충분하다.

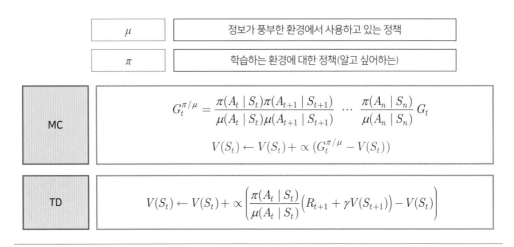

그림 2-35 MC와 TD에서 중요도 샘플링

MC와 TD를 중요도 샘플링을 사용해서 변경할 수 있다. μ는 많은 경험을 통해 정보가 풍 부한 환경에서의 정책이다. 이 정책은 어느 정도 잘 훈련이 되어있을 것이며, 이 정책을 통 해 샘플 또한 쉽게 얻을 수 있다. π는 알고 싶어하는 정책이다. 정책을 훈련하고 싶지만 샘 플을 쉽게 구할 수 없는 상황이다. MC를 사용해서 정책 π를 훈련하고 싶을 때 정책 μ를 사용해서 샘플을 얻고 중요도 샘플링을 통해 정책 π를 훈련한다.

MC에서는 하나의 에피소드가 끝날 때까지 계속 샘플을 만들기 때문에 기댓값을 구하기 위해서는 중요도 샘플링이 계속 곱해져야 하고, TD에서는 하나의 타임스텝만 실행하고 그에 대한 가치를 계산하기 때문에 하나의 중요도 샘플링만 사용한다.

이때 MC에서는 중요도 샘플링이 계속 곱하기로 계산되기 때문에 값이 심하게 왜곡될 수 있다. 따라서 MC에서 중요도 샘플링을 사용하는 것은 현실적으로 불가능하다.

2.8.3 Q 러닝(Q Learning)

앞에서 MC나 TD에서는 정책을 제어하기 위해서 Q 함수를 사용한다고 설명한 바 있다. MC와 TD를 사용하는 환경에서는 모델에 대한 모든 정보가 없기 때문에(Model Free) 다음 상태가 무엇인지 알 수 없다. 따라서 상태 가치 함수를 사용해서 최적의 정책을 구하는 것은 불가능하다.

하지만 행동 가치 함수(Q 함수)를 사용하면 다음 상태를 알 수 없어도 현재 상태(s)에서 할 수 있는 모든 행동(A)에 대한 가치를 각각 구할 수 있기 때문에 가장 큰 가치를 반환하는 행동으로 정책을 갱신(정책 제어: Policy Control)할 수 있다.

TD를 발전시켜 상태 가치 함수 대신에 행동 가치 함수(Q 함수)를 사용해서 정책을 평가하고 제어하는 방식이 SARSA이다. TD에서는 상태(s)에서 정책에 따라 하나의 행동(a)을 취하고 그에 따른 가치를 구하기 때문에 엄밀히 말하면 Q 함수를 사용하는 것이 좀 더 정확한 표현이므로 SARSA에서는 Q 함수로 상태 가치 함수를 대신했다.

TD와 MC에서는 정책을 평가하고 정책을 제어할 때 동일한 정책 π를 사용하기 때문에 온폴리시(On Policy) 학습 방법에 해당한다.

여기까지가 지금까지 공부한 내용이다. 이제 좀 더 효율적으로 학습할 수 있는 Q 러닝에 대해 알아보자.

$$\boxed{\text{SARSA}} \quad Q(S,A) \leftarrow Q(S,A) + \propto \left(R_{t+1} + \gamma Q(S',A') - Q(S,A) \right)$$

$$\boxed{\text{Q-Learning}} \quad Q(S,A) \leftarrow Q(S,A) + \propto \left(R_{t+1} + \gamma \max_{a'} Q(S',a') - Q(S,A) \right)$$

그림 2-36 Q 러닝에서 샘플링

SARSA에서 경험을 쌓을 때 다음 행동을 결정하는 방식은 정책(π)을 따라서 Q값을 계산하는 것이다. 하지만 Q 러닝에서 경험을 쌓을 때 다음 행동은 정책을 따라가는 것이 아니라 Q값을 max로 만드는 행동을 선택한다. 이것이 SARSA와 Q 러닝의 차이점이다.

Q 러닝은 중요도 샘플링(Importance Sampling)을 사용하지는 않지만, 정책을 평가할 때 사용하는 정책(max)과 정책을 제어(π)할 때 사용하는 정책이 다르기 때문에 오프 폴리시 방법이라 할 수 있다. 또한 일반적으로 Q 러닝이 SARSA보다 보다 좋은 성능을 보여준다.

지금까지 계속해서 설명한 정책 평가와 정책 제어 문제를 Q 러닝에서 살펴보자. SARSA 알고리즘에서 정책 평가는 Q 함수를 계산하는 것이었다. 고정된 정책에 따라 행동을 선택하면서 가치를 계산하고 Q 함수를 업데이트한다. 정책 제어는 정책 평가를 통해 계산한 Q 함수 중 가장 큰 Q 함수를 가지고 있는 행동을 선택하도록 정책을 수정하는 방식으로 진행한다.

Q 러닝에서는 별도의 고정된 정책을 사용하지 않는다. 정책 평가 과정에서 Q 함수가 가장 큰 행동을 선택해서 그 행동을 통해서 계산한 Q값을 가지고 Q 함수를 업데이트한다. 고정된 정책을 사용하지 않기 때문에 정책 제어 과정이 별도로 존재하지 않는다. Q 러닝에서는 정책 평가와 정책 제어가 동시에 이루어진다.

지금까지 공부한 것이 강화학습의 기본 알고리즘 이론이다. 다이내믹 프로그래밍, MC, TD, Q 러닝이 실무에서 사용되는 사례는 많지 않다. 앞으로 살펴볼 알고리즘인 DQN부터 실무적으로 많이 사용되고 있다. 하지만 초기에 나온 강화학습 알고리즘에 대해서 반드시 이해하고 넘어가야 한다. 이번 장에서 공부한 기초 알고리즘을 이해하지 못하고 고급 알고리즘을 바로 이해하기란 거의 불가능하기 때문이다.

다음 장부터는 인공신경망 개념에 대해 알아보고 코드를 직접 구현하면서 좀 더 개선된 강화학습 알고리즘을 공부해 보도록 하자.

#

인공지능의 개념

대부분의 강화학습 알고리즘은 내부적으로 인공신경망을 사용하므로, 인공신경망에 대한 기본적인 이해 없이는 절대로 강화학습 알고리즘을 이해할 수 없다. 그렇다고 인공신경망이 이해하기 무척 어려운 기술이라는 것은 아니다. 인공신경망의 개념은 간단하지만, 좋은 성능을 이끌어 내는 것이 어렵다.

이번 장에서는 머신러닝부터 시작해서 인공신경망까지 인공지능의 이론적인 부분을 살펴볼 것이다. 난이도가 높지 않기 때문에 편안한 마음으로 읽어 내려가다 보면 어느새 인공지능 개념이 머릿속에 정리될 것이다.

3.1 머신러닝

머신러닝(Machine Learning)은 명시적인 프로그래밍 없이 스스로 학습하고 성능을 지속적으로 개선하는 인공지능 기술이다. 머신러닝 알고리즘은 특정 분야에 대해 수학 모델을 수립하고 데이터를 학습함으로써 수학 모델을 완성하여 결과를 예측하거나 의사결정을 내린다.

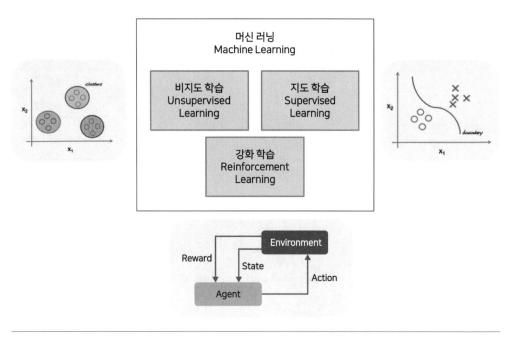

그림 3-1 머신러닝 개념

머신러닝 기술은 비지도 학습, 지도 학습 그리고 강화학습으로 구성된다.

비지도 학습은 데이터의 특성을 중심으로 유사한 특성끼리 데이터를 묶는 기술이다. 비지도 학습에서는 학습 목표에 대해 기준이 되는 데이터가 없다. 예를 들어 고객 구매 데이터를 바탕으로 고객 등급을 분류할 때, 비지도 학습을 사용하면 유사한 구매 패턴을 가진 고객 등급을 찾아낼 수 있다. 어떤 고객이 우량 고객이고 어떤 고객이 비우량 고객인지에 대한 데이터는 없으므로, 분류된 고객 특성을 다시 분석해서 우량 고객군과 비우량 고객군으로 나누어야 한다. 즉, 비지도 학습으로 1차 분류하고 비즈니스 전문가가 이러한 분류에 대해 2차 평가를 한다.

비지도 학습에 사용되는 대표적인 알고리즘으로 케이 평균(k-means) 알고리즘이 있다. k는 분류할 그룹의 개수이며 k가 5일 경우 고객을 5등급으로 분류한다. 임의로 설정한 그룹의 중심(k)과 각 구성원과의 평균 거리가 가장 가까워질 때까지 그룹의 중심을 이동하고 구성원을 지속적으로 변경하면서 그룹을 분류한다.

지도 학습은 결과(목표)가 명확한 데이터를 학습해서 수학 모델을 완성하고, 새로운 데이터가 들어올 때 결과를 예측하는 기술이다. 예를 들어 주가를 예측하는 모델을 만든다고 가정하자. 학습에 필요한 데이터는 일자별로 주가에 영향을 미치는 요소와 일자별 주가이다. 여기에서 학습의 목표는 주가에 영향을 미치는 요소가 주어졌을 때 알려지지 않는 날짜의 주가를 예측하는 것이다. 학습에 대한 명확한 목표(일자별 주가)가 주어졌기 때문에 지도 학습이라 한다. 데이터를 학습해서 예측 모델을 완성했다면 기본 데이터를 입력해서 다음 날 주가를 예측할 수 있다.

가장 흔한 지도 학습의 사례는 개와 고양이 분류 문제다. 그림을 보고 개인지 고양이인지 알아맞히는 모델을 만들고자 한다면, 학습할 때 개인지 고양이인지 표시된 수백만 장의 사진을 입력해야 한다. 그리고 모델이 완성되면 임의의 사진을 입력했을 때 개인지 고양이인지 스스로 분류할 수 있게 된다.

강화학습은 지도 학습이나 비지도 학습과는 개념이 조금 다르다. 강화학습은 에이전트의 행동과 상태에 따른 보상을 가지고 학습한다. 앞에서 설명했지만 여기에서 다시 한번 개념을 간단히 살펴보도록 하자.

아기가 걸음마를 배우는 것을 살펴보자. 아기는 어떻게 하면 잘 걸을 수 있는지 누구한테 배우지 않는다. 왼쪽 다리에 힘을 주고 오른쪽으로 일어섰을 때 넘어져서 많이 아팠다면, 다음에는 오른쪽 다리에 힘을 주고 왼쪽으로 일어나려고 할 것이다. 일어서서 두 발로 섰을 때 부모님이 칭찬도 해 주고 자신이 보는 시야도 넓어진다. 이것이 제대로 일어섰을 때 받을 수 있는 보상이다. 다시 일어나려고 했을 때 한번에 쉽게 일어날 수는 없겠지만 일어났을 때의 성취감을 생각하면서 처음보다는 조금 더 쉽게 일어날 수 있다.

그리고 걸을 때도 마찬가지다. 왼쪽 발을 들고 오른쪽 다리에 힘을 뺐을 때 넘어져서 아팠다면, 다음에는 왼쪽 발을 들었을 때 오른쪽 다리에 힘을 줄 것이다. 아기가 원하는 것은 아프지 않고 목적지까지 빨리 가는 것이다. 아기는 넘어지고 아프고 깨지고 칭찬받으면서 걸음마를 배운다.

강화학습은 이 과정을 수학적으로 모델링한 것이다. 가장 기본적인 개념이 MDP(Markov Decision Process)이다. 강화학습은 MDP에 기초하여 이론이 발전했으며 강화학습을 이해하기 위해서는 앞선 장에서 설명한 MDP를 반드시 이해해야 한다.

이 책의 목적은 강화학습에 대해 이해하는 것이므로 여기서는 강화학습과 관련이 있는 지도 학습에 대해 중점적으로 다루고 비지도 학습에 대한 설명은 생략하도록 한다.

3.2 선형 회귀 분석

머신러닝의 개념을 이해하기 위해 가장 간단한 1차원 선형 회귀(Linear Regression) 분석
에 대해 알아보자. 선형 회귀 분석은 지도 학습의 일종으로, 예측 모델을 만들어 알려지지
않은 데이터가 들어왔을 때 결과를 예측하는 기술이다.

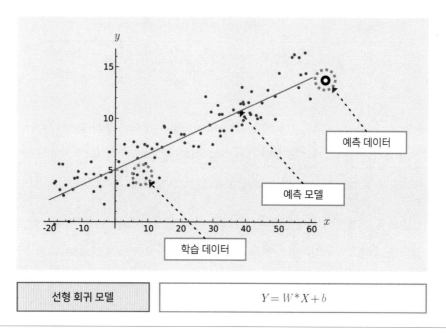

그림 **3-2** 선형 회귀 분석

그림에서 학습 데이터는 2차원 (x, y) 데이터로 구성되어 있다. 목적은 학습 데이터에 없
는 x값이 들어왔을 때 y값을 예측하는 모델을 만드는 것이다. 데이터가 완전한 일차원 선
형 분포를 가지고 있지는 않지만, 데이터를 표현하는 1차 방정식을 알아낸다면 오차는 있

지만 대략적인 y값을 알 수 있다.

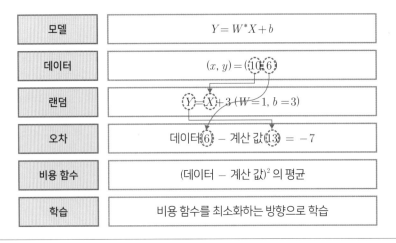

모델	$Y = W^*X + b$
데이터	$(x, y) = (10, 6)$
랜덤	$Y = X + 3 \ (W = 1, b = 3)$
오차	데이터 6 − 계산 값 13 = −7
비용 함수	(데이터 − 계산 값)^2 의 평균
학습	비용 함수를 최소화하는 방향으로 학습

그림 3-3 비용 함수

그림에서 알 수 있듯이 모델은 1차 방정식이 되며, 계수 W와 b값이 무엇인지만 알면 된다. 머신러닝에서는 W를 가중치(Weight), b를 편향(bias)이라 부른다. 1차원 선형 회귀 분석의 목적은 바로 데이터를 가장 잘 설명하고 있는 W와 b를 찾아내는 것이다.

그렇다면 W와 b를 찾아내는 방법을 알아보자. 먼저 임의의 값을 W와 b에 넣어 보자. 예를 들어 $W = 1$ 그리고 $b = 3$을 입력했을 때, 알고 있는 데이터 $(x, y) = (10, 6)$을 모델에 넣어 보면 $y = 13$이 된다. 함수를 계산해서 나온 값 13과 알고 있는 값 6은 −7 정도의 차이가 발생한다. 알고 있는 값과 계산 값의 차이를 비용(Cost) 혹은 손실(Loss)이라고 한다.

실제 데이터와 계산 값의 차이가 최소가 되는 W와 b를 구하기 위해 비용 함수(Cost Function, 또는 손실 함수: Loss Function)를 정의했다. 값의 차이가 양인지 음인지는 중요하지 않기 때문에 차이에 제곱을 취했다.

이제 문제는 W와 b를 어떤 방식으로 수정하는지가 된다. 여기에서 등장하는 것이 경사하강법(Gradient Decent)이다.

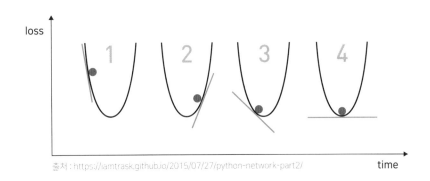

출처 : https://iamtrask.github.io/2015/07/27/python-network-part2/

그림 3-4 경사하강법

앞에서 정의한 비용 함수에 대해 편미분(참고: https://ko.wikipedia.org/wiki/편미분)을 하면서 경사가 감소하는 방향으로 W와 b를 수정해 나가면 결국에는 오차가 가장 작은 지점에 도달할 수 있다. 이러한 알고리즘을 **경사하강법(Gradient Decent)**이라 한다. 이 책에서는 경사하강법의 자세한 부분을 다루지 않는다. 단지 오차 함수를 최소화하기 위해서 경사하강법을 사용한다는 정도로 알고 넘어가도록 한다.

경사하강법을 통해 오차가 최소화되는 지점의 (W, b)가 $(0.15, 5)$란 값을 가진다고 할 때, 모델은 $Y=0.15^*X+5$가 된다. 이제 알려지지 않은 x값이 들어오면 모델을 통해 y값을 계산할 수 있다.

3.3 분류 분석

이번에는 두 종류의 데이터를 분류하는 이진 분류 분석에 대해 알아보자. 분류 분석(Classification) 또한 지도 학습의 한 종류다. 여기서는 가장 간단한 이차원 (X, Y) 데이터를 살펴보자. 그래프 상단에는 ×가 여러 개 있고 하단에는 여러 개의 ○가 있다. 알려진 ×와 ○를 학습해서 알려지지 않은 데이터가 왔을 때 어디에 속하는지 알아내는 것이 이진 분류의 목적이다.

먼저 ×와 ○의 경계를 구분 짓는 1차 선형 함수를 알아내야 한다. $Y = W*X + b$를 만족하는 W와 b를 찾아내는 것이다. 앞에서 공부한 선형 회귀 개념과 유사한 기법을 적용하면 된다. 1차 선형 함수를 알아 내는 것은 어려운 일이 아니다.

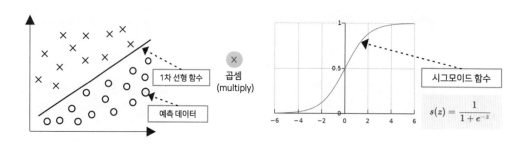

그림 3-5 분류 분석

문제는 1차 선형 함수를 어떻게 이진 분류에 적용하느냐이다. 여기에 새롭게 등장하는 개념이 **활성 함수(Activation Function)**이다. 대표적인 활성 함수로는 시그모이드(Sigmoid) 함수가 있다. 시그모이드 함수는 어려운 개념이 아니다. 입력된 데이터를 일정 기준에 따라

0과 1로 표현해주는 단순한 함수다. 선형 데이터를 비선형 데이터를 만들어주는 특성이 있기 때문에 머신러닝에서 다양한 방식으로 많이 사용된다. 여기에서는 y값(알고 있는)이 x값을 1차 선형 함수에 넣어 계산한 $\hat{y}$보다 크면 1로, 작으면 0으로 변환하는 역할을 한다.

> **여기서잠깐 선형(Linear)과 비선형(Non Linear)의 차이**
>
> 데이터가 선형적이란 얘기는 직선에 가까운 분포를 가지고 있다는 의미다. 선형 데이터는 상대적으로 예측하기 쉽다. 데이터가 비선형일 때는 데이터의 분포가 직선 형태가 아니다. 곡선이거나 극단적 값에 수렴하는 형태를 지니고 있다. 비선형 데이터는 선형 데이터와 다르게 예측하기 어렵다. 머신러닝에서 다루는 대부분의 데이터는 비선형적이다. 따라서 1차적으로 선형 함수로 계산하고, 데이터의 특징을 보다 구체적으로 표현하기 위해 활성 함수를 사용해 비선형성을 추가한다.

머신러닝을 처음 접할 때 다양한 수학식을 마주하게 되면 당황하게 된다. 하지만 프로그래머 입장에서 머신러닝을 통해 알고자 하는 것은 기본적인 동작 원리와 사용법이다. 프로그래머로서는 사칙 연산, 로그 그리고 행렬 연산 정도의 지식만 있으면 기본적인 개념을 이해하는 데는 무리가 없다. 지금은 수학식을 보지 말고 수학식이 표현하는 그래프의 형태를 살펴보는 것이 좋다.

$$\boxed{\text{이진 분류 함수}} \quad Y = \text{sigmoid}(W^* X + b)$$

그림 3-6 이진 분류 함수

이진 분류 함수를 수학적으로 간략하게 표현하면 이와 같다. 활성 함수로는 시그모이드 함수 외에 렐루(ReLU), 쌍곡탄젠트(tanh) 함수 등이 사용된다. 분류 분석에 나온 개념들은 앞으로 나올 인공신경망을 이해하는 데 기본이 된다. 처음부터 머신러닝과 딥러닝을 너무 어렵게 접근하지 말고 쉬운 개념부터 차근차근 공부하면 누구나 쉽게 정복할 수 있다.

3.4 딥러닝

뉴런(신경 세포)은 신경계를 구성하는 세포다. 신경 세포는 전기적인 신호를 다른 신경 세포와 주고 받으며 정보를 유통하고 저장하는 역할을 한다. 인간의 뇌는 수천억 개의 뉴런으로 구성되어 있으며 뉴런을 통해 기억하고 판단하고 감정을 느끼게 된다. 뉴런은 다양한 요소로 구성되어 있지만, 여기서는 인공신경망을 구성하기 위해 필요한 요소에 대해서만 알아보도록 하자.

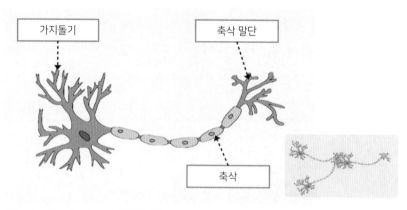

출처 : https://ko.wikipedia.org/wiki/신경_세포

그림 3-7 뉴런

인공신경망 관점에서 뉴런은 가지돌기, 축삭, 축삭 말단으로 구성된다. 가지돌기는 다른 뉴런으로부터 정보를 받아들여 축삭으로 정보를 전달하는 역할을 한다. 축삭은 여러 개가 체인처럼 연결되어 있다. 가지돌기에서 받아들인 정보는 여러 개의 축삭을 거치면서 신호가 작아지거나 커지고 때로는 사라지기도 한다. 축삭에서 가공된 신호는 축삭 말단을 통해

다른 뉴런으로 전달된다.

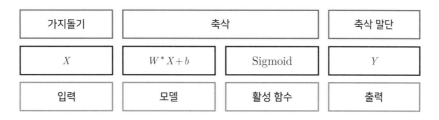

가지돌기	축삭		축삭 말단
X	$W*X+b$	Sigmoid	Y
입력	모델	활성 함수	출력

그림 3-8 뉴런과 인공신경망

앞에서 설명한 이진 분류 모델을 가지고 신경망을 설명해 보자. 가지돌기에서 받아들이는
입력은 선형 모델에서 사용하는 입력에 해당한다. 여러 개의 축삭을 거쳐 가공되는 신호는
모델에 해당한다. 입력을 가공하는 신호는 가중치(W)와 편향(b)이 있으며 모델을 거쳐
나온 신호는 활성 함수를 통해 어떤 결과로 나타날지 결정된다. 그리고 다른 뉴런으로 신
호를 전달하는 축삭 말단이 출력에 해당한다.

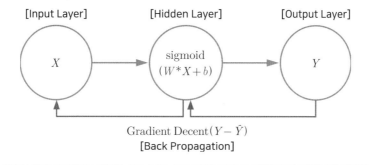

그림 3-9 단일 인공신경망

앞에서 공부한 선형 회귀 분석과 이진 분류 분석을 이용해 간단한 신경망을 구성할 수 있
다. 신경망은 입력층(Input Layer), 은닉층(Hidden Lyaer), 출력층(Output Layer), 역전

파(Back Propagation)로 구성된다. 입력층, 은닉층, 출력층은 앞에서 설명한 개념과 유사하다. 역전파는 실제 값과 계산 값의 차를 구하고, 평균의 제곱을 최소화하는 방향으로 학습하는 이론을 신경망에 적용한 것이다. 차이점은 출력층과 가까운 방향으로부터 입력층으로 오차가 전파된다는 것이다. 단일 신경망의 경우에는 크게 효과가 없지만, 심층 신경망(여러 개의 은닉층으로 구성된)에서는 놀라운 효과를 발휘한다.

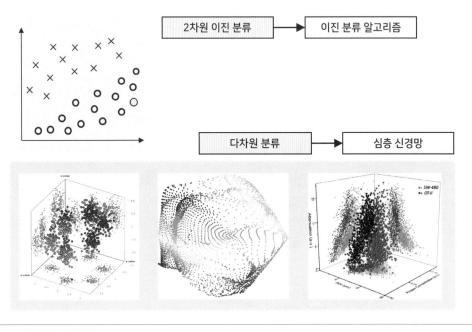

그림 3-10 다차원 분류 문제

이진 분류가 아닌 좀 더 복잡한 다차원 분류 문제를 풀어 보자. 앞에서 설명한 간단한 모델을 사용해서는 다차원 데이터를 분류할 수 없다. 수백 또는 수천 차원 이상의 고차 방정식을 풀어야 문제를 해결할 수 있기 때문이다. 따라서 이때 사용하는 것이 심층 신경망이다. 다른 말로 딥러닝(Deep Learning)이라 부른다.

앞에서 이진 분류 모델을 만들기 위해 선형 모델을 사용해 1차 예측하고 활성 함수를 사용해서 예측 결과를 비선형 데이터로 만들었다. 심층 신경망은 이런 원리를 활용한 것이다. 은닉층을 여러 개의 노드(모델)로 세분화해서 다양한 비선형 함수의 조합을 통해 데이터를 분류할 수 있게 하는 것이다. 어떤 모델을 사용하는지는 분석가가 결정하지만 수많은 가중치와 편향은 심층 신경망 알고리즘이 자동으로 찾아낸다. 수십에서 수백 개의 은닉층을 사용하면 상상할 수 없는 놀라운 효과를 얻을 수 있다.

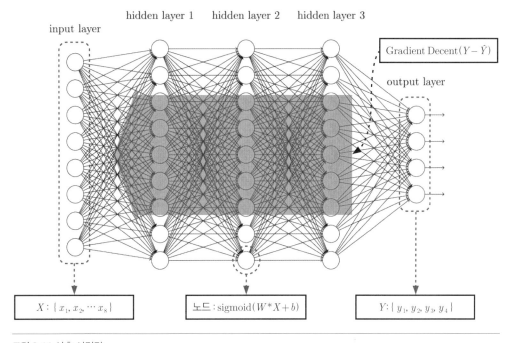

그림 3-11 심층 신경망

심층 신경망에서 입력값 X에는 복수의 값을 사용할 수 있다. 이미지를 학습하는 모델의 경우 800×600 크기의 이미지를 학습할 때, 동일한 크기의 행렬을 입력으로 사용할 수 있다. 물론 딥러닝 알고리즘에 따라서 이미지의 일부분을 입력값으로 사용하기도 한다.

머신러닝에서는 다양한 데이터를 처리하기 위해 입력(X)과 출력(Y)을 행렬 형태로 처리할 수 있도록 지원하고 있다. 숫자, 이미지, 음성 등 모든 학습 대상 데이터를 행렬로 변환할 수 있으며 행렬의 연산을 통해 학습을 진행한다.

은닉층은 레이어와 노드로 구성된다. 오른쪽으로 증가하는 층이 레이어이고 아래쪽으로 증가하는 동그라미가 노드다. 몇 개의 레이어와 몇 개의 노드를 사용할지에 대한 선택은 분석가의 몫이며 사용하는 컴퓨터 성능에 많이 좌우된다. 레이어와 노드 수가 증가할수록 필요한 컴퓨팅 파워가 늘어나기 때문에 학습에 지장이 없는 수준으로 선택하는 것이 좋다.

인공지능을 공부할 때 가장 많이 사용하는 수학이 사칙 연산, 로그, 수열 그리고 행렬 연산이다. 물론 논문을 쓴다거나 전문적으로 연구하는 사람이라면 수학을 좀 더 깊이 있게 공부해야 하지만, 고등학교 수준의 수학 기본 개념만 공부한다면 인공지능을 학습하기에 전혀 무리가 없다. 고등학교 수학이 결코 쉽지는 않지만 미적분을 구체적인 부분까지 공부할 필요가 없다는 뜻이다. 공부하다가 막히는 부분에 대해서만 인터넷에서 개념 정도를 찾아보면 된다.

3.5 개발 환경 설치

강화학습 프로그래밍을 하기 위해서는 사전에 몇 가지 프로그램을 설치해야 한다. 데이터 분석 분야에서는 아나콘다(anaconda)를 설치하면 대부분의 프로그램이 미리 설치되어 있기 때문에 편리하게 작업할 수 있지만, 여기에서는 파이썬부터 하나씩 설치하면서 스스로 개발 환경을 구성하는 방법에 대해 살펴보도록 하겠다.

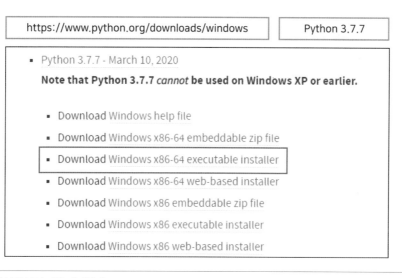

그림 3-12 파이썬 설치 파일 내려받기

다양한 파이썬 버전이 나와있지만 이 책에서는 Python 3.7.7 버전을 사용하도록 한다. 다른 버전의 파이썬을 설치한다면 예제를 실행하다가 오류가 발생할 수 있기 때문에 반드시 동일한 버전의 프로그램을 설치하기 바란다.

PC에 설치된 운영체제에 알맞은 실행 파일을 내려받아야 한다. 64-bits 운영체제는 Windows x86-64 executable installer를 내려받고, 32-bits 운영체제의 경우에는 Windows x86 executable installer를 내려받아야 한다. 요즘 대부분의 PC는 64-bits 윈도우 10 버전을 사용하기 때문에 x86-64 파일을 내려받으면 되지만 혹시 모르기 때문에 "내 PC" 프로그램을 통해 지금 사용하고 있는 컴퓨터의 윈도우 버전을 반드시 확인하기 바란다.

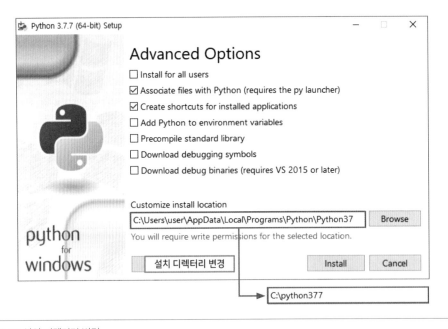

그림 3-13 설치 디렉터리 변경

이제 내려받은 설치 파일을 더블클릭하면 파이썬을 설치할 수 있다. 대부분의 과정은 안내대로 넘어가면 되는데 프로그램이 설치되는 위치는 변경해주는 것이 좋다. C 드라이브 아래에 [Python377] 디렉터리를 만들고 설치 화면에 있는 [Browse] 버튼을 눌러 해당 위치를 지정하면 된다.

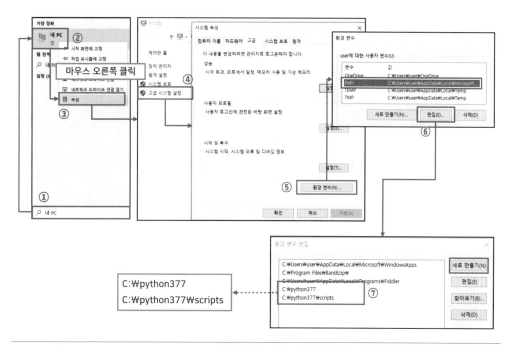

그림 3-14 환경 변수 등록

파이썬 설치가 완료됐으면 이제 파이썬 실행을 위한 환경 설정을 해야 한다. 가장 먼저 ①
윈도우 검색 창에서 "내 PC"를 입력해서 프로그램을 찾아야 한다. 검색 결과에 ② "내 PC"
프로그램이 검색되면 마우스 오른쪽 클릭을 하면 선택 창이 나온다. 거기에서 ③ [속성]
버튼을 클릭하면 시스템 속성을 변경할 수 있는 화면이 나온다. ④ 이제 [고급 시스템 설
정] 메뉴를 선택하자. 그럼 여러 가지 버튼이 나오는데 아래쪽에 ⑤ [환경 변수] 버튼을 누
른다. 새로운 창으로 나오는 [환경 변수] 창에서 [Path] 항목을 선택하고 ⑥ [편집] 버튼을
누르면 환경 변수를 수정할 수 있는 창이 나온다. [새로 만들기] 버튼을 클릭해서 파이썬
이 설치된 "C:\python377"과 "C:\python377\scripts" 두 가지 폴더 이름을 입력하면
된다.

그림 3-15 WindowsApps 환경 변수 위치

또한 [환경 변수 편집] 화면에서 WindowsApps 관련 환경 변수가 파이썬 환경 변수 위에 있으면 파이썬 명령어를 사용할 때 윈도우 앱을 먼저 검색하므로 반드시 파이썬 환경 변수가 WindowsApps 환경 변수 위에 올 수 있도록 수정해야 한다.

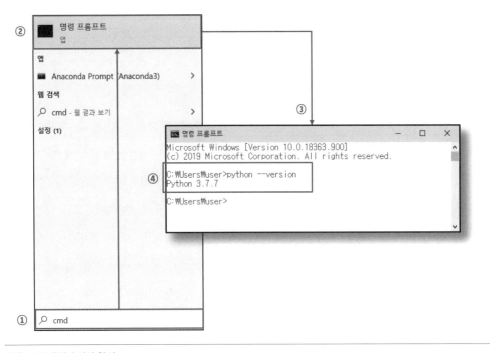

그림 3-16 파이썬 설치 확인

파이썬이 정상적으로 설치됐는지 확인하기 위해서는 윈도우 검색 창에 "cmd"를 입력해서 "명령 프롬프트" 프로그램을 찾는다. 명령 프롬프트를 실행시켜 "python --version" 명령어를 입력해서 "Python 3.7.7"이 출력되어야 한다. 만일 메시지가 정상적으로 출력되지 않고 윈도우 애플리케이션을 검색하는 창이 뜬다면 환경 변수 설정 단계로 다시 넘어가서 설치 과정을 다시 한번 꼼꼼히 살펴봐야 한다.

그림 3-17 pip 업그레이드

파이썬은 패키지를 쉽게 관리하기 위해 pip 프로그램을 지원한다. pip를 사용하면 전 세계의 수많은 개발자들이 무료로 개발해서 지원하는 다양한 파이썬 패키지를 쉽게 내려받아 설치할 수 있다. pip를 사용하기 전에 먼저 최신 버전으로 업그레이드해야 한다. "python -m pip install --upgrade pip" 명령어를 사용해 pip를 업그레이드하자.

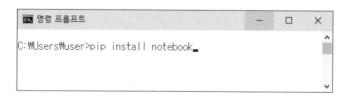

그림 3-18 Jupyter notebook 설치

파이썬 프로그램을 작성하려면 코드를 편집할 수 있는 툴이 있어야 한다. 이것을 파이썬 에디터라고 하는데 파이썬을 설치하면 기본적으로 아이들(IDLE)이라는 에디터가 설치되어 있다. 이외에도 파이참(PyCharm), 스파이더(Spyder) 같은 다양한 에디터가 있지만,

인공지능 분야에서는 주피터 노트북(Jupyter notebook)이 가장 많이 사용되는 툴이다. "pip install notebook" 명령어를 사용하면 주피터 노트북을 설치할 수 있다.

그림 3-19 주피터 노트북 실행

설치된 주피터 노트북은 명령 프롬프트에서 "jupyter notebook" 명령어를 통해 실행할 수 있다. 여기에서 주의할 점은 jupyter notebook 명령어를 실행한 디렉터리의 상위 디렉터리로는 접근할 수 없다는 것이다. 여기에서는 [C:\User\user] 디렉터리 아래에서 프로그램을 실행했기 때문에 우리가 개발하는 프로그램이 [C:\User\test] 디렉터리에 있다면 Jupyter notebook으로는 프로그램을 열 수 없다. 따라서 주피터 노트북을 실행하기 전에 먼저 프로그램이 있는 디렉터리로 이동하거나 최소한 상위 디렉터리로 이동해야 한다.

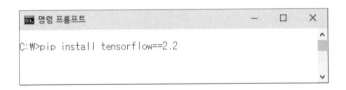

그림 3-20 텐서플로우 2.0 설치

pip로 구글에서 제공하는 딥러닝 패키지인 텐서플로우 또한 쉽게 설치할 수 있다. "pip install tensorflow" 명령어를 사용하면 가장 최신 버전의 텐서플로우가 설치된다. 뒤에 "==version"을 지정하면 원하는 버전의 텐서플로우를 설치할 수 있다. 여기에서는 2.2 버전의 텐서플로우를 사용하도록 한다.

```
C:\RL>pip uninstall numpy
Found existing installation: numpy 1.19.4
Uninstalling numpy-1.19.4:
   Would remove:
     c:\python377\lib\site-packages\numpy-1.19.4.dist-info\*
     c:\python377\lib\site-packages\numpy\*
     c:\python377\scripts\f2py.exe
Proceed (y/n)? y
   Successfully uninstalled numpy-1.19.4

C:\RL>pip install numpy==1.19.3
Collecting numpy==1.19.3
   Downloading numpy-1.19.3-cp37-cp37m-win_amd64.whl (13.2 MB)
     |███████████████████████████████| 13.2 MB 128 kB/s
Installing collected packages: numpy
Successfully installed numpy-1.19.3
```

그림 3-21 넘파이 1.19.3 설치

파이썬 3.7.7에 기본적으로 설치된 넘파이 버전은 1.19.4이다. 이 버전은 텐서플로우를 실행할 때 가끔씩 오류가 발생하기 때문에 한 단계 낮은 1.19.3을 설치하는 것이 좋다. "pip uninstall numpy" 명령어를 사용해서 설치된 넘파이를 삭제한 후 "pip install numpy==1.19.3" 명령어를 사용해서 낮은 버전의 넘파이를 설치한다.

ImportError: Could not find the DLL(s) 'msvcp140_1.dll'. TensorFlow requires that these DLLs be installed in a directory that is named in your %PATH% environment variable. You may install these DLLs by downloading "Microsoft C++ Redistributable for Visual Studio 2015, 2017 and 2019" for your platform from this URL: https://support.microsoft.com/help/2977003/the-latest-supported-visual-c-downloads

그림 3-22 텐서플로우 2.2 실행 오류

텐서플로우 2.2를 실행하면 이와 같은 오류가 발생할 수 있다. PC에 msvcp140_1. dll이 설치되지 않아 발생하는 오류이다. 이럴 때는 https://support.microsoft.com/help/2977003/the-latest-supported-visual-c-downloads 사이트에 접속해서 관련 프로그램을 내려받아 설치해야 한다.

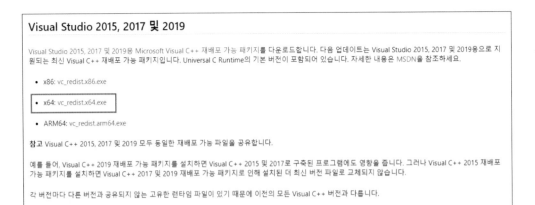

Visual Studio 2015, 2017 및 2019

Visual Studio 2015, 2017 및 2019용 Microsoft Visual C++ 재배포 가능 패키지를 다운로드합니다. 다음 업데이트는 Visual Studio 2015, 2017 및 2019용으로 지원되는 최신 Visual C++ 재배포 가능 패키지입니다. Universal C Runtime의 기본 버전이 포함되어 있습니다. 자세한 내용은 MSDN을 참조하세요.

- x86: vc_redist.x86.exe
- x64: vc_redist.x64.exe
- ARM64: vc_redist.arm64.exe

참고 Visual C++ 2015, 2017 및 2019 모두 동일한 재배포 가능 파일을 공유합니다.

예를 들어, Visual C++ 2019 재배포 가능 패키지를 설치하면 Visual C++ 2015 및 2017로 구축된 프로그램에도 영향을 줍니다. 그러나 Visual C++ 2015 재배포 가능 패키지를 설치하면 Visual C++ 2017 및 2019 재배포 가능 패키지로 인해 설치된 더 최신 버전 파일로 교체되지 않습니다.

각 버전마다 다른 버전과 공유되지 않는 고유한 런타임 파일이 있기 때문에 이전의 모든 Visual C++ 버전과 다릅니다.

그림 3-23 Microsoft Visual C++ 재배포 가능 패키지 내려받기

Visual Studio 2015, 2017 및 2019용 Microsoft Visual C++ 재배포 가능 패키지를 내려받아 보자. 32비트 기반 윈도우의 경우 vc_redist.x86.exe 프로그램을 내려받고 64비트 기반 윈도우의 경우 vc_redist.x64.exe 프로그램을 내려받아야 한다.

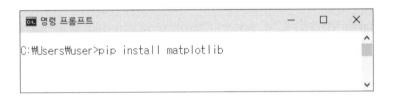

그림 3-24 matplotlib 설치

학습이 정상적으로 진행되는지 확인하거나 파라미터 튜닝을 위해서는 학습 결과를 그래프로 표시해야 한다. 파이썬에서는 다양한 그래프 패키지를 제공하지만 가장 직관적이고 사용이 간단한 matplotlib을 설치하도록 한다.

그림 3-25 Open AI gym 설치

강화학습을 위한 다양한 정보를 제공하는 사이트인 OpenAI에서는 테스트를 위한 프로그램을 제공하고 있다. Open AI gym이라는 패키지로 묶어서 배포하고 있는데 단순히 gym 패키지를 설치하면 다양한 프로그램을 사용할 수 있다.

3.6 텐서플로우

텐서플로우(Tensorflow)는 구글에서 개발한 데이터 플로우 그래프를 사용하는 수치 연산용 오픈소스 소프트웨어 라이브러리다. 텐서플로우는 인공신경망 기반 알고리즘을 활용하기에 적합한 구조로 설계되어 있다. 성능 향상을 위해 GPU 사용을 지원하며 텐서 보드(Tensor Board)를 활용해서 학습 과정을 시각화할 수 있다.

이 책에서는 텐서플로우 2.2를 사용한다. 텐서플로우 1.0에서는 작업을 실행하기 전에 먼저 그래프를 정의한 다음 그래프를 생성하고 그 안에서 프로그램을 실행하는 구조였다. 순차적으로 실행되는 일반적인 프로그램과 동작하는 방식이 매우 다르기 때문에 초보자는 이해하기 어려운 부분이 많았다. 하지만 텐서플로우 2.x 버전에서는 즉시 실행 모드를 제공하기 때문에 프로그램이 순차적으로 실행된다. 텐서플로우를 처음 접하는 사람도 이해하기 쉬우며 구조 또한 매우 간단하다.

텐서플로우 2.x에서는 **tf.keras**를 중심으로 고수준 API를 통합했기 때문에 텐서플로우 1.0에서 다양한 방식으로 지원되던 기능을 하나의 방식으로 통합했다. 동일한 솔루션에 대해 인터넷에서 찾은 예제가 각기 다른 방식으로 구현되어 이해하기 어려웠던 부분을 해소한 것이다.

이렇듯 텐서플로우 2.x에서는 성능을 떠나 구조의 단순화라는 많은 장점을 제공하고 있다. 텐서플로우는 복잡하고 어렵다는 선입관을 이제는 버려도 될 것 같다.

```
import tensorflow as tf                                          ①

mnist = tf.keras.datasets.mnist                                  ②
(x_train, y_train), (x_test, y_test) = mnist.load_data()
print("* shape:", x_train.shape, y_train.shape)

model = tf.keras.models.Sequential([                             ③
    tf.keras.layers.Flatten(input_shape=(28,28)),
    tf.keras.layers.Dense(128, activation='relu'),
    tf.keras.layers.Dense(10, activation='softmax')
])

model.compile(optimizer="Adam",                                  ④
              loss='sparse_categorical_crossentropy',
              metrics=['accuracy']
    )

hist= model.fit(x_train, y_train, epochs=5)                      ⑤

model.evaluate(x_test, y_test, verbose=2)                        ⑥
```

그림 3-26 프로그램 기본 구조

대체로 텐서플로우 프로그램은 기본적으로 유사한 구조를 가지고 있다. ① 가장 먼저 텐서플로우 패키지를 프로그램에서 사용할 수 있도록 로딩한다. ② 다음으로 테스트에 사용할 데이터를 로딩하는데 여기에서는 손글씨로 쓴 숫자를 맞추는 mnist 데이터 세트를 사용했다. ③ 학습에 사용할 텐서플로우 인공신경망 구조를 만든다. 몇 개의 노드(node)와 레이어(Layer)를 사용할지 결정하는 것은 프로그래머의 몫이다. ④ 이제 학습 과정에서 사용할 비용 함수(cost function)와 최적화 함수(optimizer)를 지정한다. ⑤ 인공신경망 구조가 정의되었다면 모델을 학습한다. ⑥ 학습이 완료되면 테스트 데이터를 사용해서 모델의 성능을 검증하게 된다.

이제부터 이러한 흐름 속에서 각각의 기능을 좀 더 구체적으로 알아보자.

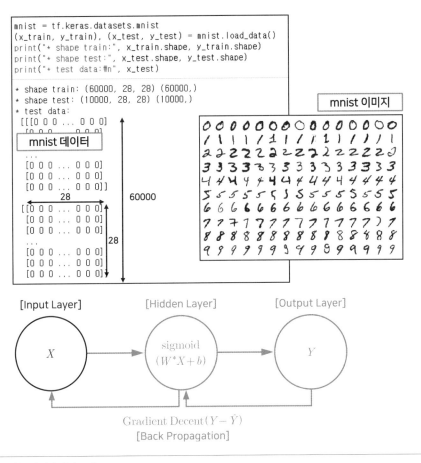

그림 3-27 학습 데이터 가져오기

가장 먼저 나오는 부분이 학습 데이터를 가져오는 부분이다. keras 패키지에서는 다양한 학습 데이터를 제공하고 있는데 여기에서는 이미지 형태의 숫자 데이터인 mnist 데이터 세트를 사용했다. minist는 모두 70,000개의 데이터로 구성되어 있고 훈련(train)에 사용되는 데이터가 60,000개, 검증(test)에 사용되는 데이터가 10,000개다. 데이터를 로딩하면 기본적으로 훈련 데이터와 검증 데이터를 나누어서 반환한다.

> ### 여기서잠깐 훈련(train) 데이터와 검증(test) 데이터
>
> 훈련 데이터와 검증 데이터 모두 동일한 데이터다. 인공지능 모델을 학습할 때 데이터를 훈련 데이터와 검증 데이터로 나누는 이유는 모델을 학습할 때 사용된 데이터를 가지고 모델이 얼마나 정확한지 검증하면 결과가 왜곡될 수 있기 때문이다. 시험보기 전에 풀었던 문제집 내용이 실제 시험에 그대로 나오는 것과 같은 경우다.
>
> 따라서 인공신경망 공부를 위해 제공하는 많은 데이터 세트는 기본적으로 학습 데이터와 검증 데이터를 나누어 제공하고 있다. 전체 데이터 중에 보통 70~80% 정도를 학습 데이터로 제공하고 나머지를 검증 데이터로 제공한다.

훈련 데이터는 28×28×60,000의 다차원 데이터 배열로 이루어져 있다. 배열로 구성된 데이터를 살펴보면 하나의 이미지는 28×28 배열로 표현되며 이런 배열(28×28 이미지)이 모두 60,000개가 들어 있다. 이는 앞에서 살펴본 단일 인공신경망에서 입력층(Input Layer)에 있는 X를 정의하는 것과 같다.

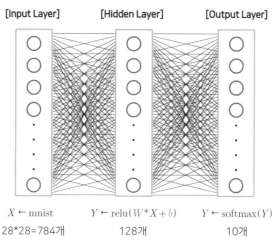

```
model = tf.keras.models.Sequential([
    tf.keras.layers.Flatten(input_shape=(28,28)),
    tf.keras.layers.Dense(128, activation='relu'),
    tf.keras.layers.Dense(10, activation='softmax')
])
```

[Input Layer]　　　　　[Hidden Layer]　　　　　[Output Layer]

$X \leftarrow \text{mnist}$　　　$Y \leftarrow \text{relu}(W*X+b)$　　　$Y \leftarrow \text{softmax}(Y)$

28*28=784개　　　　　128개　　　　　　10개

그림 3-28 인공신경망 구성

Mnist 학습 데이터 세트를 가져왔다면 이제 학습을 진행할 인공신경망을 구성해 보자. 여기서는 Keras에서 제공하는 Sequential 클래스를 활용하는데 Sequential 클래스는 레이어를 순차적으로 연결시키는 기능을 제공한다. 먼저 입력층(Input Layer)을 구성할 때는 이미지를 하나씩 입력받기 때문에 28×28 크기의 데이터를 입력값으로 정의한다. 하지만 텐서플로우에서는 1차원 배열만 입력값으로 사용할 수 있기 때문에 28×28 데이터를 쭉 펴서(Flatten) 784개의 1차원 배열 데이터로 만들어준다.

다음으로 은닉층(Hidden Layer)를 구성하는데 은닉층에서는 활성 함수로 relu를 사용하도록 지정했다. 이전 사례에서는 sigmoid 함수를 사용했다. relu 함수는 sigmoid 함수와 유사하게 선형 데이터를 비선형으로 만들어주는 함수라고 이해하도록 하자. 이러한 은닉층에서 노드를 128개 사용했다. 몇 개의 노드를 사용할 것인지는 학습자의 선택에 따른 문제이며, 데이터를 반복적으로 학습하면서 가장 적합한 은닉층의 노드 개수를 찾아내야 한다.

마지막으로 출력층(Output Layer)을 구성하는데 출력층의 개수는 학습 데이터가 가지고 있는 데이터 유형의 종류로 정해진다. Mnist 학습 데이터 세트는 0부터 9까지의 숫자를 분류하는 데이터이기 때문에 모두 10개의 출력 노드로 구성된다. 여기에서 활성 함수로 softmax를 사용했는데 softmax 함수는 출력 데이터가 0부터 1 사이에 있는 값으로 나오도록 변형하고, 모든 출력 데이터를 합한 값이 1이 되도록 만들어준다. 즉, softmax 함수를 사용하면 확률을 알 수 있게 된다. softmax 함수를 통해 얻은 출력값은 입력이 어떤 숫자에 해당하는지를 확률로 알려주는 것이다.

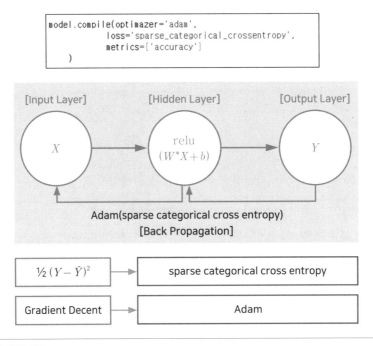

그림 3-29 학습 환경 설정

이제 학습을 진행하기 위한 환경을 설정해야 한다. 먼저 옵티마이저(Optimazer)는 오차를 최소화하는 알고리즘을 선택하는 것인데 앞서 배웠던 인공신경망에서는 경사하강법(Gradient Decent)을 사용했다. 경사하강법은 이해하기 쉽고 인공지능 초기부터 많이 사용하던 알고리즘이지만, 현재는 보다 효율적인 알고리즘이 많이 개발된 상태라서 그다지 많이 사용되지는 않는다. 여기 예제에서는 경사하강법 대신 아담(Adam) 알고리즘을 사용했다. 아담 알고리즘에 대해서는 깊이 설명하지 않고 넘어가도록 하겠다.

이제 오차를 정의해야 하는데 앞에서는 MSE(Mean Squared Error)를 사용했다. 즉, 실제 값과 예측 값의 차이를 구해서 제곱하여 다시 평균을 구한 값을 오차로 정의하고, 경사하강법을 사용해서 이 값이 최소화되는 지점을 찾았다. 여기서는 MSE보다 효율적인 sparse categorical cross entropy를 대신 사용한다. sparse categorical cross entropy는 오차를 정의하는 다른 방법 정도로 이해하고 여기에서는 자세한 설명을 생략하도록 한다.

다음으로 학습을 평가하는 지표(metrics)를 정의했는데 여기에서는 정확도(accuracy)를 사용했다. 정확도는 말 그대로 예측과 실제 데이터가 얼마나 일치하는지를 확인하는 것이다. 정확도가 높을수록 인공신경망이 잘 구성되고 학습 환경이 효율적으로 설정됐다고 판단할 수 있다.

```
hist= model.fit(x_train, y_train, epochs=5)

Train on 60000 samples
Epoch 1/5
60000/60000 [==============================] - 8s 133us/sample - loss: 0.1850 - accuracy: 0.9839
Epoch 2/5
60000/60000 [==============================] - 7s 121us/sample - loss: 0.1829 - accuracy: 0.9844
Epoch 3/5
60000/60000 [==============================] - 8s 127us/sample - loss: 0.2034 - accuracy: 0.9845
Epoch 4/5
60000/60000 [==============================] - 8s 133us/sample - loss: 0.1866 - accuracy: 0.9850
Epoch 5/5
60000/60000 [==============================] - 7s 119us/sample - loss: 0.1925 - accuracy: 0.9850
```

그림 3-30 모델 학습

완성된 인공신경망은 model 변수에 저장된다. 인공신경망은 Sequential 객체이며 이 객체에서는 모델 학습을 위한 fit 함수를 지원하고 있다. fit 함수에 인자로 훈련 데이터 세트를 넣어주고, 학습을 몇 번 반복할지 지정하는 epochs 값을 설정하면 학습이 진행된다. epochs 변수를 5로 설정하면 60,000건의 학습 데이터를 5회 반복하면서 학습하게 된다. 프로그램을 실행하면 화면 하단에서 학습이 진행되는 것을 확인할 수 있으며, 각각의 epoch마다 loss와 accuracy를 확인할 수 있다. loss는 오차항으로 값이 작을수록 좋으며, accuracy는 정확도를 나타내는 지표이기 때문에 1에 가까울수록 좋다.

```
model.evaluate(x_test, y_test, verbose=2)
10000/1 - 1s - loss: 0.5757 - accuracy: 0.9646
[1.1514647204219093, 0.9646]
```

그림 3-31 모델 검증

모델의 정확도는 학습에 사용되지 않은 검증 데이터를 사용해서 알 수 있다. Mnist 데이터 세트에서 제공하는 검증 데이터 세트인 x_test, y_test를 검증 함수 evaluate에 입력하면 모델의 정확도를 알 수 있다. 출력값에서 loss와 accuracy가 검증 데이터 세트로 확인한 오차항과 정확도이다. evaluate 함수 마지막에 들어가는 verbose는 출력을 어느 수준으로 할지 결정하는 역할을 하는데 Jupyter notebook을 사용하는 환경에서는 보통 2를 넣어준다.

이번 장에서는 인공지능의 기초 개념과 텐서플로우를 사용해서 인공신경망을 구성하고 학습하는 방법에 대해 알아봤다. 현재 사용되는 대부분의 강화학습 알고리즘이 인공신경망을 기본적으로 사용하기 때문에, 텐서플로우와 같은 인공신경망을 지원하는 패키지를 능숙하게 다룰 수 있도록 공부하는 것은 매우 중요하다. 강화학습 알고리즘은 이론이고 이것을 실체화시키는 것이 프로그램 언어이며 그 중심에는 인공신경망이 있다. 텐서플로우는 현재 가장 많이 사용되는 인공신경망 패키지이기 때문에 조금 깊이 있게 공부해두는 것이 좋다. 인공신경망 패키지를 능숙하게 다루지 못하면 알고리즘을 쉽고 빠르게 구현할 수 없으며, 심지어 잘못된 방향으로 코딩할 수도 있기 때문이다.

4

함수 근사법

함수 근사법은 강화학습과 인공신경망을 이어주는 다리 같은 역할을 한다. 함수 근사법을 통해 인공신경망을 강화학습에 활용할 수 있게 되었고, 이를 바탕으로 강화학습 이론은 비약적으로 발전할 수 있게 되었다.

함수 근사법을 이해하기 위해서는 앞 장에서 설명한 인공신경망 개념을 반드시 이해하고 있어야 한다. 인공신경망이 무엇인지 머릿속에 떠오르지 않는다면 다시 한번 읽어 보길 바란다.

함수 근사법을 공부하기 위해서는 다양한 수학 개념을 알고 있어야 하지만, 이번 장에서 필수적인 수학 이론부터 차근차근 설명하고 있으므로 초보자들도 어렵지 않게 이해할 수 있을 것이다.

4.1 미분

미분(도함수, Derivative, Differentiation)은 어떤 함수의 순간 변화율을 구하는 역할을 한다. 순간 변화율이 무엇인지 알아보기 전에 먼저 변화율의 개념에 대해 알아보자. 변화율이란 말 그대로 변화하는 양을 나타내며 평균 변화율과 순간 변화율이 있다.

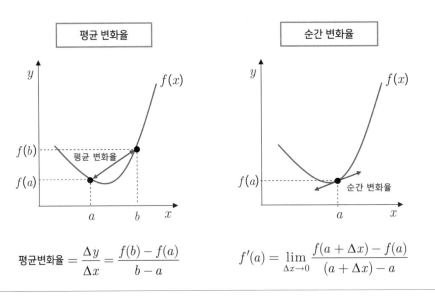

그림 4-1 평균 변화율과 순간 변화율

먼저 평균 변화율을 살펴보자. 우선 앞선 그림과 같은 데이터 분포를 나타내는 함수 $f(x)$가 있다고 생각해 보자. f는 함수(Function)의 약자이며 x는 함수에 입력값으로 사용되는 변수다. 예를 들어 $f(x) = 2x^2 + x + 3$이라는 함수의 경우 x의 값을 하나씩 증가시켜 함수의 값 y를 계산하고 그래프에 점을 찍어 선으로 연결하면 그림과 유사한 형태의 그래프가 나오게 된다.

그런데 여기서 궁금한 것은 입력값에 따른 출력(y)의 분포가 이러한 그림과 같을 때 x의 값이 a에서 b로 변할 때 함수의 출력값(y)은 x값의 변화에 비례해서 얼마나 변하는지이다. 바로 이때 사용하는 것이 평균 변화율이다. 평균 변화율 수식에서 사용하는 델타(Δ)는 값의 변화량을 의미한다. Δy는 y값의 변화량 그리고 Δx는 x값의 변화량을 의미하며, 두 변화량의 비율을 구하면 앞에서 설명한 평균 변화율을 구할 수 있다.

자동차가 시간대별로 이동한 거리를 기록한 데이터를 가지고 함수를 만들었다고 생각해 보자. x가 시간이고 y가 시간을 입력했을 때 자동차가 이동한 거리라고 하면 시간 a에서 시간 b까지의 평균 변화율은 자동차의 속도를 의미한다.

미분을 의미하는 순간 변화율은 평균 변화율보다 개념이 조금 어렵다. 평균 변화율이 시각적으로 명확하게 구분 가능한 a에서 b까지 구간에서의 값을 구했다면, 순간 변화율은 a라는 한 점에서 변화율을 계산해야 한다.

조금 쉽게 계산하기 위해 x의 변화량을 의미하는 Δx값을 사용해 보자. 평균 변화율에서는 Δx가 눈에 보일 만큼 크지만 순간 변화율에서는 아주 작은 값을 사용한다. Δx가 너무나도 작아서 0에 가까워질 경우(lim, 극한) 우리가 알고 싶은 순간 변화율을 구할 수 있게 된다.

과속 단속 카메라의 경우를 살펴보면 단속 카메라는 자동차가 특정 지점을 지날 때 속도를 측정한다. a 지점과 b 지점 사이에서의 속도가 아니라 a 지점에서의 속도가 규정 속도를 넘었는지를 판단해야 한다. 이때 사용하는 개념이 미분이다. 측정 구간의 폭을 0에 가깝도록 아주 작게 만든 다음 속도를 계산하면 한 지점에서의 속도를 계산할 수 있다.

$$(c)' = 0$$

$$(x^n)' = nx^{n-1}$$

미분 공식　$$\{f(x)g(x)\}' = f'(x)g(x) + f(x)g'(x)$$

$$\{f(g(x))\}' = f'(g(x))g'(x)$$

$$(a^x)' = a^x \ln a$$

그림 4-2 미분 공식

이제 특정 지점이 아닌 어떤 지점에서도 미분한 결과를 알고 싶은 경우가 있을 것이다. 이럴 때는 함수 자체를 미분해서 미분 결과를 또 다른 함수로 표현할 수 있다. 어떤 원리로 가능한지는 너무 설명이 길어지기 때문에 여기에서는 간단한 수식만을 설명하고 넘어가겠다. 다양한 함수에 대한 미분 공식이 존재하지만 강화학습에서 주로 사용하는 몇 가지 미분 공식을 앞에 정리했다. 수학 시험을 보는 것이 아니니 공식이 필요한 경우 단지 참고만 하면 된다.

4.2 편미분

편미분(Partial Derivative)은 미분의 한 종류다. 앞에서 살펴본 함수는 변수가 x 1개다. 편미분은 변수가 2개 이상인 함수에서 하나의 변수에 대해 미분하는 경우를 말한다. 즉, 함수가 $f(x, y)$인 경우 변수는 x와 y 두 개이고 함수의 값은 (x, y) 두 변수의 입력값에 의해 결정된다. 예를 들어 $f(x, y) = 2x^2 + 3y + 4$와 같은 형태의 함수가 편미분이 가능한 변수가 2개인 함수다.

$$\boxed{\text{편미분}} \quad f_x(x,y) = \frac{\partial f}{\partial x}$$

그림 4-3 편미분

변수가 x, y인데 변수 x에 대해서만 편미분하면 y는 상수로 간주하고 미분과 관련없이 사용한다. 함수와 편미분 대상인 변수 앞에 모두 ∂ 기호를 붙여주는데 이는 "파셜(partial)"이라 읽는다.

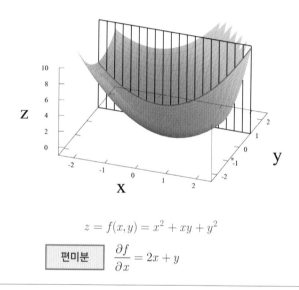

$$z = f(x,y) = x^2 + xy + y^2$$

$$\boxed{\text{편미분}} \quad \frac{\partial f}{\partial x} = 2x + y$$

그림 4-4 편미분 활용(인용: 위키백과)

변수 (x, y)로 구성된 함수 $x^2 + xy + y^2$은 3차원 곡면을 나타내는 함수다. 이 함수를 x에 대해 편미분하면 $2x + y$가 된다. 이 함수는 $(x, y) = (1, 1)$일 때 3이 되며, 이 숫자는 해당 지점에서의 순간 변화율을 의미한다. 일반적으로 x에 대한 편미분이기 때문에 y값을 고정(여기서는 1로)하고 x값을 변화시키면서 순간 변화율이 어떻게 바뀌는지 관찰한다.

4.3 스칼라와 벡터

먼저 스칼라(Scalar)와 벡터(Vector)의 개념부터 살펴보자. 스칼라는 크기만 있고 방향이 없는 데이터다. 예를 들어 몸무게, 수학 점수, 키 등은 모두 크기만 있고 방향은 없으므로 스칼라 데이터다. 하지만 벡터는 크기와 방향을 모두 가지고 있는 데이터다. 예를 들어 자기력, 속도, 가속도 등은 크기뿐 아니라 방향을 가지고 있으며 모두 벡터 데이터다.

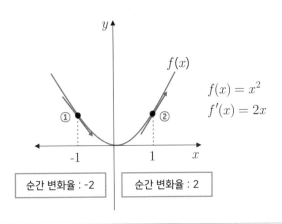

그림 4-5 순간 변화율

2차 함수 $f(x) = x^2$에서 (x, y)의 쌍은 스칼라다. 그림의 점 **①**과 **②**에서 각각 $(x, y) = (-1, 1)$이고, $(x, y) = (1, 1)$로써 단지 크기만을 가지고 있다. 이러한 2차 함수 $f(x)$를 미분하면 $f'(x) = 2x$가 되며, x의 한 지점에서 순간 변화율을 구할 수 있다. 변화율이란 어떤 방향을 가지고 있다는 의미다. x가 -1인 지점에서의 변화율은 -2이며 x가 1인 지점에서 변화율은 2이다. 변화율이 -2라는 것은 음의 방향으로 변화한다는 것이며 값이 줄어드는 방

향이라는 의미다. 변화율이 2라는 것은 양의 방향으로 변화한다는 것이며, 즉 x가 1일 때
는 값이 커져가는 방향으로 움직인다는 의미다.

스칼라와 벡터는 많은 부분에서 활용되고 여기서 설명한 것보다 다양한 의미를 가지고 있
지만 강화학습에서는 기억해야 할 것은 **스칼라를 미분 또는 편미분하면 벡터로 변하며 방향성을
가진다**는 것이다.

그래디언트(Gradient)는 공간의 기울기를 의미한다. 앞에서 x에 대한 편미분을 사용해서
3차원 곡면 그래프에서 y값을 고정시키고 x이 변함에 따라 x축을 따라 곡선의 기울기가
어떻게 변하는지 살펴봤다. 그래디언트는 하나의 변수에 대해서만 편미분을 하는 것이 아
니라 모든 변수에 대한 편미분을 각각 구하고 행렬의 형태로 구성한다.

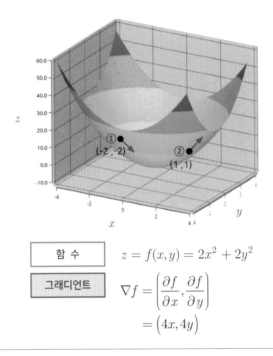

함 수 $z = f(x, y) = 2x^2 + 2y^2$

그래디언트 $\nabla f = \left(\dfrac{\partial f}{\partial x}, \dfrac{\partial f}{\partial y} \right)$

$$= \left(4x, 4y \right)$$

그림 4-6 그래디언트(인용: www.syncfusion.com)

3차원 평면을 나타내는 함수 $f(x, y) = 2x^2 + 2y^2$이 있다고 가정하자. 곡면에서의 변화율을 알기 위해서는 변수 각각에 대해 편미분을 해야 한다. 먼저 변수 x에 대해 편미분하면 결과는 $4x$가 되고 변수 y에 대해 편미분하면 결과는 $4y$가 된다. 곡면의 변화율은 이렇게 각각 편미분한 식을 행렬의 형태로 구성하면 된다.

점 ①에서 $(x, y) = (-2, -2)$라면 그래디언트 값은 $(-8, -8)$이 된다. 이 값의 의미는 x와 y 모두 값이 줄어드는 방향으로 8의 크기를 가지고 값이 변화한다는 것이다. 점 ②에서 $(x, y) = (1, 1)$이라면 그래디언트 값은 $(4, 4)$가 된다. x와 y 모두 값이 늘어나는 방향으로 4의 크기를 가지고 값이 변화한다는 것이다. 그래디언트를 의미하는 ∇ 기호는 나블라(nabla) 혹은 델(del) 연산자라고 부른다.

4.5 경사하강법

경사하강법(Gradient Decent)은 반복적인 계산을 통해 미분가능한 함수의 가장 작은 값(극소점: local minimum)을 찾아내는 최적화 알고리즘이다. 이와 반대로 함수의 가장 큰 값(극대점: local maximum)을 찾아내는 최적화 알고리즘은 경사상승법(Gradient Ascent)이라 한다.

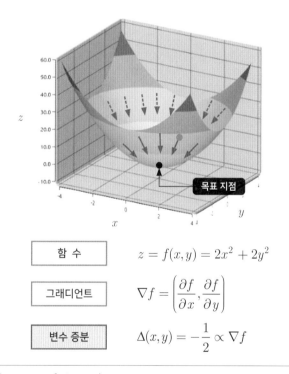

함 수	$z = f(x, y) = 2x^2 + 2y^2$
그래디언트	$\nabla f = \left(\dfrac{\partial f}{\partial x}, \dfrac{\partial f}{\partial y} \right)$
변수 증분	$\Delta(x, y) = -\dfrac{1}{2} \propto \nabla f$

그림 4-7 경사하강법(인용: www.syncfusion.com)

앞에서 살펴본 것과 동일한 3차원 평면을 그리는 함수를 살펴보자. 이 함수는 x와 y좌표에서 발생할 수 있는 오류를 나타낸다고 가정하자. 그러면 3차원 평면에서 어느 부분이 가장 좋은 값일까? 바로 값이 가장 작은 부분, 즉 그림에서 표시한 목표 지점일 것이다. 우리의 목적이 목표 지점을 표시하는 x와 y의 좌표를 찾는 문제라면 다음과 같이 해결할 수 있다.

먼저 함수 $f(x, y)$의 각 변수 (x, y)에 대한 편미분을 구한다. 그리고 나서 값을 한번에 너무 많이 변경하지 않고 조금씩 변경하기 위해 스텝사이즈 변수 알파(α)를 곱해 준다. 여기에서 1/2은 수학적 편의를 위해서 사용한 값이며 마이너스($-$)는 값이 작아지는 방향을 명시하기 위해 사용했다.

따라서 변수 (x, y)를 수식 $-1/2\alpha\nabla f$을 사용해서 아주 조금씩 값이 작아지는 방향으로 변경해 가면서 함수의 가장 작은 값을 찾아가면 된다.

| >>> | 4 | 함 | 수 | 근 | 사 | 법 |

4.6 확률적 경사하강법

경사하강법은 목표 지점을 효율적으로 찾아갈 수 있다는 장점이 있지만, 느리다는 단점이 있다. 전체 데이터를 모두 학습하고 변수의 증분만큼 값을 변경하기 때문이다. 그래서 전체 데이터가 아닌 일부 데이터만 학습하고 좀 더 빨리 값을 수정해 가는 확률적 경사하강법(SGD: Stochastic Gradient Decent)이 개발되었다.

확률적 경사하강법에 대해서는 구체적인 수식을 살펴보기보다는 개념을 알아보면서 앞으로 나올 강화학습 이론에 어떻게 적용할 수 있는지 아이디어를 얻어 보자.

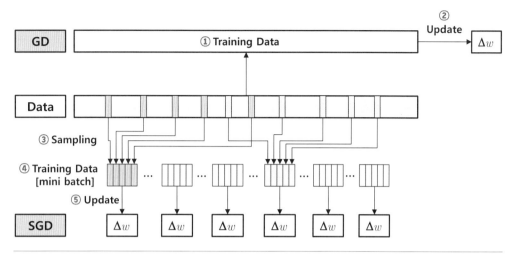

그림 4-8 확률적 경사하강법

GD(Gradient Decent)의 경우에는 전체 데이터를 한번에 학습에서 Δw를 업데이트한다. 한 번 학습에 많은 시간이 걸리지만 업데이트 횟수는 줄어드는 장점이 있다. 반면 SGD의 경우 전체 학습 데이터 중 일부 데이터만 가지고 와서(데이터 샘플링) 학습 데이터를 만든 다음 Δw를 업데이트한다. 작은 데이터를 학습하기 때문에 상대적으로 적은 학습 시간을 요구하지만 샘플링된 데이터를 사용하기 때문에 GD보다는 더 많은 횟수의 학습을 진행 해야 한다.

SGD는 속도가 빠르다는 장점 외에도 샘플링을 사용한다는 특성을 이용해서 강화학습에 많은 편의성을 제공하고 있다. 앞으로 살펴볼 다양한 알고리즘에서 SGD를 활용해서 강화 학습 수식을 간단하게 만드는 과정을 확인하게 될 것이다.

4.7 강화학습에서 편미분과 경사하강법의 표기법

여러 책과 인터넷 사이트에서는 편미분과 경사하강법을 다양한 방법으로 표현한다. 함수를 어떤 약자로 표기하는지, 어떤 변수를 사용하는지 등, 글을 쓴 사람의 생각에 따라 표현 방법이 많이 다르다. 하지만 다양한 방식의 수식이 의미하는 내용은 모두 동일하다.

많은 강화학습 자료는 데이비드 실버(David Silver) 교수가 작성한 강의 교재를 바탕으로 만들어져 있다. 강화학습을 공부하는 입장에서도 실버 교수의 강의 교재에 나와있는 수식에 익숙해지는 것이 유리하다.

일반 수식 : 편미분
$$\nabla f(x,y) = \left(\frac{\partial f}{\partial x}, \frac{\partial f}{\partial y} \right)$$

강화학습 : 편미분
$$\nabla_w J(w) = \left(\frac{\partial J(w)}{\partial w_1}, \cdots, \frac{\partial J(w)}{\partial w_n} \right)$$

일반 수식 : 경사하강법
$$\Delta(x,y) = -\frac{1}{2} \propto \nabla f$$

강화학습 : 경사하강법
$$\Delta w = -\frac{1}{2} \propto \nabla_w J(w)$$

그림 4-9 강화학습에서 편미분과 경사하강법의 표기법

앞에서 설명한 수식에서는 변수를 x와 y 두 종류만 사용했지만, 강화학습 설명 자료에서는 다양한 변수를 사용하는 경우를 고려해서 변수를 w를 사용해서 일반화했다. w는 w_1부터 w_n까지 시스템에서 사용하는 모든 변수를 의미한다. 그리고 함수는 J로 표시했으며 변수 w와 함께 $J(w)$로 사용했다.

4.8 함수 근사법

지금까지 구한 가치 함수(Value Function)는 모두 배열로 만들 수 있는 형태였다. 상태와 상태에 따른 행동이 프로그램으로 관리가 가능한 정도로 숫자가 정해져 있었다.

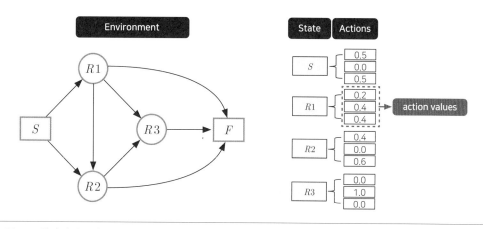

그림 4-10 항해 환경을 배열 형태로 표현

앞에서 살펴본 항해 환경을 다시 살펴보자. 배를 가지고 항해할 수 있는 섬은 종료 상태를 제외하고 모두 4개이다. 각각의 섬에서 이동할 수 있는 경로는 최대로 3개이므로 행동을 각각 3개로 설정할 수 있다. 각 상태에서 취할 수 있는 행동에 대한 가치(행동 가치 함수)를 배열의 형태로 나타내면 모두 12개의 배열로 환경을 표현할 수 있다.

정책은 행동 가치 함수 안에 들어 있는데, 탐욕적 알고리즘을 사용해서 정책을 결정할 경우 행동 가치 함수가 가장 큰 행동을 선택(argmax)하는 것이 바로 정책(π)이다.

하지만 로봇이 걸어가는 환경을 학습해야 한다고 생각해 보자. 로봇 관절의 움직임은 정수로 표현할 수 없고 실수로 표현해야 한다. 실수는 범위가 너무 커서 배열로 표현할 수 없다. 이때 필요한 것이 바로 근사 함수다. 근사 함수를 사용해서 상태, 행동, 정책 등 모든 요소를 표현할 수 있다.

강화학습에서 근사 함수로 주로 사용하는 것은 인공신경망이다. 인공신경망에 상태, 행동, 정책 등 배열로 표현하기 힘든 요소를 넣어서 학습에 사용할 수 있다.

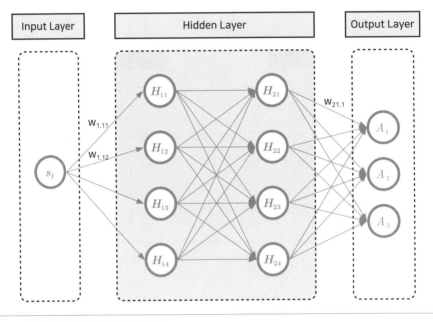

그림 4-11 인공신경망을 활용한 항해 환경 표현

항해 환경을 인공신경망을 이용해 표현해 보면 앞선 그림과 같다. 입력값은 상태(S) 하나이고 출력값은 각 행동에 따른 가치(행동 가치 함수, Q 함수)이다. 지금까지 우리는 Q 함수를 기반으로 정책을 결정했기 때문에 행동 가치 함수를 출력으로 설정했지만, 정책(π)을 직접적으로 출력으로 설정할 수도 있다. 인공신경망은 이론적으로 모든 데이터를 표현할 수 있기 때문에 출력값으로 정책(π), 상태 가치(V), 행동 가치(Q) 등 필요한 어떤 것도 지

정할 수 있다. 다만 인공신경망이 데이터를 올바르게 표현하기 위한 가중치(w)와 편향(b)을 학습을 통해 찾아내야 한다.

이제 수식을 통해 함수 근사법(Function Approximation)에 대해 알아보자.

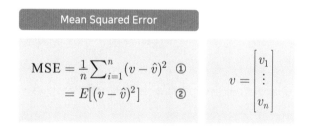

그림 **4-12** 인공신경망을 활용한 함수의 근사

우변에 있는 식은 지금까지 우리가 공부했던 상태 가치 함수와 행동 가치 함수다. 좌변에 있는 것이 가중치(w)와 편향(b)으로 표현되는 인공신경망을 활용해 상태 가치 함수와 행동 가치 함수를 근사한 식이다. 이제 정확한 값을 계산하기 위해 우리가 알아야 하는 것은 인공신경망을 표현하고 있는 가중치와 편향이다.

$$\textbf{Mean Squared Error}$$

$$\textbf{MSE} = \frac{1}{n}\sum_{i=1}^{n}(v - \hat{v})^2 \quad \textcircled{1}$$
$$= E[(v - \hat{v})^2] \quad \textcircled{2}$$

$$v = \begin{bmatrix} v_1 \\ \vdots \\ v_n \end{bmatrix}$$

그림 **4-13** 평균제곱오차

함수 근사법을 본격적으로 살펴보기 전에 먼저 평균제곱오차(MSE: Mean Squared Error)의 개념에 대해 알아보자. n개의 배열로 표현할 수 있는 변수 v가 있고 v에 대한 근사 함수 $\hat{v}$이 있을 때, 평균제곱오차는 두 값의 차이를 구하고 그 결과를 제곱해서 평균을 구한 것이다. 수열의 합 형태로도 나타낼 수 있고 기댓값 형태로도 나타낼 수 있다. 차를 제곱하는 것은 값의 방향(음, 양)이 중요한 것이 아니라 그 크기가 중요하기 때문이다.

MSE는 인공지능 분야에서 추측한 값의 정확성을 측정하는 지표로 가장 많이 활용하는 값 중 하나다. 앞으로 학습한 강화학습에서도 **목표 함수를 MSE 형태로 도출하고 SGD(Stochastic Gradient decent)를 활용해서 MSE를 최소화하는 방향으로 학습을 진행**하게 된다.

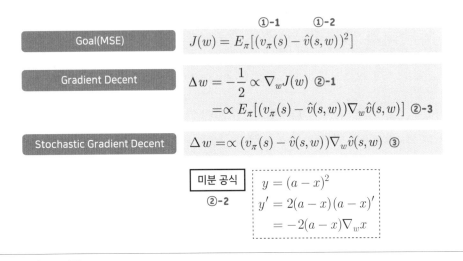

그림 4-14 함수 근사법

이제 본격적으로 함수 근사법에 대해 알아보자. 정책 π를 따르는 ①-1 참 가치 함수(신만이 알 수 있는 아주 정확한 가치 함수)를 알고 있다고 가정할 때, 변수 w로 표현되는 인공신경망으로 ①-2 근사한 가치 함수의 올바른 값은 MSE의 최솟값을 구할 때 알 수 있다. MSE를 함수 $J(w)$로 표현하면 경사하강법으로 $J(w)$의 최솟값을 알려주는 변수 w를 구할 수 있다.

식 ②-1은 함수 $J(w)$에 대한 경사하강법(GD: Gradient Decent) 표현이다. 식 ②-2의 미분 공식을 사용하면 함수 $J(w)$ 대신에 가치 함수와 인공신경망을 대입해서 식 ②-3을 얻을 수 있다. 따라서 경사하강법은 가치 함수와 인공신경망 그리고 기댓값으로 표현된다는 것을 알 수 있다.

하지만 기댓값은 강화학습 과정에서 계산하기가 어렵기 때문에 기댓값을 다른 값으로 만들어야 하는데 여기에서 사용하는 것이 확률적 경사하강법(SGD: Stochastic Gradient Decent)이다. 기댓값은 평균과 같은 개념이라 설명한 바 있다. 평균을 얻기 위해서는 모든 경우에 대해 실행해 보고 그 결과로 얻을 값을 합산해야 한다. 하지만 이렇게 하기란 현실적으로 불가능하기 때문에 샘플링을 통해 평균과 유사한 값을 얻는 방법인 몬테카를로 방법을 소개했다. 몬테카를로 방법과 유사하게 SGD를 사용하면 전체 데이터를 사용하는 것이 아니라 샘플을 사용하기 때문에 기댓값을 없앨 수 있다. 이는 앞에서 살펴본 MC나 TD와 유사하다. SGD를 사용하면 최종적으로 식 ③을 얻을 수 있다.

Stochastic Gradient Decent	$\Delta w =\propto (v_\pi(s_t) - \hat{v}(s_t, w))\nabla_w \hat{v}(s_t, w)$	①
MC	$\Delta w =\propto (G_t - \hat{v}(s_t, w))\nabla_w \hat{v}(s_t, w)$	②
TD	$\Delta w =\propto (R_{t+1} + \gamma\hat{v}(s_{t+1}, w) - \hat{v}(s_t, w))\nabla_w \hat{v}(s_{t+1}, w)$	③

그림 4-15 MC와 TD 활용한 함수 근사법

지금까지 살펴본 v_π는 참 가치 함수다. 참 가치 함수는 환경에서 주는 정확히 계산된 가치다. 하지만 환경에 대한 충분한 정보를 가지고 있지 않은 모델 프리(Model Free) 환경에서는 참 가치 함수를 구할 수 없다.

함수 근사법에서도 앞서 살펴본 MC와 TD를 활용할 수 있다. v_π 대신에 하나의 에피소드 전체에 대한 반환값 G_t와 한 타임스텝 앞의 보상을 계산한 $R_{t+1} - \hat{v}(s_{t+1}, w)$로 각각 대치할 수 있다.

앞선 식을 활용하면 이제 MC와 TD도 인공신경망을 활용해서 계산할 수 있다.

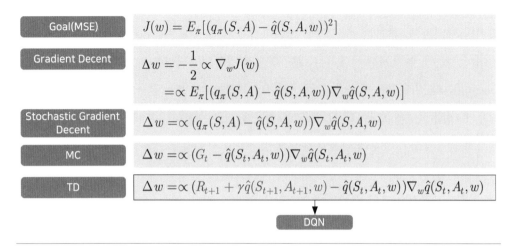

그림 4-16 행동 가치 함수(Q 함수)의 함수 근사법

행동 가치 함수(Q 함수)도 가치 함수와 동일하게 함수 근사법을 이용해서 표현할 수 있다. 여기에서도 MC와 TD를 적용해서 수식을 간단하게 만들 수 있다. 행동 가치 함수를 인공 신경망을 사용해서 표현하는 방법을 **DQN(Deep Q Learning)**이라고 말하며 한 때 많이 사용하던 강화학습 알고리즘 중 하나다.

5

가치 기반
강화학습과 DQN
알고리즘

이번 장에서는 인터넷에서 가장 많이 언급되고 있는 대표적인 가치 기반 강화학습 알고리즘인 DQN(Deep Q Learning) 알고리즘에 대해 알아보도록 한다. DQN 알고리즘에 대한 자료가 많은 이유는 발표 시점에 놀라운 성능을 보여줬을 뿐 아니라, 알고리즘을 이해하기 쉽기 때문이다.

다음 장부터 공부할 정책 기반 알고리즘부터 난이도가 많이 올라간다. 그에 앞서 DQN 알고리즘을 이해하면서 강화학습에 대한 재미를 느껴보길 바란다.

5.1   DQN 알고리즘

지금까지 이론을 주로 알아봤다면 DQN(Deep Q Learning)부터는 실제 코드를 통해 강화학습이 어떻게 동작하는지 알아보도록 하자. 앞에서 배운 바에 따르면, 변수 w를 사용하는 인공신경망을 통해 행동 가치 함수를 근사할 수 있고, 경사하강법을 이용해서 참 행동 가치 함수와 근사된 행동 가치 함수의 차이값을 최소화하는 방향으로 w를 업데이트하다 보면, 참 행동 가치 함수와 아주 유사한 인공신경망을 찾을 수 있다.

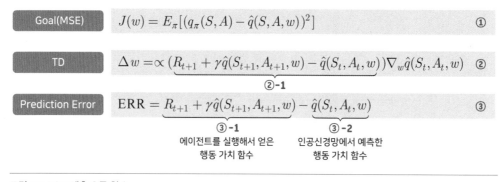

그림 5-1 DQN 예측 오류 함수

인공신경망 근사 함수의 목표 함수를 다시 한번 살펴보자. ① 목표 함수는 행동 가치 함수를 근사한 인공신경망이 참 행동 가치 함수와 얼마나 차이가 나는지 알아보는 것이다. ② 여기에서 가장 좋은 것은 인공신경망과 참 행동 가치 함수가 일치하는 것이기 때문에 이 값을 최소화하는 방향으로 변수 w값을 계속 수정해 준다.

여기에서 식 ②-1 부분을 살펴보자. 앞부분은 TD에서 참 행동 가치 함수를 행동하면서 얻을 수 있는 행동에 따른 가치 함수로 대치했고, 뒷부분은 인공신경망이 표현하고 있는 가치 함수다. 두 값의 차이가 0이 되면 뒷부분에 있는 인공신경망에 대한 편미분 결과와 상관없이 인공신경망을 결정하는 최적의 변수 w값을 구한 것과 같다.

따라서 우리가 최소화해야 하는 예측 오류 함수(Prediction Error)를 식 ❸과 같이 구할 수 있다. ❸-**1**은 에이전트가 실행해서 얻은 행동 가치 함수며 ❸-**2**는 인공신경망에서 예측한 행동 가치 함수다.

DQN의 목표는 식 ❸의 결과를 최소로 만드는 인공신경망을 구하는 것이다.

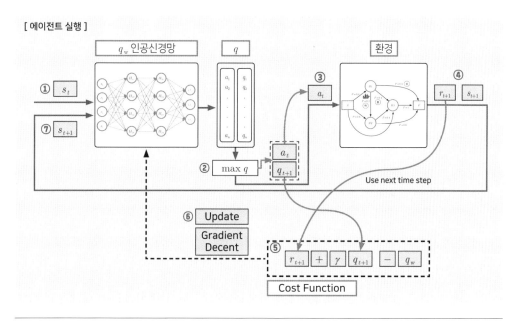

그림 5-2 DQN 로직

이제 DQN 로직을 하나씩 살펴보자. 에이전트는 실행하기 위해 행동을 선택할 정책이 필요한데 Q 러닝에서 정책은 q값이 제일 큰 행동을 선택한다. Q 러닝에서는 별도로 정책을 만들지 않고 q값을 계산해서 가장 큰 q값을 갖는 행동을 선택하는 것으로 정책을 대체하고 있다.

그럼 행동을 선택하기 위해 Q 러닝에서 가장 먼저 해야 하는 것은 q값을 계산하는 것이다. q값은 인공신경망이 가지고 있으며 ① 상태를 입력하면 결과로 행동(a)별 q값을 행렬 형태로 반환한다. 여기에서 ② 가장 큰 q값을 가지고 있는 행동을 찾아내고 ③ 에이전트는 그 행동에 따라 동작을 수행한다. ④ 에이전트가 동작을 수행한 후 환경에서는 그에 따른 보상(r_{t+1})과 다음 상태(s_{t+1})를 반환한다.

이제 현재 상태의 큐(q) 값과 보상(r)을 얻었기 때문에 ⑤ 비용 함수를 계산할 수 있다. 비용 함수에 들어가는 보상은 다음 타임스텝($t+1$)이 아닌 이전 타임스텝(t)에서 얻은 보상이 들어간다. ⑥ 비용 함수를 최소화하는 방향으로 인공신경망을 학습한다. 학습이 완료되면 ⑦ 다음 상태를 인공신경망에 입력해서 에이전트의 훈련을 계속 진행한다.

여기서 ⑤ 비용 함수에 있는 q_w가 갑자기 어디에서 나왔는지 이해되지 않는 독자도 있을 것이다. 다시 한 번 설명하면 여기에서 사용하는 q_w는 학습 과정에서 나오는 인공신경망의 결괏값이다. 프로그래머가 q_w를 계산해서 수식에 값을 넣어주는 것이 아니다. 프로그래머는 $r_t + \gamma q_{t+1}$ 값만 계산해서 인공신경망에 넣어주면 q_w는 인공신경망 내에서 알아서 계산된다.

인공신경망은 우리가 찾아내고자 하는 행동 가치 함수를 변수 w를 사용해서 모델링하고 있다. 따라서 우리는 정확한 w값을 알아내기만 하면 참 행동 가치 함수를 구할 수 있는 것이다. 정확한 w를 알아내기 위해 인공신경망은 비용 함수를 최소화하는 방향으로 경사하강법을 사용해서 반복적으로 학습한다.

5.2 카트폴

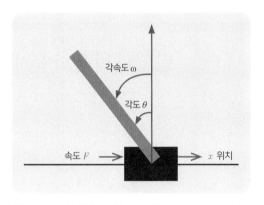

각속도 ω

각도 θ

속도 F

x 위치

그림 5-3 카트폴

OpenAI(https://gym.openai.com/docs)에서는 강화학습을 위한 다양한 예제를 제공하고 있다. 그중 카트폴을 살펴보고 DQN으로 직접 구현해 보도록 하자. 카트폴(Cartpole)은 막대(폴)가 달린 수레(카트)를 좌우로 움직이면서 막대가 바닥으로 쓰러지지 않도록 중심을 잡는 게임이다. 막대는 수레에 고정되어 있지 않고 좌우로 움직일 수 있다. 예전에 손바닥에 막대를 세워 놓고 이리저리 움직이면서 막대가 바닥으로 떨어지지 않도록 했던 놀이와 비슷하다. 다만 차이점은 손바닥이 아니라 수레를 움직인다는 점이다.

카트폴에서 에이전트가 취할 수 있는 행동은 두 가지다. 왼쪽으로 움직이거나 아니면 오른쪽으로 움직이거나 둘 중 하나의 행동을 해야 한다.

강화학습에서 상태는 에이전트가 인식하는 환경을 말한다. 에이전트는 수레의 위치(x), 수레의 속도(F), 막대의 각도(θ), 막대의 각속도(ω)를 인식한다. 이 4개의 숫자가 에이전트가 동작하는 데 필요한 모든 숫자이기 때문이다. 따라서 에이전트의 상태는 위치, 수레 속도, 막대 각도, 막대 각속도 모두 4개의 변수로 표현된다.

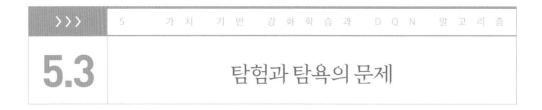

5.3 탐험과 탐욕의 문제

강화학습에서 많이 거론되는 문제가 탐험과 탐욕(Exploration and Exploitation)의 문제다. 강화학습은 누적 보상이 최대가 되는 방향으로 행동을 결정하는데, 이런 결정 방식을 탐욕 정책이라 한다. 학습 초기에 정책을 탐욕적으로 결정하게 되면 에이전트가 다양한 방식으로 학습하지 못하는 결과를 초래한다. 왜냐하면 학습 초기에 설정된 정책은 미성숙하기 때문이다.

그림 5-4 입실론 탐욕 정책

이런 문제를 해결하기 위해 등장한 것인 **입실론(epsilon) 탐욕 정책**이다. 입실론 값 $(0 < \varepsilon < 1)$을 정해서(학습자가 정함) 랜덤으로 뽑은 숫자(0에서 1 사이)가 입실론보다 크면 탐욕 정책으로 행동을 결정하고 입실론보다 작으면 랜덤하게 행동을 결정한다. 입실론 탐욕 정책을 사용하면 에이전트가 다양한 상태를 탐험하면서 학습 성능을 올릴 수 있다.

학습이 진행될수록 정책의 정확도가 향상되기 때문에 입실론 값은 줄어들어야(decay) 한다. 그래야만 에이전트가 정책에 따라 행동할 확률이 올라가기 때문이다. 얼마의 비율로 입실론 값이 줄어들지는 학습자가 결정해야 할 사항이다.

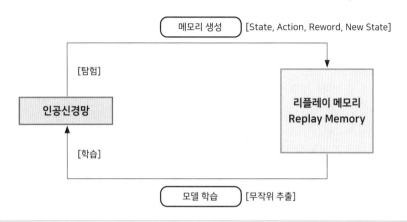

그림 5-5 리플레이 메모리

강화학습에서 학습 데이터가 시간적인 상관관계를 가지고 있다면 학습에 문제가 발생할 수 있다. 최근에 수집한 데이터를 학습에 계속 사용할 경우 에이전트가 좋지 않은 환경에 들어가면 계속 좋지 않은 데이터를 학습할 수 있다. 따라서 시간이 좀 지났지만 학습이 잘 되었던 데이터를 다시 사용하는 것이 학습에 도움될 수 있다.

이러한 문제를 해결하기 위해 등장한 것인 **리플레이 메모리(Replay Memory, 또는 재현 메모리)** 기술이다. 리플레이 메모리에서는 학습 단계를 두 단계로 분리한다. 하나는 리플레이 메모리 생성 과정이고 다른 하나는 리플레이 메모리를 활용한 학습 과정이다. 리플레이 메모리 생성 단계에서는 모델을 학습하지 않고 에이전트를 실행하면서 데이터만 수집한다. 그리고 이러한 데이터를 리플레이 메모리에 저장한다. 리플레이 메모리의 크기는 정해져 있기 때문에 수집한 데이터가 리플레이 메모리 크기보다 많아지면 리플레이 메모리에서 가장 오래전에 저장된 데이터를 삭제한다.

리플레이 메모리 생성 과정이 끝나면 리플레이 메모리에서 데이터를 무작위로 추출해 모델을 학습하게 된다. 따라서 이 과정에서 학습 데이터의 시간적 연관성이 사라지게 된다.

5.4 DQN 알고리즘 기본 구조

이제 본격적으로 코드를 통해서 DQN의 개념에 대해 알아보자. 먼저 DQN 기능을 제공하는 Agent 클래스를 만들어 보자. Agent 클래스는 모두 8개의 함수로 구성되는데 각각의 함수 기능을 살펴보자.

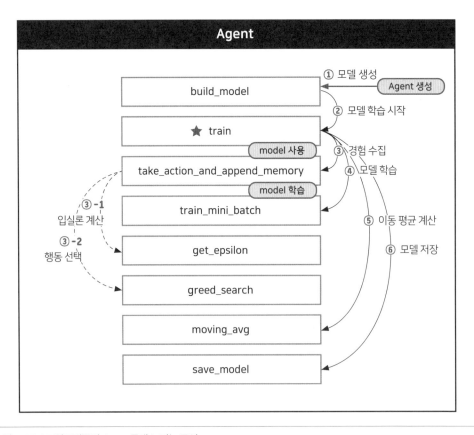

그림 5-6 DQN 알고리즘의 Agent 클래스 기능 구성

DQN 모델을 학습하기 위해 Agent 클래스를 생성하면 가장 먼저 ① build_model 함수를 호출해서 인공신경망을 만든다. 다음으로 ② train 함수를 호출하면 이제 본격적인 모델 학습이 시작된다.

train 함수 내부에서는 모두 4가지 동작이 수행되는데 먼저 ③ 프로그램이 종료될 때까지 반복적으로 실행하면서 경험을 리플레이 메모리(Replay Memory)에 기록하는 take_action_and_append_memory 함수를 호출한다. take_action_and_append_memory 함수는 정책에 따른 행동을 선택하기 위해 Q 함수를 근사하고 있는 인공신경망 모델을 사용한다. ③-1 get_epsilon 함수는 탐험(exploration)의 정도를 조정하기 위한 입실론(epsilon) 값을 반환한다. ③-2 greed_search 함수는 입실론 값에 따라 무작위 행동을 선택할지 아니면 인공신경망 모델을 사용할지 결정하고 선택된 행동을 반환한다.

④ 다음으로 리플레이 메모리에서 데이터를 가져와 모델을 학습하는 train_mini_batch 함수를 호출한다. 인공신경망 모델은 train_mini_batch 함수 내부에서 반복적으로 학습된다. 학습자가 지정한 횟수(episode_num)만큼 take_action_and_append_memory 함수와 train_mini_batch 함수를 반복적으로 호출하면서 카트폴 프로그램을 실행하고, 그 결과를 리플레이 메모리에 저장한다. 다음으로 저장된 데이터에서 임의로 데이터를 선택해 모델을 학습하게 된다. 이 과정에서 모델이 정상적으로 학습되는지 확인하기 위해 중간중간 로그를 기록하게 된다.

⑤ moving_avg 함수는 최근 20회 동안 실행된 카트폴의 평균 실행 횟수를 계산하는 함수이다. 모델이 정상적으로 학습되고 있는지 판단할 수 있는 근거를 제공한다.

⑥ save_model 함수는 학습이 종료되면 인공신경망에서 사용하는 변수와 모델을 파일로 저장해 나중에 모델의 성능을 테스트할 때 사용할 수 있도록 한다.

5.5 DQN 알고리즘 전체 코드 리뷰

전체적인 코드를 한번 살펴본 후 세부적인 동작을 하나씩 알아보도록 하자. 코드를 처음 봤을 때 다소 낯설게 느껴질 수 있지만, 이 코드 구조를 계속 재활용하기 때문에 반복적인 실행을 통해 익숙해지도록 하자. 구조를 한번만 이해한다면 나머지 과정을 보다 쉽게 이해 할 수 있다.

cartpole_DQN.py

```python
# -*- coding: utf-8 -*-
import tensorflow as tf
from tensorflow.keras.layers import Input, Dense
from tensorflow.keras.optimizers import Adam
import gym
import numpy as np
import random as rand):
class Agent(object
    def __init__(self):
        self.env = gym.make('CartPole-v1')
        self.state_size = self.env.observation_space.shape[0]
        self.action_size = self.env.action_space.n

        self.node_num = 12
        self.learning_rate = 0.001
        self.epochs_cnt = 5
        self.model = self.build_model()

        self.discount_rate = 0.97
        self.penalty = -100

        self.episode_num = 500

        self.replay_memory_limit = 2048
```

```python
        self.replay_size = 32
        self.replay_memory = []

        self.epsilon = 0.99
        self.epsilon_decay = 0.2 # 0.2, 즉 episode의 20%가 수행되면 epsilon이 0이 된다.
        self.epsilon_min = 0.05

        self.moving_avg_size = 20
        self.reward_list= []
        self.count_list = []
        self.moving_avg_list = []

    def build_model(self):
        input_states = Input(shape=(1,self.state_size), name='input_states')
        x = (input_states)
        x = Dense(self.node_num, activation='relu')(x)
        out_actions = Dense(self.action_size, activation='linear', name='output')(x)
        model = tf.keras.models.Model(inputs=[input_states], outputs=[out_actions])
        model.compile(optimizer=Adam(lr=self.learning_rate),
                      loss='mean_squared_error'
                      )
        model.summary()
        return model

    def train(self):
        for episode in range(self.episode_num):
            state = self.env.reset()
            Q, count, reward_tot = self.take_action_and_append_memory(episode, state)

            if count < 500:
                reward_tot = reward_tot-self.penalty

            self.reward_list.append(reward_tot)
            self.count_list.append(count)
            self.moving_avg_list.append(self.moving_avg(self.count_list,
                                                        self.moving_avg_size))

            self.train_mini_batch(Q)

            if(episode % 10 == 0):
                print("episode:{}, moving_avg:{}, rewards_avg:{}".format(episode,
                    self.moving_avg_list[-1], np.mean(self.reward_list)))
        self.save_model()
```

```python
def take_action_and_append_memory(self, episode, state):
    reward_tot = 0
    count = 0
    done = False
    epsilon = self.get_epsilon(episode)
    while not done:
        count+=1
        state_t = np.reshape(state,[1, 1, self.state_size])
        Q = self.model.predict(state_t)
        action = self.greed_search(epsilon, episode, Q)
        state_next, reward, done, none = self.env.step(action)

        if done:
            reward = self.penalty
        self.replay_memory.append([state_t, action, reward, state_next, done])
        if len(self.replay_memory) > self.replay_memory_limit:
            del self.replay_memory[0]
        reward_tot += reward
        state = state_next
    return Q, count, reward_tot

def train_mini_batch(self, Q):
    array_state = []
    array_Q = []
    this_replay_size = self.replay_size
    if len(self.replay_memory) < self.replay_size:
        this_replay_size = len(self.replay_memory)

    for sample in rand.sample(self.replay_memory, this_replay_size):
        state_t,action,reward,state_next,done = sample
        if done:
            Q[0, 0, action] = reward
        else:
            state_t= np.reshape(state_next,[1,1,self.state_size])
            Q_new = self.model.predict(state_t)
            Q[0, 0, action] = reward + self.discount_rate * np.max(Q_new)
        array_state.append(state_t.reshape(1,self.state_size))
        array_Q.append(Q.reshape(1,self.action_size))
    array_state_t = np.array(array_state)
    array_Q_t = np.array(array_Q)
    hist = self.model.fit(array_state_t, array_Q_t, epochs=self.epochs_cnt, verbose=0)
```

```python
    def get_epsilon(self, episode):
        result = self.epsilon * ( 1 - episode/(self.episode_num*self.epsilon_decay) )
        if result < self.epsilon_min:
            result = self.epsilon_min
        return result

    def greed_search(self, epsilon, episode, Q):
        if epsilon > np.random.rand(1):
            action = self.env.action_space.sample()
        else:
            action = np.argmax(Q)
        return action

    def moving_avg(self, data, size=10):
        if len(data) > size:
            c = np.array(data[len(data)-size:len(data)])
        else:
            c = np.array(data)
        return np.mean(c)

    def save_model(self):
        self.model.save("./model/dqn")
        print("*****end learning")

if __name__ == "__main__":
    agent = Agent()
    agent.train()
```

예제는 앞에서 설치한 주피터 노트북을 사용해서 테스트하는 것이 좋다. 다른 파이썬 프로그램을 사용하면 코드를 전체적으로 모두 실행해야 하지만, 주피터 노트북은 코드를 셀 단위로 나누어 부분적으로 실행할 수 있다. 이것이 데이터 분석 분야에서 주피터 노트북이 가장 많이 활용되는 이유이기도 하다.

5.6 DQN 알고리즘 세부 구조 살펴보기

이제부터 DQN 알고리즘의 Agent 클래스를 자세히 살펴보자. 먼저 속성을 살펴보면 다음과 같다.

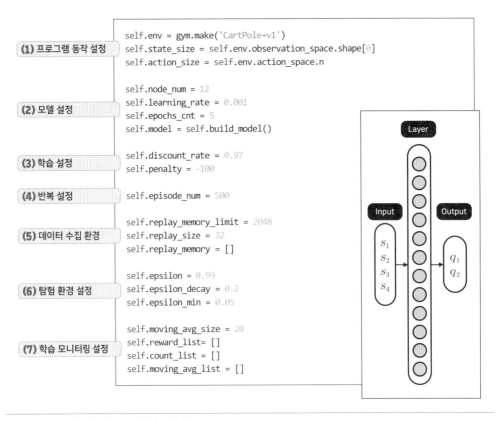

(1) 프로그램 동작 설정
```
self.env = gym.make('CartPole-v1')
self.state_size = self.env.observation_space.shape[0]
self.action_size = self.env.action_space.n
```

(2) 모델 설정
```
self.node_num = 12
self.learning_rate = 0.001
self.epochs_cnt = 5
self.model = self.build_model()
```

(3) 학습 설정
```
self.discount_rate = 0.97
self.penalty = -100
```

(4) 반복 설정
```
self.episode_num = 500
```

(5) 데이터 수집 환경
```
self.replay_memory_limit = 2048
self.replay_size = 32
self.replay_memory = []
```

(6) 탐험 환경 설정
```
self.epsilon = 0.99
self.epsilon_decay = 0.2
self.epsilon_min = 0.05
```

(7) 학습 모니터링 설정
```
self.moving_avg_size = 20
self.reward_list= []
self.count_list = []
self.moving_avg_list = []
```

그림 5-7 DQN 알고리즘의 Agent 클래스 속성

(1) 프로그램 동작 설정 영역은 모두 3개의 속성으로 구성되는데 먼저 카트폴 클래스를 생성해서 저장하고 있는 env 변수가 있고, 카트폴이 가지고 있는 상태의 개수(4)를 저장하고 있는 변수 state_size, 마지막으로 카트폴이 선택할 수 있는 동작의 개수(2)를 저장하고 있는 action_size 변수가 있다.

(2) 모델 설정 영역에는 모두 4개의 속성이 있다. model 변수는 인공신경망 모델을 생성해서 저장하고 있고 node_num 변수는 인공신경망 레이어에 들어 있는 노드의 개수(12)를 지정한다. learning_rate 변수는 인공신경망 모델의 학습 속도(0.001)를 저장하고 있다. epochs_cnt 변수는 모델을 학습할 때 배치로 학습하는 데이터를 몇 번 반복할지 결정한다.

(3) 학습 설정 영역은 모두 2개의 속성으로 구성되는데 discount_rate 변수는 미래에 받을 보상에 대한 할인율을 지정하는 역할을 한다. penalty 변수는 막대가 바닥에 떨어져 카트폴 게임이 종료됐을 때 받을 마이너스 보상의 크기를 지정한다. 카트폴 게임에서는 막대가 떨어지지 않으면 1의 보상을, 막대가 떨어지면 −1의 보상을 주기 때문에 적절한 penalty 값을 지정해서 효과적으로 학습이 진행되도록 해야 한다.

(4) 반복 설정 영역은 episode_num 변수 하나로 구성되는데 이는 모두 몇 번의 에피소드를 반복하면서 데이터를 수집하고 학습을 진행할지를 결정한다.

(5) 데이터 수집 환경 영역은 모두 3개의 변수로 구성된다. replay_memory_limit 변수는 에이전트가 모델을 사용해서 카트폴을 실행하면서 수집된 데이터를 저장할 영역의 크기를 지정한다. replay_memory_limit 이상의 데이터가 쌓이면 가장 오래전에 수집된 데이터부터 하나씩 지우면서 새로운 데이터를 저장한다. replay_size 변수는 미니배치를 통해 학습할 데이터 양을 지정한다. 상대적으로 용량이 큰 리플레이 메모리에서 replay_size 변수의 크기만큼 데이터를 가져와서 학습한다. replay_memory 변수에는 에이전트가 수집한 카트폴 실행 정보가 replay_memory_limit 크기만큼 저장된다.

여기서잠깐 **학습 속도, 배치, 미니배치**

학습 속도(Learning Rate)는 경사하강법에서 극솟점을 찾기 위한 계산 속도를 말한다. 학습 속도를 빠르게 하면 극솟점을 빠르게 찾을 수 있지만, 찾은 지점이 실제 극솟점이 아닌 경우가 발생할 수 있다. 마치 자동차가 너무 빨리 지나치면서 미처 목적지를 발견하지 못하는 현상과 같다. 반면 학습 속도를 너무 느리게 하면 학습 시간이 너무 오래 걸릴 수 있다는 단점이 있다.

배치(Batch)는 여러 개의 데이터를 한꺼번에 학습하는 것을 말한다. 한 번에 하나씩 학습하면 시간도 오래 걸리고 학습 효율도 떨어지기 때문에 학습 데이터를 쌓아두었다가 한꺼번에 학습하는 방식을 사용한다.

미니배치(Mini Batch)는 미리 쌓아둔 학습 데이터 중에 일부를 배치로 학습하는 것이다. 미니배치를 사용하는 이유는 많지만 대표적인 경우가 리플레이 메모리를 활용하는 것이다. 리플레이 메모리에서는 학습 데이터를 메모리에 쌓아놓고 일정량의 데이터만 가져와서 시간적 의존성을 줄이는 방식의 배치 학습을 수행한다.

(6) 탐험 환경 설정 영역에는 모두 세 개의 변수가 있다. epsilon은 랜덤하게 행동을 선택할 기준점을 제공한다. epsilon이 1이면 모든 행동을 랜덤하게 선택하고 epsilon이 0이면 모든 행동을 모델을 통해 선택하게 된다. epsilon_decay 변수는 epsilon 값이 줄어드는 정도를 지정한다. 학습이 진행될수록 모델을 통해 선택하는 행동이 많아야 하기 때문에 epsilon 값은 줄어야 한다. epsilon_decay 변수에 0.2가 지정되어 있으면 전체 에피소드 중 20% 비율을 수행할 때 epsilon이 0으로 줄어들게 된다. epsilon_decay 값이 1에 가까울수록 랜덤하게 선택하는 행동의 비율이 늘어나게 된다. epsilon_min 변수는 epsilon의 최솟값을 지정한다. epsilon_min이 0.05이면 epsilon 값이 0.05 이하로 줄어들지 않도록 보장하게 된다.

(7) 마지막으로 학습 모니터링 설정 영역은 모두 네 개의 변수로 구성된다. moving_avg_size 변수는 이동 평균 데이터를 기록할 때 몇 개의 에피소드에 대한 보상으로 평균을 구할지 결정한다. reward_list 변수는 에피소드에서 받은 보상의 합을 저장한다. count_list 변수는 각 에피소드에서 카트폴이 실행된 횟수를 기록한다. moving_avg_list 변수

에는 가장 최근 실행된 에피소드를 기준으로 이전 moving_avg_size만큼 이동 평균을 구한 카트폴의 실행 횟수가 저장된다.

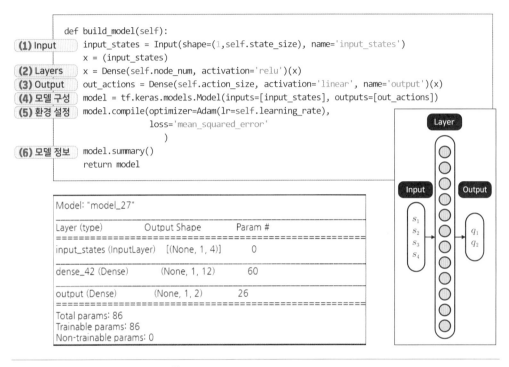

그림 5-8 cartpole_DQN : build_model 함수

이제 Agent 클래스를 구성하는 함수를 하나씩 살펴보자. 앞서 모델 설정 영역에서 model 변수 지정에 쓰인 `build_model` 함수는 학습에 사용하는 인공신경망을 구성하는 역할을 한다.

(1) 입력값의 개수(shape)는 카트폴 상태 값의 개수만큼 설정해서 인공신경망의 입력(Input)을 구성한다.

(2) 예제에서 레이어(Layer)는 한 개를 사용하는데, 노드(Node)는 클래스 변수 node_num

에 설정된 12개로 구성한다. 노드에서 사용할 활성 함수로는 시그모이드(sigmoid)보다 성능이 우수한 렐루(relu) 함수를 사용했다.

(3) 인공신경망 출력값 개수는 카트폴 행동의 개수와 동일하게 설정하고 활성 함수로 선형(linear) 함수를 사용해 행동별 Q값을 계산해서 반환할 수 있도록 설정한다.

(4) 모든 설정이 완료되었으면 케라스(Keras)에서 제공하는 `Model` 클래스를 사용해서 최종적으로 모델을 구성한다.

(5) 모델을 컴파일(compile)할 때 학습 환경을 설정하는데 최적화 함수로 경사하강법(Gradient Decent)보다 성능이 우수한 아담(Adam)을 사용하고 학습 속도(lr: Learning Rate)를 결정하는 변수에는 클래스 변수 `learning_rate`에 설정된 값을 입력한다.

(6) `summary` 함수를 통해 구성된 모델을 출력해서 확인할 수 있는데, 프로그램을 실행하면 맨 먼저 모델의 구성부터 출력된다.

지금까지 설명한 인공신경망 설정과 관련하여 처음 나온 개념들은 뒷부분에 '인공신경망 튜닝'을 다루는 장에서 다시 알아보도록 한다. 지금 단계에서는 우리가 알고 있는 것보다 좀 더 효율적인 기법을 사용했다는 정도로 이해하고 넘어가도록 하자.

```python
    def train(self):
        for episode in range(self.episode_num):
            state = self.env.reset()

            Q, count, reward_tot = self.take_action_and_append_memory(episode, state)

            if count < 500:
                reward_tot = reward_tot - self.penalty

            self.reward_list.append(reward_tot-self.penalty)
            self.count_list.append(count)
            self.moving_avg_list.append(self.moving_avg(self.count_list,self.moving_avg_size))

            self.train_mini_batch(Q)

            if(episode % 10 == 0):
                print("episode:{}, moving_avg:{}, rewards_avg:{}".
                    format(episode, self.moving_avg_list[-1], np.mean(self.reward_list)))
        self.save_model()
```

(1) 반복 설정
(2) 환경 초기화
(3) 데이터 수집
(4) 결과 저장
(5) 이동 평균
(6) 모델 학습
(7) 실행 로그
(8) 모델 저장

그림 5-9 cartpole_DQN : train 함수

train 함수는 데이터를 수집하고 모델 학습을 진행하는 Agent 클래스의 중심 함수다.

(1) 카트폴이 한 번 실행되는 것을 스텝(Step)이라 하고, 카트폴을 처음 실행해서 수레를 잘못 움직여서 막대가 바닥에 떨어질 때까지 전 과정을 에피소드(Episode)라 한다. 클래스 변수 episode_num을 통해 몇 번의 에피소드 동안 데이터를 수집하고 모델을 학습할지 결정한다.

(2) 카트폴이 실행되는 환경은 클래스 변수 env에 저장되어 있는데 reset 함수를 통해 카트폴 실행 환경을 초기화할 수 있다.

(3) 카트폴을 실행하면서 데이터를 수집하는 take_action_and_append_memory 함수를 호출해서 수집된 데이터를 클래스 변수 replay_memory 변수에 저장한다.

(4) 하나의 에피소드가 종료되면 수집된 보상과 실행 횟수에 관한 정보를 각각 클래스 변수 reward_list, count_list 변수에 저장한다.

(5) 모델 학습을 효과적으로 모니터링하기 위해 이동 평균을 구한다. 예제에서는 20회의 에피소드 동안 실행된 카트폴의 횟수를 평균한 값을 사용한다.

(6) train_mini_batch 함수를 호출해서 리플레이 메모리(replay_memory 변수)에 저장된 데이터를 클래스 변수 replay_size에 지정된 크기만큼 가져와 모델을 학습한다.

(7) 매 10회의 에피소드마다 학습 로그를 남긴다. 이동 평균과 전체 에피소드에서 받은 보상의 평균값을 출력한다.

(8) 지정된 횟수 동안 모든 에피소드가 실행되면 마지막으로 학습된 모델을 파일로 저장한다. 저장된 모델은 나중에 다시 불러와서(load) 카트폴을 실행하면서 학습 결과를 눈으로 확인할 수 있다.

```
def take_action_and_append_memory(self, episode, state):
    reward_tot = 0
    count = 0
    done = False
    epsilon = self.get_epsilon(episode)
    while not done:
        count+=1
        state_t = np.reshape(state,[1, 1, self.state_size])
        Q = self.model.predict(state_t)
        action = self.greed_search(epsilon, episode, Q)
        state_next, reward, done, none = self.env.step(action)

        if done:
            reward = self.penalty
        self.replay_memory.append([state_t, action, reward, state_next, done])
        if len(self.replay_memory) > self.replay_memory_limit:
            del self.replay_memory[0]
        reward_tot += reward
        state = state_next
    return Q, count, reward_tot
```

(1) 입실론 계산
(2) 반복 설정
(3) 데이터 모양 변경
(4) 모델 사용 Q 예측
(5) 행동 선택
(6) 수레 이동
(7) 페널티 설정
(8) 실행 기록 저장
(9) 메모리 크기 유지

| 모델 생성 | input_states = Input(shape=(1,self.state_size), name='input_states') |

자료 수집   shape=(1,self.state_size)   n

| 모델 학습 | (n ,1,self.state_size) |
| 모델 활용 | (1,1,self.state_size) |

그림 5-10 cartpole_DQN : take_action_and_append_memory 함수

take_action_and_append_memory 함수는 카트폴을 실행해서 결과를 메모리에 기록하고 나중에 학습에 사용할 수 있도록 준비하는 함수다.

(1) 먼저 get_epsilon 함수를 호출해 입실론 값을 얻어온다. 입실론은 모델 기반으로 행동을 선택할지, 아니면 랜덤하게 행동을 선택할지 결정하는 기준이 된다. 또한 입실론은 에피소드가 진행될수록 감소하도록 설계되어 있다.

(2) 하나의 에피소드는 게임이 종료될 때까지 반복된다. env.step 함수를 통해 수레를 이동하면서 게임을 진행하는데, 수레가 이동하면 막대가 바닥에 떨어졌는지 아닌지 결과를 반환해서 done 변수에 저장한다. 수레가 바닥에 떨어졌으면 done 변수에 True 값이 저장된다.

(3) 모델을 활용하기 위해서는 데이터의 모양을 (1, 1, 4)로 변경해야 한다. 여기 예제에 있는 그림을 보면 모델의 입력은 (1, 4)로 선언되었지만, 에피소드 동안 데이터를 쌓아 배치(여러 개의 데이터를 한 번에 입력)로 학습하기 때문에 모델에 입력되는 데이터는 실질적으로 $(n, 1, 4)$가 된다. 따라서 한 건의 입력 데이터를 사용해서 모델을 통해 예측하기 위해서는 입력 데이터의 모양을 (1, 1, 4)로 변경해야 한다.

(4) DQN에서 모델은 Q값을 근사하고 있기 때문에 모델에 상태(State)를 입력해서 얻을 수 있는 값은 Q값이다.

(5) greed_search 함수를 사용해서 행동을 선택한다. 앞에서 얻은 입실론(epsilon) 값과 모델에서 얻은 Q값을 입력하면 다음에 취할 행동을 결과로 출력한다. greed_search 함수의 자세한 동작 방식은 뒤에서 살펴보도록 한다.

(6) greed_search 함수에서 출력된 행동을 env.step 함수에 입력하면 수레를 이동할 수 있다. 수레가 이동하면 막대의 상태에 대한 정보(state_next)와 그에 따른 보상(reward) 그리고 막대가 바닥에 떨어졌는지에 대한 정보(done)를 반환한다.

(7) 만약에 막대가 바닥에 떨어진 경우 보상을 penalty 클래스 변숫값(−100)만큼 설정한다. penalty 값은 모델 학습에 많은 영향을 미치기 때문에 적절한 값을 설정하는 것이 중요하다.

(8) 수레를 움직일 때 사용한 정보와 수레가 움직인 후 바뀐 상태, 그에 따른 보상 그리고 막대가 바닥에 떨어졌는지에 대한 정보를 리플레이 메모리(self.reply_memory)에 저장한다.

(9) 리플레이 메모리를 일정 크기로 유지하면서 너무 오래된 정보를 삭제하고 메모리에 저장된 데이터 상태를 최신 데이터로 유지한다. 리플레이 메모리 크기는 클래스 변수 replay_memory_limit 변수에 지정되어 있다.

```
def train_mini_batch(self, Q):
    array_state = []
    array_Q = []
    this_replay_size = self.replay_size
    if len(self.replay_memory) < self.replay_size:          # (1) replay 크기 설정
        this_replay_size = len(self.replay_memory)
    for sample in rand.sample(self.replay_memory, this_replay_size):    # (2) Random 샘플링
        state_t,action,reward,state_next,done = sample      # (3) 학습 데이터 분리
        if done:
            Q[0, 0, action] = reward
        else:                                               # (4) Q값 계산
            state_t= np.reshape(state_next,[1,1,self.state_size])
            Q_new = self.model.predict(state_t)
            Q[0, 0, action] = reward + self.discount_rate * np.max(Q_new)
        array_state.append(state_t.reshape(1,self.state_size))    # (5) 데이터 모양 변경
        array_Q.append(Q.reshape(1,self.action_size))
    array_state_t = np.array(array_state)                   # (6) Numpy로 변경
    array_Q_t = np.array(array_Q)
    hist = self.model.fit(array_state_t, array_Q_t, epochs=self.epochs_cnt, verbose=0)    # (7) 모델 학습
```

그림 5-11 cartpole_DQN : train_mini_batch 함수

train_mini_batch 함수는 리플레이 메모리에서 랜덤하게 데이터를 선별해서 모델을 학습하는 기능을 제공한다.

(1) 가장 먼저 학습에 사용할 데이터의 크기를 결정해야 한다. 원래 데이터 크기는 클래스 변수 replay_size에 지정되어 있지만, 리플레이 메모리에 쌓여있는 데이터가 클래스 변수 (replay_size)로 지정된 크기보다 작을 때 프로그램 로직에서 오류가 발생하기 때문에 이에 대한 적절한 처리가 필요하다.

(2) 다음으로 리플레이 메모리(replay_memory)에서 반복적으로 학습 데이터를 가져오는데, random 패키지에서 제공하는 sample 함수를 통해 랜덤하게 특정 크기의 데이터를 선택하게 된다.

(3) 학습을 위해 선택된 데이터는 take_action_and_append_memory 함수에서 리플레이 메모리에 저장된 형식 그대로 반환된다. 학습 데이터는 다음과 같이 구성된다. 상태(state_t), 행동(action), 보상(reward), 다음 상태(state_next), 종료 여부(done)

(4) 이제 Q값을 계산해야 한다. 게임이 종료된 경우라면 다음 상태가 없기 때문에 보상을 그대로 Q값으로 지정하면 된다. 하지만 게임이 종료되지 않은 경우라면 다음 상태에서 얻을 Q값을 구해서 할인율을 곱하고 현재 상태에서 얻은 보상을 더해주면 된다.

(5) 모델 학습에 사용할 상태와 Q값을 사용 가능한 형태로 모양을 변경해 준다. 왜 모양을 변경해야 되는지는 앞부분에서 살펴본 바 있다.

(6) 수집된 데이터가 저장된 자료구조는 list 형태이다. 텐서플로우는 내부적으로 데이터를 넘파이로 다루기 때문에 넘파이 형식으로 데이터를 변경해 준다.

(7) 마지막으로 수집된 데이터를 입력해서 모델을 학습한다. 동일한 데이터로 몇 번 학습을 반복할지는 클래스 변수 epochs_cnt에서 결정되며, 여러 건의 데이터가 동시에 모델에 입력되어 학습이 진행된다.

```
def get_epsilon(self, episode):
    result = self.epsilon * ( 1 - episode/(self.episode_num*self.epsilon_decay) )
    if result < self.epsilon_min:
        result = self.epsilon_min
    return result
```

(1) 입실론 계산

(2) 최소 입실론 값 반영

그림 5-12 cartpole_DQN : get_epsilon 함수

get_epsilon 함수는 greed_search 함수에서 랜덤하게 행동을 선택하는 정도를 조절하는 입실론 값을 계산하는 역할을 한다.

(1) 수식을 보면 현재 진행되는 에피소드(episode)의 숫자가 커짐에 따라 입실론 값이 작아지는 것을 알 수 있다. 수식을 더 자세히 살펴보면 클래스 변수 epsilon_decay가 전체 에피소드와 현재 에피소드의 비율과 일치하면 result 변수가 0이 되는 것을 확인할 수 있다. 또한 epsilon_decay 변숫값을 크게 할수록 랜덤하게 선택되는 행동의 비율이 높아지고 에이전트는 탐험을 많이 하게 된다.

```
def greed_search(self, epsilon, episode, Q):
    if epsilon > np.random.rand(1):
        action = self.env.action_space.sample()
    else:
        action = np.argmax(Q)
    return action
```

(1) 랜덤하게 행동 선택

(2) Q값을 기준으로 행동 선택

그림 5-13 cartpole_DQN : greed_search 함수

greed_search 함수는 입력받은 입실론 값을 기준으로 행동을 랜덤하게 또는 Q값을 기준으로 선택해서 반환하는 기능을 수행한다.

(1) np.random.rand(1) 함수는 0부터 1 사이의 값 중 무작위로 하나를 선택해서 반환하는 기능을 한다. 따라서 인자로 입력받은 입실론 값이 random 함수로 선택한 확률보다 클 때

행동을 랜덤하게 선택한다. 어느 정도 확률적이긴 하지만 입실론 값이 1에 더욱 가까울수록 행동을 랜덤하게 선택할 확률이 높아진다.

(2) 인자로 받은 Q값은 greed_search 함수를 호출하기 전에 상태 값을 모델에 입력해 예측한 결과다. 모델의 출력은 Q값이므로 Q값이 큰 행동이 보다 가치 있는 행동이라 할 수 있다. 따라서 Q값이 가장 큰 배열의 인덱스를 반환하는 argmax 함수를 사용해서 행동을 선택한다.

```
                    def moving_avg(self, data, size=10):
(1) size 크기만큼 자름    if len(data) > size:
                            c = np.array(data[len(data)-size:len(data)])
                        else:
                            c = np.array(data)
(2) 잘라낸 데이터 평균   return np.mean(c)
```

그림 5-14 cartpole_DQN : moving_avg 함수

moving_avg 함수는 학습 과정을 효과적으로 모니터링하기 위해 최근 20회의 에피소드 동안 실행 횟수에 대한 이동 평균을 구하는 함수다. 모니터링 로그에 많이 사용되는 전체 보상값에 대한 평균은 최근 학습 현황을 살펴보는 데 한계가 있고, 최근 에피소드의 실행 횟수만 표시하면 우연의 일치로 나온 성능이 현상을 왜곡할 수 있다. 따라서 20회 정도의 이동 평균을 전체 보상값에 대한 평균과 같이 관찰하면서 학습 과정을 모니터링할 필요가 있다.

```
                def save_model(self):                    📁 assets
(1) 모델 저장      self.model.save("./model/dqn")           📁 variables
                    print("*****end learning")            📄 saved_model.pb
```

그림 5-15 cartpole_DQN : save_model 함수

save_model 함수는 지정된 디렉터리에 모델과 가중치, 편향을 저장하는 역할을 한다. 저장된 모델을 다시 불러와서 학습을 계속할 수도 있고, 프로그램을 실행하면서 동작을 확인할 수도 있다.

5.7 DQN 알고리즘 학습 결과 분석

여기 프로그램에서는 10회 학습할 때마다 로그를 화면에 출력하게 되어 있다. 학습 과정에서 출력된 로그를 살펴보면 학습이 정상적으로 진행되고 있는지, 그리고 그 성능은 어떤지 확인할 수 있다.

cartpole_DQN 실행 결과

```
Model: "model_2"

Layer (type)                 Output Shape              Param #
=================================================================
input_states (InputLayer)    [(None, 1, 4)]            0

dense_2 (Dense)              (None, 1, 12)             60

output (Dense)              (None, 1, 2)              26
=================================================================
Total params: 86
Trainable params: 86
Non-trainable params: 0
_____
episode:0, moving_avg:12.0, rewards_avg:11.0
episode:10, moving_avg:28.636363636363637, rewards_avg:27.636363636363637
episode:20, moving_avg:27.65, rewards_avg:25.904761904761905
```

```
episode:30, moving_avg:23.05, rewards_avg:24.032258064516128
episode:40, moving_avg:19.45, rewards_avg:22.26829268292683
episode:50, moving_avg:19.95, rewards_avg:22.03921568627451
episode:60, moving_avg:19.5, rewards_avg:21.0327868852459
episode:70, moving_avg:14.85, rewards_avg:19.732394366197184
episode:80, moving_avg:11.8, rewards_avg:18.506172839506174
episode:90, moving_avg:10.35, rewards_avg:17.45054945054945
episode:100, moving_avg:10.0, rewards_avg:16.623762376237625
episode:110, moving_avg:9.7, rewards_avg:15.873873873873874
episode:120, moving_avg:11.25, rewards_avg:15.570247933884298
episode:130, moving_avg:36.75, rewards_avg:18.908396946564885
episode:140, moving_avg:71.05, rewards_avg:23.29787234042553
episode:150, moving_avg:62.2, rewards_avg:24.509933774834437
episode:160, moving_avg:74.75, rewards_avg:29.565217391304348
episode:170, moving_avg:110.3, rewards_avg:34.42690058479532
episode:180, moving_avg:109.5, rewards_avg:38.28729281767956
episode:190, moving_avg:92.85, rewards_avg:40.43979057591623
episode:200, moving_avg:84.45, rewards_avg:42.78109452736319
episode:210, moving_avg:86.55, rewards_avg:44.71563981042654
episode:220, moving_avg:99.85, rewards_avg:47.8552036199095
episode:230, moving_avg:118.2, rewards_avg:50.99134199134199
episode:240, moving_avg:121.6, rewards_avg:53.892116182572614
episode:250, moving_avg:115.15, rewards_avg:56.02390438247012
episode:260, moving_avg:101.05, rewards_avg:57.42911877394636
episode:270, moving_avg:69.45, rewards_avg:56.94095940959409
episode:280, moving_avg:31.1, rewards_avg:55.48398576512456
episode:290, moving_avg:15.9, rewards_avg:54.05154639175258
episode:300, moving_avg:65.1, rewards_avg:56.056478405315616
episode:310, moving_avg:118.9, rewards_avg:58.157556270096464
episode:320, moving_avg:128.3, rewards_avg:60.495327102803735
episode:330, moving_avg:112.6, rewards_avg:61.38670694864048
episode:340, moving_avg:55.2, rewards_avg:60.12609970674487
episode:350, moving_avg:17.6, rewards_avg:58.83475783475784
episode:360, moving_avg:18.8, rewards_avg:57.78116343490305
episode:370, moving_avg:20.5, rewards_avg:56.714285714285715
episode:380, moving_avg:18.45, rewards_avg:55.664041994750654
episode:390, moving_avg:16.55, rewards_avg:54.608695652173914
episode:400, moving_avg:12.55, rewards_avg:53.46384039900249
episode:410, moving_avg:9.85, rewards_avg:52.38199513381995
episode:420, moving_avg:9.8, rewards_avg:51.342042755344416
episode:430, moving_avg:9.5, rewards_avg:50.34570765661253
episode:440, moving_avg:9.35, rewards_avg:49.39229024943311
episode:450, moving_avg:9.35, rewards_avg:48.48337028824834
```

```
episode:460, moving_avg:9.4, rewards_avg:47.613882863340564
episode:470, moving_avg:9.6, rewards_avg:46.789808917197455
episode:480, moving_avg:12.6, rewards_avg:46.11642411642411
episode:490, moving_avg:12.65, rewards_avg:45.35845213849287
```

print 구문으로 매 10회의 에피소드가 지났을 때 로그를 찍으면 이와 같다. 로그에 남기는
값은 20회 수행 횟수에 대한 이동 평균(moving_avg)과 전체 보상의 평균값(rewards_avg)
이다. 뒤로 갈수록 moving_avg가 rewards_avg보다 크다는 것은 점차적으로 모델이 효과적
으로 학습되어 가고 있다는 것이며, 가장 좋은 형태는 moving_avg와 rewards_avg가 동시
에 점차적으로 증가하는 것이다.

(1) 그림 크기 지정
(2) 데이터 그리기
(3) 범례 위치 지정
(4) 그래프 제목 지정
(5) 그래프 출력

```
import matplotlib.pyplot as plt
plt.figure(figsize=(10,5))
plt.plot(agent.reward_list, label='rewards')
plt.plot(agent.moving_avg_list, linewidth=4, label='moving average')
plt.legend(loc='upper left')
plt.title('DQN')
plt.show()
```

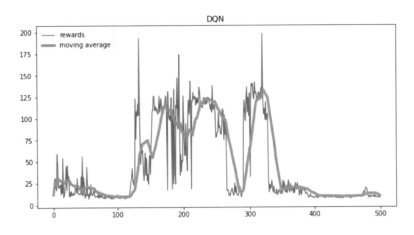

그림 5-16 cartpole_DQN : 실행 결과 시각화

테스트 로그를 살펴보는 것보다 전체 데이터를 시각화해서 보는 것이 학습이 잘 됐는지 판단하는 데 더욱 적합하다. 시각화에 많이 사용하는 `matplotlib` 패키지를 사용해서 그래프를 표현해 보자.

(1) `figure` 함수로 그래프의 속성을 지정할 수 있다. 여기에서는 `figsize` 속성을 사용해서 그래프의 크기를 지정했다.

(2) `plot` 함수는 그래프에 데이터를 그려주는 기능을 제공한다. `plot` 함수의 기본적인 그래프 형태는 선 그래프이다. 그래프에 평균 보상과 이동 평균 데이터를 꺾은선 차트로 그려준다. `label` 속성을 통해 각각의 그래프에 범례를 지정할 수 있다.

(3) `legend` 함수를 통해 범례 속성을 지정할 수 있다. `loc` 속성을 사용해서 위치를 좌측 상단으로 지정했다.

(4) `title` 함수를 사용하면 전체 그래프의 제목을 설정할 수 있다.

(5) `show` 함수는 화면에 그래프를 보여주는 기능을 하는데, 경우에 따라서는 `show` 함수를 호출하지 않아도 화면에 그래프가 나오기도 한다.

테스트는 500회의 에피소드 동안 진행됐다. 이 횟수는 강화학습 모델을 충분히 학습하기에는 조금 부족한 감이 있다. 하지만 시간이 지남에 따라 평균 보상과 이동 평균이 우상향하는 모양을 보여준다면 동일한 파라미터를 가지고 충분한 양의 에피소드 동안 학습을 해서 모델의 성능을 끌어 올릴 수 있다는 힌트를 얻을 수 있다.

동일한 파라미터를 가지고 동일한 에피소드 동안 테스트를 수행한다 해도 할 때마다 결과가 조금 다르게 나오는 것을 확인할 수 있다. 어떤 때는 결과가 아주 다르게 나오기도 한다. 이는 모델 학습 과정에서 사용하는 다양한 Random 함수의 영향이다.

앞에서 학습한 확률의 개념을 다시 한번 살펴보자. 주사위를 처음에 몇 번 던져서 나오는 숫자는 정확히 1/6의 비율이 아니다. 하지만 주사위를 던지는 횟수를 충분히 늘리면 나오는 숫자의 비율이 1/6에 근접한다. 따라서 확률이 제 기능을 발휘하기 위해서는 충분한 횟수의 테스트가 필요하다.

이것은 강화학습에서도 마찬가지다. 적은 수의 에피소드를 학습한다면 무작위이고, 충분히 많은 수의 에피소드를 학습한다면 확률이다. 따라서 어느 정도 효과가 있는 파라미터를 찾았다면 에피소드의 수를 충분히 늘려 학습을 진행한다면 보다 완벽한 모델을 만들 수 있다.

DQN은 비교적 초기에 나온 강화학습 알고리즘이다. 현재는 성능이 많이 개선된 다양한 알고리즘이 많이 나와있지만, 적절한 보상 체계와 학습 환경을 설계한다면 DQN으로도 충분히 좋은 성능을 발휘할 수 있다.

6

정책 기반 강화학습 REINFORCE 알고리즘

앞에서 학습한 가치 기반 강화학습에서는 가치 함수를 구해 정책을 유도해 냈다. 예를 들어 Q 러닝의 경우 Q값을 알아내서 Q값을 가장 크게 만드는 행동을 선택하는 정책을 만들어냈다. 하지만 이러한 방식은 항상 최댓값(max)을 찾기 때문에 최적화에 어려움이 따른다.

이제 가치 함수를 통해 정책을 찾는 것이 아니라 정책을 바로 학습하는 정책 기반 강화학습에 대해 알아보도록 하자.

6.1 인공신경망 다시 보기

정책 기반 강화학습에 대해 알아보기 전에 인공신경망 개념을 다시 한번 살펴보자.

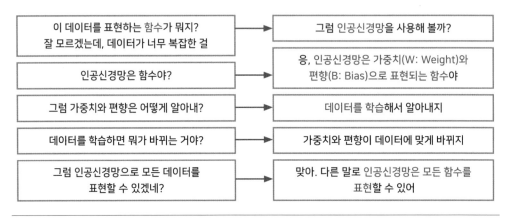

그림 6-1 인공신경망 다시 보기

앞에서 인공신경망은 다양한 데이터를 예측하는 데 사용할 수 있고, 학습을 통해 인공신경망에 들어 있는 가중치와 편향을 찾아내면 인공신경망이 완성된다고 설명했다.

인공신경망은 데이터를 표현하는 일종의 함수다. 보통 데이터의 형태는 너무나 다양하기 때문에 우리가 일반적으로 알고 있는 수학 함수의 형태로 나타낼 수 없기 때문에 인공신경망을 사용한다.

이번 장에서는 정책을 표현하는 함수를 정의하는데, 이 함수는 정확히 알 수 없기 때문에 인공신경망을 사용한다. 인공신경망이 정책 함수라 생각하고 정책 함수의 성질을 가지고 있는 데이터를 학습시키면, 인공신경망이 그러한 데이터를 표현하는 함수로 바뀌게 된다.

즉, 인공신경망의 가중치와 편향이 데이터에 알맞게 바뀌게 된다.

가치 기반 강화학습에서 정책 기반 강화학습으로 넘어올 때 가장 이해하기 어려운 부분이 갑자기 정책을 표현하는 함수가 튀어나오는 부분이다. 하지만 인공신경망의 개념을 항상 염두에 두고 앞으로 설명하는 부분을 차근차근 읽다 보면 보다 쉽게 이해할 수 있을 것이다.

6.2 정책 그래디언트

앞에서 학습한 함수 근사법에서는 가치 함수를 근사하기 위해 w로 이루어진 함수 $J(w)$를 만들었다. 이번에는 유사한 방식으로 θ로 이루어진 함수 $J(\theta)$로 정책을 평가하기 위한 함수를 정의한다. 함수 $J(\theta)$는 θ에 대해 미분 가능한 함수다. 이때 $J(\theta)$를 정책 목적 함수(Policy Object Function)라 부른다.

다시 한번 살펴보자면 정책(π)은 에이전트가 특정 행동을 선택할 확률이다. θ로 이루어진 함수를 정책을 평가하기 위한 함수로 표현했기 때문에 정책은 $\pi_\theta(s, a)$라 표현할 수 있다.

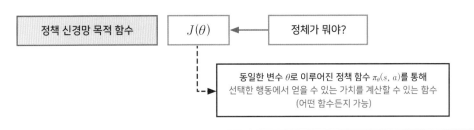

그림 6-2 정책 목적 함수 $J(\theta)$

그럼 정책을 평가하기 위한 정책 목적 함수 $J(\theta)$는 어떤 의미일까? 동일한 변수 θ로 이루어진 정책 함수 $\pi_\theta(s, a)$를 통해 선택한 행동에서 얻을 수 있는 가치를 계산하는 함수다. 함수 근사법에서는 참 가치 함수와 인공신경망으로 근사한 가치 함수의 값 차이에 대한 평균제곱오차(MSE: Mean Squared Error)를 $J(w)$ 함수로 정의했다. 그리고 함수 $J(w)$는 오류를 의미하기 때문에 경사하강법을 사용해서 최솟값을 찾는 방법을 선택했다.

그림 6-3 가치 신경망과 정책 신경망 평가 함수

그럼 $J(\theta)$를 찾기 위해 $J(w)$와 마찬가지로 경사하강법(Gradient Decent)을 활용해도 좋을까? 그렇지 않다. $J(w)$는 최솟값을 찾아야 하지만 $J(\theta)$는 정책의 가치를 의미하기 때문에 최댓값을 찾아야 한다. 따라서 반대로 경사상승법(Gradient Ascent)을 사용해야 한다.

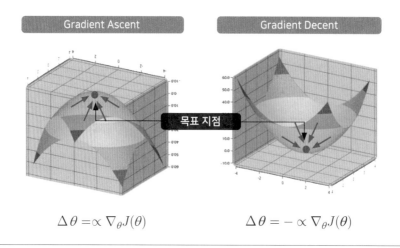

$$\Delta\theta = \propto \nabla_\theta J(\theta) \qquad \Delta\theta = -\propto \nabla_\theta J(\theta)$$

그림 6-4 경사상승법

경사하강법은 함수 근사법에서 이미 살펴보았다. 경사하강법은 최저점을 찾는 알고리즘으로 $J(\theta)$ 함수를 변수 θ에 대해 편미분하고 $\propto$만큼 음의 방향으로 업데이트한다. 이에 반해 경사상승법은 최고점을 찾는 알고리즘으로 경사하강법과 반대 방향으로 생각하면 쉽다. 경사하강법이 음의 방향으로 업데이트한다면 경사상승법은 양의 방향으로 업데이트하면 된다. 결국 부호만 반대로 한다고 생각하면 이해하기 쉽다.

$$
\boxed{\text{MDP}} \quad
\begin{aligned}
v_\pi(s) &= E_\pi[G_t \mid S_t = s] & \textcircled{1} \\
&= E_\pi[R_{t+1} + \gamma v_\pi(S_{t+1}) \mid S_t = s] & \textcircled{2} \\
&= \sum_{a \in A} \pi(a \mid s)\left(R_s^a + \gamma \sum_{s' \in S} P_{ss'}^a v_\pi(s')\right) & \textcircled{3} \\
&= \sum_{a \in A} \pi(a \mid s)R_s^a + \gamma \sum_{a \in A} \pi(a \mid s)\sum_{s' \in S} P_{ss'}^a v_\pi(s') & \textcircled{4}
\end{aligned}
$$

그림 6-5 MDP에서 가치 함수

여기서 잠깐 MDP에서 가치 함수를 다시 한번 살펴보자.

① 가치 함수는 정책 π를 따랐을 때 얻을 수 있는 반환값의 기댓값으로 나타낼 수 있다.

② 가치 함수는 다시 즉시 받을 수 있는 보상과 시간 $t+1$에서 받을 수 있는 보상을 할인율 γ로 할인한 값의 합으로 나타낼 수 있다.

③ 선택할 수 있는 행동별로 조건부 확률(정책)을 곱해서 합산하면 기댓값을 표현할 수 있다. 마지막으로 식을 좀 더 풀어서 나타내면 ④와 같다.

앞에서 정책을 평가하는 함수 $J(\theta)$를 새롭게 정의한다고 언급했다. 다만 이렇게 새롭게 정의하는 데는 어느 정도 개연성이 있는 함수를 사용해야 한다. 그래서 우리는 MDP에서의 가치 함수를 응용해서 $J(\theta)$를 정의하고자 한다.

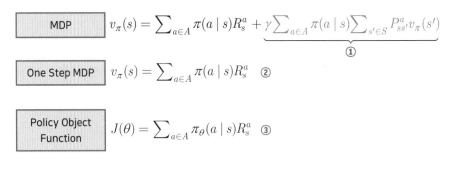

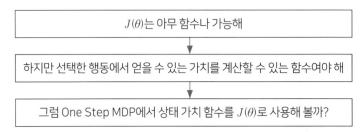

그림 6-6 정책 목적 함수

우선 하나의 타임스텝만 고려하는 원스텝(One Step) MDP를 위한 가치 함수를 만들어 보자. 하나의 타임스텝만 고려하기 때문에 식 ①은 자연스레 없어지고 식 ②만 남는다. 이제 원스텝 MDP의 가치 함수를 정책 목적 함수로 사용하면 식 ③을 얻을 수 있다.

우리의 목적은 정책 목적 함수의 결과를 가장 크게 만들 수 있는 θ를 찾는 것이기 때문에 경사상승법을 이용해서 θ를 갱신하는 수식을 만들어야 한다. 이것을 **정책 그래디언트(Policy Gradient)**라 한다.

| Policy Gradient | $\nabla_\theta J(\theta) = \sum_{a \in A} \nabla_\theta \pi_\theta(a \mid s) R_s^a$ | ① |

$$= \underbrace{\sum_{a \in A} \pi_\theta(a \mid s)}_{②\text{-}1} \nabla_\theta \log \pi_\theta(a \mid s) R_s^a \qquad ②$$

$$= E_{\pi_\theta}[\nabla_\theta \log \pi_\theta(a \mid s) R_s^a] \qquad ③$$

| Policy Gradient with SGD | $\approx \nabla_\theta \log \pi_\theta(a \mid s)\, r$ | ④ |

| Likelihood Ratio | $\nabla_\theta \pi_\theta(a \mid s) = \pi_\theta(a \mid s) \dfrac{\nabla_\theta \pi_\theta(a \mid s)}{\pi_\theta(a \mid s)}$ |
| | $= \pi_\theta(a \mid s) \nabla_\theta \log \pi_\theta(a \mid s)$ |

그림 6-7 정책 그래디언트

앞에서 구한 ① 정책 목적 함수를 우도 비율(Likelihood Ratio) 개념을 사용하면 식 ②와 같이 바꿀 수 있다. 우도 비율은 수학적으로 이미 증명된 개념이므로 너무 깊게 들어가지 말고 그냥 받아들이면 된다. 우도 비율을 사용해서 수식을 변형한 것은 강화학습에서 계산 을 편하게 하기 위한 방편으로 이해하면 된다. ②-1은 기댓값으로 변경할 수 있기 때문에 최종적으로 ③과 같은 수식을 얻을 수 있다.

이제 마지막으로 확률적 경사하강법(SGD: Stochastic Gradient Decent)을 사용하면 샘 플링(Sampling)을 활용해서 기댓값을 없앨 수 있으며 식 ④를 얻을 수 있다. 여기에서 R 이 r로 바뀐 것은 기댓값을 구하기 위해서는 모든 상태와 행동에 대한 보상(R: 집합 개념) 을 고려해야 하지만, 샘플링은 실제로 에이전트가 동작하면서 받은 보상(r)만을 고려하기 때문에 r이라는 기호를 사용했다.

이제 식 ④는 정책 그래디언트의 목적 함수가 되며, 경사상승법을 통해 식 ④를 최대로 만 드는 변수 θ를 구하면 목표로 하는 정책을 찾을 수 있다.

원스텝 MDP는 한 타임스텝만 고려하기 때문에 모든 상태와 행동에 대한 보상을 의미하는 R(r의 집합)을 하나의 상태에서 하나의 행동을 선택했을 때 받는 보상값인 r로 대체할 수 있다.

$$\text{One Step MDP} \quad \nabla_\theta J(\theta) = E_{\pi_\theta}[\nabla_\theta \log \pi_\theta(a \mid s) R_s^a]$$

$$\text{Multi Step MDP} \quad \nabla_\theta J(\theta) = E_{\pi_\theta}[\nabla_\theta \log \pi_\theta(a \mid s) Q^{\pi_\theta}(s, a)]$$

$$\text{MC (REINFORCE)} \quad \nabla_\theta J(\theta) = E_{\pi_\theta}[\nabla_\theta \log \pi_\theta(a \mid s) G_t]$$

그림 6-8 다양한 형태의 비용 함수(Cost Function)

여러 개의 타임스텝(멀티스텝 MDP)을 고려해야 하는 경우에는 반드시 모든 상태와 행동에 대한 보상인 R을 사용해야 한다. 하지만 R은 모든 상태와 행동을 고려해야 하기 때문에 계산이 쉽지가 않다. 이때 계산을 좀 더 쉽게 하기 위해 R을 Q로 대체해서 사용할 수 있다. Q는 선택된 하나의 행동에 대한 가치를 구하는 것이기 때문에 모든 상태와 모든 행동을 고려해야하는 R보다는 계산하기가 쉽다. R을 Q로 대체할 수 있다는 것은 증명된 이론이므로 여기서는 별도의 설명 과정 없이 그대로 사용하기로 한다.

프로그래밍 관점에서 보면 Q 또한 계산하기 쉽지 않은 것은 마찬가지다. 이때 에이전트를 실행하는 관점에서 좀 더 계산하기 쉬운 것이 반환값(G_t)이다. MC에서 반환값을 구하는 법을 배웠는데 에피소드가 끝날 때까지 에이전트를 실행하면서 얻을 수 있는 가치 함수의 값을 모두 모아 합산하면 반환값이 된다. MC 방식을 사용할 때 또 하나의 장점은 실제로 에이전트가 에피소드를 실행하면서 샘플을 모으기 때문에 기댓값을 계산할 필요가 없다는 것이다. 반환값 G를 사용하면 MC 방식이 되며 강화학습에서는 이것을 **REINFORCE 알고리즘**이라 부른다.

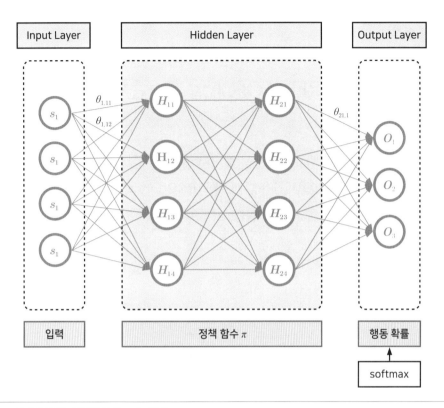

그림 6-9 인공신경망을 활용한 정책 그래디언트

정책 그래디언트 문제는 인공신경망을 활용해서 해결할 수 있다. 정책(π)를 변수 θ로 표현되는 인공신경망으로 대체할 수 있으면, 인공신경망의 출력값은 소프트맥스(Softmax) 함수를 사용해서 얻을 수 있다. 에이전트가 환경에서 반복적으로 동작을 수행하면서 인공신경망을 업데이트하면 결국에는 참값에 가까운 정책을 얻을 수 있다.

소프트맥스 함수는 0에서 1.0 사이의 실수를 출력해주는 함수다. 소프트맥스 함수 출력의 총합은 1이며 출력의 총합이 1이 되기 때문에 정책 신경망의 활성 함수로 소프트맥스를 사용할 수 있다.

6.3 REINFOFCE 알고리즘 동작 방식

이제 정책 그래디언트 알고리즘 중에서 가장 기초적인 몬테카를로 정책 그래디언트 알고리즘에 대해 알아보자. 이 알고리즘은 다른 말로 REINFORCE 알고리즘이라고 하며 몬테카를로 정책 그래디언트 보다는 REINFORCE 알고리즘으로 더 많이 알려져 있다.

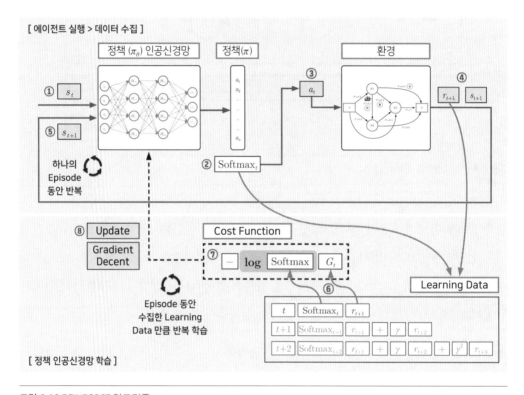

그림 6-10 REINFORCE 알고리즘

REINFORCE 알고리즘이 어떻게 동작하는지 자세히 살펴보자. 그림을 언뜻 보면 굉장히 복잡해 보이지만 번호 순서대로 따라가면서 하나씩 이해하면 생각보다 간단하다는 것을 알 수 있다. 먼저 문제를 해결하기 위해 필요한 구성요소부터 살펴보자. 일단 정책을 표현하고 있는 정책 인공신경망이 있고, 정책 인공신경망의 출력값인 정책이 있다. 이 정책은 소프트맥스 함수의 결괏값으로 구성된다. 그리고 정책을 통해 얻은 행동을 실행하는 환경이 있고, 정책과 환경을 통해 얻은 보상을 저장하고 있는 학습 데이터 영역(저장소)이 있다. 여기에 마지막으로 정책 인공신경망 학습을 위한 비용 함수(Cost Function)로 구성된다.

REINFORCE 알고리즘은 두 단계로 구성되는데 하나는 에피소드가 끝날 때까지 에이전트를 실행하면서 학습 데이터를 수집하는 단계이고, 다른 하나는 수집된 학습 데이터를 이용해서 정책 인공신경망을 학습하는 단계이다.

먼저 데이터 수집 단계부터 살펴보자. ① 에이전트의 행동을 결정하기 위해 상태(s_t)를 인공신경망에 입력한다. 인공신경망은 ② 소프트맥스(Softmax) 함수를 실행해서 결과를 반환하는데 이것이 바로 정책에 해당한다. 소프트맥스 함수는 결괏값 합계가 1이고 0보다 크고 1보다 작은 숫자로 이루어져 있다. 이것은 확률 또는 가중치와 같은 의미를 갖는다. 숫자의 개수는 선택할 수 있는 행동의 개수와 같다. 에피소드가 끝난 후에 인공신경망 학습에 활용할 수 있도록 인공신경망의 결괏값은 학습 데이터 영역에 저장한다.

③ 이 중 가장 큰 가중치를 갖는 행동(a_t)을 선택해서 에이전트가 환경에서 동작할 수 있도록 한다. ④ 환경은 에이전트가 수행한 동작의 결과로 보상(r_{t+1})과 상태(s_{t+1})를 반환한다. 보상은 인공신경망 학습을 위해 학습 데이터 영역에 저장한다. ⑤ 아직 에피소드가 끝나지 않았다면 새로운 상태(s_{t+1})를 인공신경망에 입력하고 앞에서 실행했던 과정을 계속 반복한다. 이 과정은 에피소드가 끝날 때까지 계속된다.

에피소드가 끝나면 학습 데이터 영역에 저장된 데이터를 활용해서 인공신경망을 학습하는 과정이 진행된다. 에피소드 동안 에이전트가 동작한 타임스텝만큼 소프트맥스 함수 결괏값과 보상에 대한 반환값(감가율로 할인된 누적 보상)이 쌓였을 것이다.

⑥ 학습 데이터 영역에서 소프트맥스 함수 결괏값과 반환값을 한 쌍씩 가져와서 비용 함수(Cost Function)에 입력해서 값을 계산한다. ⑦ 이때 비용 함수 앞에 마이너스 부호를 붙여주는데, 그 이유는 정책 그래디언트는 경사상승법을 통해 인공신경망으로 표현되는 정책 함수의 최대 가치를 찾아야 하는데 마이너스 부호를 붙이면 경사하강법을 통해 같은 목적을 달성할 수 있기 때문이다. ⑧ 이제 비용 함수를 경사하강법을 통해 최소화하는 방향으로 학습하면서 보다 효율적인 정책을 표현하는 인공신경망으로 학습하면 된다.

REINFORCE 알고리즘은 에피소드의 길이가 길어지는 경우, 한 번 학습하기 위해 기다리는 시간이 늘어나는 단점이 있다. 또한 반환값을 사용하기 때문에 분산(Variance)이 크다는 단점도 있다.

이제 코드를 통해 REINFORCE 알고리즘이 어떻게 동작하는지 상세하게 알아보도록 하자.

6.4 REINFOFCE 알고리즘 기본 구조

REINFORCE 알고리즘과 DQN 알고리즘의 기본적인 차이라면 전혀 다른 목적 함수를 사용한다는 것 외에도 REINFORCE 알고리즘에서는 리플레이 메모리와 입실론 탐욕 정책을 사용하지 않는다는 점이다.

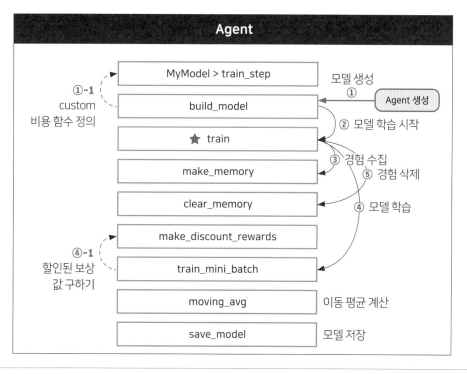

그림 6-11 REINFORCE 알고리즘 Agent 클래스 기능 구성

먼저 **Agent** 클래스의 구성을 살펴보자. DQN 알고리즘과의 차이점이라면 행동 선택과 관

련된 greed_search와 get_epsilon 함수가 사용되지 않고 MyModel 내부 클래스와 make_discount_rewards 함수가 새롭게 등장한 점이다.

DQN에서는 에이전트가 더욱 다양한 경험을 쌓게 하기 위해 입실론 탐욕 정책을 사용해서 행동을 선택했다. 하지만 정책 기반 강화학습에서는 정책을 선택할 때 확률적으로 선택하기 때문에 입실론 탐욕 정책을 사용할 필요가 없다. 이 부분에 대해서는 make_memory 함수에서 좀 더 자세히 살펴보기로 하자.

① Agent 클래스를 생성하면 가장 먼저 build_model 함수가 호출되어 모델이 생성된다. 여기에서 특이한 점은 DQN 알고리즘에서는 비용 함수로 평균제곱오차(MSE: Mean Squared Error)를 사용했지만, REINFRCE 알고리즘에서는 시스템에서 기본적으로 제공하지는 않고 사용자가 정의한 비용 함수를 사용한다. 텐서플로우 2.2에서는 다양한 사용자 정의 기능을 사용할 수 있도록 장치를 제공하고 있다. ①-1 여기에서 사용하는 방법은 Model 클래스를 상속해서 자식 클래스를 새롭게 만드는 것이다. 또한 사용자 정의 비용 함수를 학습 과정에 삽입하기 위해 단계별 학습을 진행하는 train_step 함수를 재정의해서 이 부분에 사용자 정의 비용 함수를 코딩한다.

② Agent 클래스를 생성한 다음 train 함수를 호출하면 이제 본격적인 학습이 시작된다.

③ train 함수에서 처음으로 시작하는 것은 make_memory 함수를 사용해 카트폴 프로그램을 반복적으로 호출하면서 경험을 쌓고 정보를 수집하는 것이다.

④ 수집된 정보는 하나의 카트폴 에피소드가 종료되면 모델 학습에 사용된다. ④-1 모델 학습을 진행하기 전에 수집된 정보 중 보상(rewards)을 가공하는 작업을 먼저 거치는데, 여기에서는 미래에 받은 보상에 할인율(discount_rate)을 적용하게 된다.

이렇게 경험을 쌓고 모델을 학습하는 과정을 사전에 정해놓은 에피소드 수만큼 반복하면서 모델 학습을 진행하게 된다.

6.5 REINFORCE 알고리즘 전체 코드 리뷰

REINFORCE 알고리즘의 기본 구조는 DQN 알고리즘과 동일하다. 앞에서 설명한 두 알고리즘의 차이점을 유념하면서 코드를 살펴보도록 하자.

cartpole_REINFORCE.py

```python
# -*- coding: utf-8 -*-
import tensorflow as tf
import tensorflow.keras.backend as K
from tensorflow.keras.layers import Input, Dense, Flatten
from tensorflow.keras.optimizers import Adam
import gym
import numpy as np
import random as rand
class Agent(object):
    def __init__(self):
        self.env = gym.make('CartPole-v1')
        self.state_size = self.env.observation_space.shape[0]
        self.action_size = self.env.action_space.n
        self.value_size = 1

        self.node_num = 12

        self.learning_rate = 0.0005
        self.epochs_cnt = 5
        self.model = self.build_model()

        self.discount_rate = 0.95
        self.penalty = -10

        self.episode_num = 500

        self.moving_avg_size = 20
```

```
        self.states, self.action_matrixs, self.action_probs, self.rewards = [],[],[],[]
        self.DUMMY_ACTION_MATRIX, self.DUMMY_REWARD = np.zeros((1,1,self.action_size)),
                                                      np.zeros((1,1,self.value_size))


        self.reward_list= []
        self.count_list = []
        self.moving_avg_list = []

    class MyModel(tf.keras.Model):
        def train_step(self, data):
            in_datas, out_actions = data
            states, action_matrix, rewards = in_datas[0], in_datas[1], in_datas[2]
            with tf.GradientTape() as tape:
                y_pred = self(states, training=True)
                action_probs = K.sum(action_matrix*y_pred, axis=1)
                loss = -K.log(action_probs)*rewards
            trainable_vars = self.trainable_variables
            gradients = tape.gradient(loss, trainable_vars)
            self.optimizer.apply_gradients(zip(gradients, trainable_vars))

    def build_model(self):
        input_states = Input(shape=(1,self.state_size), name='input_states')
        input_action_matrixs = Input(shape=(1,self.action_size), name='input_action_matrixs')
        input_action_probs = Input(shape=(1,self.action_size), name='input_action_probs')
        input_rewards = Input(shape=(1,self.value_size), name='input_rewards')

        x = (input_states)
        x = Dense(self.node_num, activation='relu')(x)
        out_actions = Dense(self.action_size, activation='softmax', name='output')(x)

        model = self.MyModel(inputs=[input_states, input_action_matrixs, input_rewards],
                             outputs=out_actions)

        model.compile(optimizer="adam")

        model.summary()
        return model

    def train(self):
        for episode in range(self.episode_num):
            state = self.env.reset()
            self.env.max_episode_steps = 500
            count, reward_tot = self.make_memory(episode, state)
```

```python
        self.train_mini_batch()
        self.clear_memory()

        if count < 500:
            reward_tot = reward_tot-self.penalty

        self.reward_list.append(reward_tot)
        self.count_list.append(count)
        self.moving_avg_list.append(self.moving_avg(self.count_list,self.moving_avg_size))

        if(episode % 10 == 0):
            print("episode:{}, moving_avg:{}, rewards_avg:{}".format(episode,
                self.moving_avg_list[-1], np.mean(self.reward_list)))

    self.save_model()

def make_memory(self, episode, state):
    reward_tot = 0
    count = 0
    reward = np.zeros(self.value_size)
    action_matrix = np.zeros(self.action_size)
    done = False
    while not done:
        count+=1
        state_t = np.reshape(state,[1, 1, self.state_size])
        action_matrix_t = np.reshape(action_matrix,[1, 1, self.action_size])

        action_prob = self.model.predict([state_t, self.DUMMY_ACTION_MATRIX,
                                            self.DUMMY_REWARD])

        action = np.random.choice(self.action_size, 1, p=action_prob[0][0])[0]
        action_matrix = np.zeros(self.action_size)
        action_matrix[action] = 1

        state_next, reward, done, none = self.env.step(action)

        if count < 500 and done:
            reward = self.penalty

        self.states.append(np.reshape(state_t, [1,self.state_size]))
        self.action_matrixs.append(np.reshape(action_matrix, [1,self.action_size]))
        self.action_probs.append(np.reshape(action_prob, [1,self.action_size]))
        self.rewards.append(reward)
```

```python
            reward_tot += reward
            state = state_next
        return count, reward_tot

    def clear_memory(self):
        self.states, self.action_matrixs, self.action_probs, self.rewards = [],[],[],[]

    def make_discount_rewards(self, rewards):
        discounted_rewards = np.zeros(np.array(rewards).shape)
        running_add = 0
        for t in reversed(range(0, len(rewards))):
            running_add = running_add * self.discount_rate + rewards[t]
            discounted_rewards[t] = running_add

        return discounted_rewards

    def train_mini_batch(self):
        discount_rewards = np.array(self.make_discount_rewards(self.rewards))
        discount_rewards_t = np.reshape(discount_rewards, [len(discount_rewards),1,1])
        states_t = np.array(self.states)
        action_matrixs_t = np.array(self.action_matrixs)
        action_probs_t = np.array(self.action_probs)
        self.model.fit(x=[states_t, action_matrixs_t, discount_rewards_t],
                       y=[action_probs_t], epochs=self.epochs_cnt, verbose=0)

def moving_avg(self, data, size=10):
        if len(data) > size:
            c = np.array(data[len(data)-size:len(data)])
        else:
            c = np.array(data)
        return np.mean(c)

    def save_model(self):
        self.model.save("./model/reinforce")
        print("*****end learning")

if __name__ == "__main__":
    agent = Agent()
    agent.train()
```

DQN 알고리즘은 여러 에피소드 동안 수행한 결과를 replay_memory 변수에 계속해서 쌓아 두었지만, REINFORCE 알고리즘에서는 하나의 에피소드가 끝나면 그동안 수집한 데이터를 모두 삭제한다. 또한 REINFORCE 알고리즘은 인공신경망에서 나온 정책을 사용해서 확률적으로 행동을 선택하는 특징이 있다.

6.6 REINFORCE 알고리즘 세부 구조 살펴보기

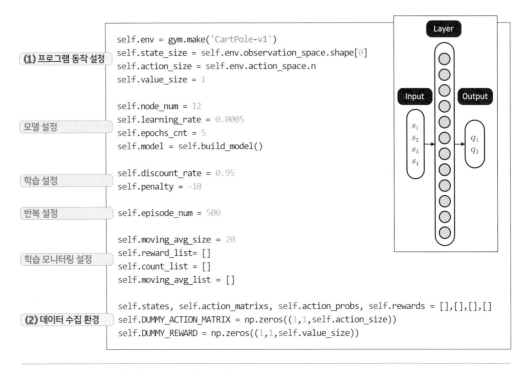

(1) 프로그램 동작 설정
```
self.env = gym.make('CartPole-v1')
self.state_size = self.env.observation_space.shape[0]
self.action_size = self.env.action_space.n
self.value_size = 1
```

모델 설정
```
self.node_num = 12
self.learning_rate = 0.0005
self.epochs_cnt = 5
self.model = self.build_model()
```

학습 설정
```
self.discount_rate = 0.95
self.penalty = -10
```

반복 설정
```
self.episode_num = 500
```

학습 모니터링 설정
```
self.moving_avg_size = 20
self.reward_list= []
self.count_list = []
self.moving_avg_list = []
```

(2) 데이터 수집 환경
```
self.states, self.action_matrixs, self.action_probs, self.rewards = [],[],[],[]
self.DUMMY_ACTION_MATRIX = np.zeros((1,1,self.action_size))
self.DUMMY_REWARD = np.zeros((1,1,self.value_size))
```

그림 6-12 REINFORCE 알고리즘 Agent 클래스 속성

REINFORCE 알고리즘에서 **Agent** 클래스의 속성은 DQN 알고리즘의 클래스와 유사하다. 대부분은 비슷하지만 DQN 알고리즘에서 사용했던 리플레이 메모리와 입실론 탐욕 정책과 관련된 변수가 삭제되었다. 그 밖의 속성을 살펴보면 다음과 같다.

(1) 프로그램 동작 설정 영역에서 `value_size` 속성이 추가되었다. `value_size`는 프로그램에 사용되는 보상값의 크기를 설정할 때 사용된다.

(2) 데이터 수집 환경에서는 하나의 에피소드 동안 수집된 데이터를 저장할 변수들과 함께 행동을 결정하기 위해 모델을 호출할 때 필요한 더미 변수(DUMMY: 함수를 호출할 때 인수를 넘겨주는데, 인수의 값이 중요한 것이 아니라 인수 개수만 맞춰 주면 되는 경우에 사용하는 변수)가 선언되었다.

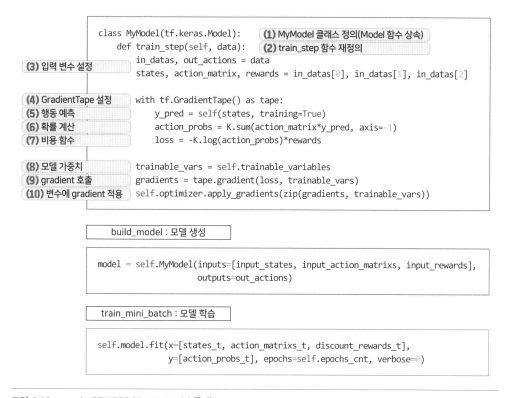

그림 6-13 cartpole_REINFORCE : MyModel 클래스

일반적으로 인공신경망을 구성할 때는 `tf.keras.Model` 클래스를 사용한다. 하지만 별도로 제작한 비용 함수를 사용하기 위해서는 `Model` 클래스를 상속받아 새로운 클래스를 만들어야 한다.

(1) MyModel 클래스는 tf.keras.Model 클래스를 상속받아 새롭게 구성한 사용자 정의 클래스다.

(2) tf.keras.Model 클래스에서 train_step 함수는 단계별로 인공신경망을 학습하는 역할을 한다. 인공신경망은 비용 함수를 감소시키는 방향으로 학습을 진행하는데, 클래스를 생성할 때 사용할 비용 함수 이름만 넣어주면 자동으로 학습이 진행된다. 많이 활용되는 비용 함수는 tf.keras.Model 클래스에 미리 정의되어 있고, 이름을 통해 어떤 비용 함수를 사용할지 지정할 수 있다. 사용자가 작성한 비용 함수를 사용하기 위해서는 train_step 함수를 다시 정의하면 된다.

(3) train_step 함수의 재정의는 입력 변수 설정으로부터 시작된다. build_model 함수에서 모델을 생성할 때 전달되는 인수 inputs와 outputs는 data 인수로 묶여 train_step 함수로 전달된다. in_datas 변수는 입력값이고 out_datas 변수는 출력값이다. 모두 3개가 사용되는 입력값은 in_datas 변수 안에 배열의 형태로 순서대로 저장된다. 인공신경망을 학습할 때는 모델을 정의할 때 지정한 순서대로 데이터가 들어오기 때문에 데이터를 각각 변수에 따로 저장해서 사용할 수 있다.

(4) 텐서플로우에서는 자동 편미분 기능을 제공한다. 자동 편미분을 하기 위해서는 데이터를 발생 순서대로 기록하고 나중에 역순으로 데이터를 편미분하면서 기울기(Gradient)를 구해야 한다. 여기에 필요한 것이 GradientTape 클래스다.

```
import tensorflow as tf
import tensorflow as tf
import tensorflow.keras.backend as K
import numpy as np
x = tf.constant([1.0, 2.0, 3.0])
with tf.GradientTape() as tape:
    tape.watch(x)  # 동작 모니터링을 위한 설정
    y = (x*x)      # x²
z = tape.gradient(y, x)
print(z)
```

```
tf.Tensor([2. 4. 6.], shape=(3,), dtype=float32)
```

그림 6-14 GradientTape 동작 방식

with 지정자를 통해 `GradientTape` 클래스 사용을 선언하고, `watch` 함수를 통해 동작을 모니터링할 변수를 지정하면, 모든 연산이 `GradientTape` 클래스에 기록된다.

(5) 상태(State)를 인공신경망에 입력해서 정책을 출력한다. 정책은 각 행동을 할 확률이기 때문에 좌/우 행동에 대한 확률로 출력된다.

(6) 정책은 행동에 대한 확률이다. 예를 들어 정책이 [0.6, 0.4]라면 0번 정책을 취할 확률이 60%이고 1번 정책을 취할 확률이 40%라는 얘기다. 여기에서 정책을 결정해야 하는데 무조건 확률이 높은 정책을 선택한다면 정책이 결정적(deterministic)으로 되어 무조건 높은 Q값을 가지고 있는 정책을 선택하는 Q 러닝과 동일한 방식이 된다. 이와 반대로 확률적(stochastic) 정책 결정 방식에서는 정책이 [0.6, 0.4]일 경우 0번 정책이 60% 확률로 선택되고 1번 정책이 40% 확률로 선택되도록 한다. 무조건 높은 확률을 가진 정책이 선택되는 것이 아니라 다만 선택될 확률이 높아지는 것이다. 이러한 방식이 좀 더 현실에 가까운 정책 선택 방식이다.

```
import tensorflow as tf
import tensorflow.keras.backend as K
import numpy as np

y_pred = np.array([[0.6,0.4],
                   [0.3,0.7]])
action_matrix = np.array([[1,0],
                          [0,1]])

action_probs = K.sum(action_matrix*y_pred, axis=-1)
print("*action_probs:", action_probs)
```

```
*action_probs: tf.Tensor([0.6 0.7], shape=(2,), dtype=float64)
```

그림 6-15 확률적 정책 선택

확률적 정책 선택에 대한 정보는 action_matrix 변수에 담겨 있다. 미리 확률적으로 정책을 선택해서 선택된 행동에 대해서는 1이, 선택되지 않은 행동에 대해서는 0이 설정된다. 즉, action_matrix에는 값이 [0, 1]과 같은 방식으로 저장되어 있다. 구체적인 값 설정 방식에 대해서는 뒷부분에서 자세히 알아보도록 한다.

따라서 [0.6, 04]가 저장된 y_pred 변수와 [1, 0]이 저장된 action_matrix가 axis = -1(마지막 인덱스 방향)로 곱해지면 0.6만 남는다.

(7) 비용 함수는 앞서 이론에서 살펴본 정책에 로그를 취한 후 반환값과 곱해주면 된다. 또한 경사상승법을 경사하강법으로 변경하기 위해 마이너스를 앞에 붙여 준다.

(8) tf.keras.Model 클래스 내부에서는 인공신경망의 가중치와 편향을 trainable_variables 변수에 저장하고 있다.

(9) GradientTape에 기록된 비용 함수와 가중치, 편향을 이용해서 그래디언트(기울기, 경사)를 계산한다.

(10) 모델을 생성할 때 지정된 최적화 알고리즘(adam)을 활용해서 입력된 변수에 대한 그래디언트를 적용한다. 이때 사용하는 `zip` 함수는 동일한 개수의 여러 데이터를 하나의 자료구조로 묶어주는 역할을 한다.

```
b = zip([1, 2, 3], [4, 5, 6])
c = list(b)
print(c)
```

```
[(1, 4), (2, 5), (3, 6)]
```

그림 6-16 zip 함수의 기능

```
def build_model(self):
    input_states = Input(shape=(1,self.state_size), name='input_states')
    input_action_matrixs = Input(shape=(1,self.action_size), name='input_action_matrixs')
    input_rewards = Input(shape=(1,self.value_size), name='input_rewards')

    x = (input_states)
    x = Dense(self.node_num, activation='tanh')(x)
    out_actions = Dense(self.action_size, activation='softmax', name='output')(x)

    model = self.MyModel(inputs=[input_states, input_action_matrixs, input_rewards],
                         outputs=out_actions)

    model.compile(optimizer=Adam(lr=self.learning_rate))

    model.summary()
    return model
```

(1) 입력값 설정
(2) 네트워크 구성
(3) 모델 생성

그림 6-17 cartpole_REINFORCE : build_model 함수

이제 Agent 클래스를 구성하는 함수를 `build_model` 함수부터 하나씩 살펴보자.

(1) 모델 학습과 모델 활용에 필요한 변수들을 입력값으로 정의한다. 모델 학습에는 states, action_matrixs, rewards 세 개의 변수가 사용되고, 모델을 활용해서 예측하는 경

우에는 states 하나의 변수만 사용된다.

(2) 네트워크는 DQN 알고리즘과 동일한 방식으로 구성된다. 한 가지 다른 것은 DQN 알고리즘의 출력은 행동별 Q값으로써 수치 데이터가 사용되는데, REINFORCE 알고리즘에서는 행동별 정책에 대한 확률이 출력으로 사용된다는 점이다. 따라서 활성 함수(activation)로 이러한 출력 특성을 가지고 있는 softmax가 사용된다.

(3) 모델을 생성할 때 앞에서 설명한 `tf.keras.Model` 클래스를 상속해서 만든 MyModel 클래스를 사용한다. 입력값으로 비용 함수를 생성할 때 사용한 `states`, `action_matrixs`, `rewards` 세 개의 변수를 사용한다.

```
def train(self):
    for episode in range(self.episode_num):
        state = self.env.reset()
        self.env.max_episode_steps = 500
        count, reward_tot = self.make_memory(episode, state)    (1) 데이터 수집
        self.train_mini_batch()                                 (2) 모델 학습
        self.clear_memory()    (3) 데이터 삭제

        if count < 500:
            reward_tot = reward_tot-self.penalty

        self.reward_list.append(reward_tot)
        self.count_list.append(count)
        self.moving_avg_list.append(self.moving_avg(self.count_list,self.moving_avg_size))

        if(episode % 10 == 0):
            print("episode:{}, moving_avg:{}, rewards_avg:{}".
                  format(episode, self.moving_avg_list[-1], np.mean(self.reward_list)))

    self.save_model()
```

그림 6-18 cartpole_REINFORCE : train 함수

train 함수의 구조는 DQN 알고리즘과 유사하다. DQN 알고리즘에서는 데이터를 리플레이 메모리에 계속 쌓아놓고 랜덤하게 샘플을 뽑아 학습에 사용했지만, REINFORCE 알

고리즘에서는 하나의 에피소드 동안 수집한 모든 데이터를 사용해서 학습을 진행한다.

(1) make_memory 함수를 사용해서 하나의 에피소드 동안 데이터를 수집해 클래스 변수에 리스트 형식으로 저장한다.

(2) train_mini_batch 함수는 수집된 데이터를 기반으로 인공신경망 모델을 학습하는 역할을 한다.

(3) 모델 학습이 완료되면 수집된 데이터를 모두 삭제한다.

다음으로 학습 결과를 변수에 저장한 다음 모니터링 로그를 출력하고, 학습이 종료되면 모델을 지정된 위치에 파일로 저장한다.

```
def make_memory(self, episode, state):
    reward_tot = 0
    count = 0
    reward = np.zeros(self.value_size)
    action_matrix = np.zeros(self.action_size)
    done = False
    while not done:
        count+=1
        state_t = np.reshape(state,[1, 1, self.state_size])
        action_matrix_t = np.reshape(action_matrix,[1, 1, self.action_size])

        action_prob = self.model.predict([state_t, self.DUMMY_ACTION_MATRIX, self.DUMMY_REWARD])     # (1) 행동 예측

        action = np.random.choice(self.action_size, 1, p=action_prob[0][0])[0]     # (2) 행동 선택
        action_matrix = np.zeros(self.action_size)                                  # (3) 매트릭스 생성
        action_matrix[action] = 1

        state_next, reward, done, none = self.env.step(action)

        if count < 500 and done:
            reward = self.penalty

        self.states.append(np.reshape(state_t, [1,self.state_size]))
        self.action_matrixs.append(np.reshape(action_matrix, [1,self.action_size]))
        self.action_probs.append(np.reshape(action_prob, [1,self.action_size]))
        self.rewards.append(reward)
        reward_tot += reward
        state = state_next
    return count, reward_tot
```

그림 6-19 cartpole_REINFORCE : make_memory 함수

make_memory 함수는 카트폴 프로그램을 실행하면서 경험을 수집하는 기능을 하는 함수다. 대부분은 DQN 알고리즘과 유사하지만 몇 가지 다른 부분이 있다.

(1) 모델을 사용해서 행동을 예측(model.predict)할 때 state 값만 정확한 값을 입력했고, action_matrix와 rewards는 학습에만 사용되기 때문에 데이터의 모양(shape)만 같게 0을 집어 넣어 입력했다.

(2) 확률적으로 행동을 선택하기 위해 넘파이(numpy)에서 제공하는 random.choice 함수를 사용한다. 인수로 a, size, p를 받는데 a는 확률을 가지고 있는 배열의 크기이고, size는 출력될 변수의 모양(shape)이며, p는 행동 판단의 기준이 되는 확률이다. 예제에서는 각각 0.7과 0.3의 확률을 지닌 배열이 있을 때 random.choice 함수를 사용한 예로써, 배열의 인덱스를 선택할 때 0번째 인덱스는 70%, 1번째 인덱스는 30%의 확률로 선택한다.

```
import numpy as np
acton_prob = [0.7, 0.3]
for i in range(10):
    d = np.random.choice(a=2, size=1, p=acton_prob)[0]
    print(d, end=', ')

1, 1, 0, 0, 0, 0, 1, 0, 1, 0,
```

그림 6-20 random.choice 함수 기능

(3) 이제 사용자 정의 비용 함수에서 사용할 액션 매트릭스(action_matrix)를 만들어야 한다. 액션 매트릭스는 0 또는 1 두 개의 원소로 구성되는 배열이다. 처음에는 0으로 초기화되고([0, 0]), 확률적으로 선택된 행동에 해당하는 인덱스를 1로 만든다. 이는 비용 함수에서 모델의 결과(행동별 선택 확률, 예를 들면 [0.7, 0.3])와 결합해 두 가지 정책에 대한 확률 중 선택한 행동의 확률만 출력되도록 하는 데 사용된다.

```
def clear_memory(self):
    self.states, self.action_matrixs, self.action_probs, self.rewards = [],[],[],[]
```

그림 6-21 cartpole_REINFORCE : clear_memory 함수

카트폴을 실행하면서 얻은 다양한 경험은 Agent 클래스 속성으로 저장된다. 하지만 하나의 에피소드가 끝나고 저장된 데이터를 활용해 모델을 학습하면 새로운 경험을 저장하기 위해 데이터를 삭제해야 한다.

```
def make_discount_rewards(self, rewards):
    discounted_rewards = np.zeros(np.array(rewards).shape)
    running_add = 0
    for t in reversed(range(0, len(rewards))):    (1) 마지막 인덱스부터 반복
(2) 할인된 반환값 계산    running_add = running_add * self.discount_rate + rewards[t]
        discounted_rewards[t] = running_add

    return discounted_rewards
```

그림 6-22 cartpole_REINFORCE : make_discount_rewrads 함수

make_discount_rewrads 함수는 카트폴 실행 시점별로 할인된 반환값을 계산하는 함수다. 카트폴을 실행할 때마다 받은 보상을 Agent 클래스 변수인 rewards에 저장해 놓았다. 이 값과 할인율(discount_rate)을 활용해서 할인된 반환값을 계산할 수 있다.

(1) 할인된 반환값을 구하기 위해서는 마지막에 실행된 타임스텝에서 받은 보상에 할인율(discount_rate)을 반복적으로 곱해줘야 한다. 따라서 내장 함수인 revered를 사용해서 마지막 인덱스부터 하나씩 꺼내 반환값을 계산한다.

```
a = [1,2,3,4,5]
for t in reversed(range(0, len(a))):
    print(a[t], end=', ')


5, 4, 3, 2, 1,
```

그림 6-23 reversed 함수 기능

(2) 각 시점에서 구한 반환값은 running_add 변수에 저장되고 다음 단계에서의 반환값은 running_add 변숫값에 할인율을 곱해서 해당 단계에서 얻은 보상을 더해주면 된다.

그림 6-24 cartpole_REINFORCE : train_mini_batch 함수

train_mini_batch 함수는 수집된 데이터를 활용해 모델을 학습하는 기능을 한다.

(1) 가장 먼저 make_discount_rewards 함수를 활용해서 단계별로 수집된 보상으로 할인된 반환값을 계산한다.

(2) 다음으로 반환값 데이터를 학습이 가능한 형태로 넘파이 reshape 함수를 활용해서 모양을 변경한다.

(3) Agent 클래스의 변수는 리스트 형태로 데이터를 저장하고 있으므로 모델 학습에 가능

한 형태인 넘파이로 변경한다.

(4) 마지막으로 fit 함수를 호출해서 모델을 학습한다. 입력 변수에는 상태(state), 액션 매트릭스(action_matrixs), 반환값(discount_rewards)을 입력하고, 목표 함수로는 행동별 확률을 입력한다.

6.7 REINFORCE 알고리즘 학습 결과 분석

이제 프로그램 분석을 마쳤으면 실제로 REINFORCE 알고리즘을 실행하면서 성능을 확인해 보자. 카트폴 프로그램은 매우 구조가 간단한 형태라 REINFORCE 알고리즘이 속도도 빠르고 성능도 비교적 우수하게 나온다. 하지만 복잡한 환경에서 REINFORCE 알고리즘을 사용하면 성능이 떨어질 수 있는 구조적 약점이 있다는 것을 기억해두길 바란다.

cartpole_REINFORCE 실행 결과

```
Model: "my_model_7"

Layer (type)                    Output Shape         Param #     Connected to
==================================================================================
input_states (InputLayer)       [(None, 1, 4)]       0

dense_7 (Dense)                 (None, 1, 12)        60          input_states[0][0]

input_action_matrixs (InputLaye [(None, 1, 2)]       0

input_rewards (InputLayer)      [(None, 1, 1)]       0
```

output (Dense)	(None, 1, 2)	26	dense_7[0][0]

```
=====================================================================================
Total params: 86
Trainable params: 86
Non-trainable params: 0
```

```
episode:0, moving_avg:27.0, rewards_avg:26.0
episode:10, moving_avg:20.90909090909091, rewards_avg:19.90909090909091
episode:20, moving_avg:24.2, rewards_avg:23.333333333333332
episode:30, moving_avg:28.75, rewards_avg:24.967741935483872
episode:40, moving_avg:37.95, rewards_avg:29.975609756097562
episode:50, moving_avg:41.0, rewards_avg:30.862745098039216
episode:60, moving_avg:40.8, rewards_avg:33.19672131147541
episode:70, moving_avg:50.75, rewards_avg:36.183098591549296
episode:80, moving_avg:55.5, rewards_avg:38.45679012345679
episode:90, moving_avg:50.3, rewards_avg:39.065934065934066
episode:100, moving_avg:59.45, rewards_avg:42.415841584158414
episode:110, moving_avg:73.85, rewards_avg:45.153153153153156
episode:120, moving_avg:69.45, rewards_avg:46.71900826446281
episode:130, moving_avg:67.25, rewards_avg:48.37404580152672
episode:140, moving_avg:70.1, rewards_avg:49.8936170212766
episode:150, moving_avg:93.05, rewards_avg:54.158940397350996
episode:160, moving_avg:111.1, rewards_avg:57.37267080745342
episode:170, moving_avg:95.45, rewards_avg:58.87134502923977
episode:180, moving_avg:77.15, rewards_avg:59.447513812154696
episode:190, moving_avg:76.6, rewards_avg:60.62303664921466
episode:200, moving_avg:85.35, rewards_avg:61.92537313432836
episode:210, moving_avg:98.5, rewards_avg:64.11848341232228
episode:220, moving_avg:115.95, rewards_avg:66.72398190045249
episode:230, moving_avg:105.45, rewards_avg:67.6103896103896
episode:240, moving_avg:77.0, rewards_avg:67.49377593360995
episode:250, moving_avg:60.35, rewards_avg:66.95219123505976
episode:260, moving_avg:64.9, rewards_avg:67.2183908045977
episode:270, moving_avg:88.75, rewards_avg:68.4870848708487
episode:280, moving_avg:99.5, rewards_avg:69.44483985765125
episode:290, moving_avg:156.4, rewards_avg:74.46048109965636
episode:300, moving_avg:179.75, rewards_avg:76.70764119601328
episode:310, moving_avg:128.95, rewards_avg:77.90032154340837
episode:320, moving_avg:112.25, rewards_avg:78.85981308411215
episode:330, moving_avg:112.85, rewards_avg:79.95166163141994
episode:340, moving_avg:120.75, rewards_avg:81.25806451612904
episode:350, moving_avg:171.9, rewards_avg:85.13390313390313
```

```
episode:360, moving_avg:199.8, rewards_avg:87.77008310249307
episode:370, moving_avg:180.25, rewards_avg:90.20754716981132
episode:380, moving_avg:161.25, rewards_avg:91.5748031496063
episode:390, moving_avg:127.15, rewards_avg:92.0460358056266
episode:400, moving_avg:115.75, rewards_avg:92.73067331670823
episode:410, moving_avg:131.75, rewards_avg:93.9294403892944
episode:420, moving_avg:177.2, rewards_avg:96.6959619952494
episode:430, moving_avg:188.3, rewards_avg:98.26218097447796
episode:440, moving_avg:129.9, rewards_avg:98.15646258503402
episode:450, moving_avg:119.9, rewards_avg:99.17738359201773
episode:460, moving_avg:161.8, rewards_avg:100.87418655097613
episode:470, moving_avg:149.95, rewards_avg:101.29087048832272
episode:480, moving_avg:139.4, rewards_avg:102.43451143451144
episode:490, moving_avg:207.3, rewards_avg:105.56822810590631
INFO:tensorflow:Assets written to: ./model/reinforce\assets
*****end learning
```

REINFORCE 알고리즘도 DQN 알고리즘과 동일하게 모델 변수 초기화와 알고리즘 곳곳에 랜덤(Random) 함수를 사용하기 때문에 실행할 때마다 결과가 다르게 나온다. 만일 이 책에서 제공하는 예제가 성능이 제대로 나오지 않는다면 반복해서 실행해 보길 바란다.

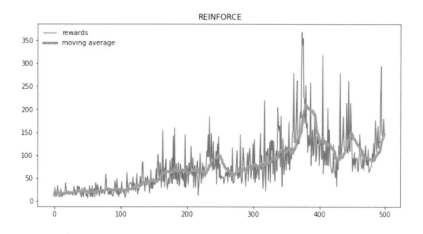

그림 6-25 실행 결과 시각화

동일한 상태에서 실행했을 때 REINFORCE 알고리즘이 DQN 알고리즘보다 성능이 좀 더 우수한 것을 알 수 있다. 가치 기반 알고리즘의 최대 단점인 max를 취해서 동작을 결정하는 것을 보완하여 행동을 확률적으로 결정하는 방식으로 변경했고, 할인된 보상값을 사용해서 성능을 향상시켰다.

지금까지 정책 기반 알고리즘의 가장 간단한 형태인 REINFORCE 알고리즘에 대해 알아보았다. 앞으로 A2C와 PPO 알고리즘을 공부하면서 정책 기반 알고리즘이 어떤 방향으로 발전해 왔는지 알아보도록 하자.

7

정책 기반 A2C 알고리즘

앞선 장에서 배운 DQN과 REINFORCE 알고리즘은 이론적으로 여러 가지 단점을 가지고 있다. 이론적이란 얘기는 어떤 환경에서는 DQN이나 REINFORCE 알고리즘이 좋은 성능을 보여주는 경우도 있기 때문이다.

A2C(Advantage Actor Critic)는 기존 알고리즘의 단점을 개선하고자 등장한 강화학습 알고리즘이다. 카트폴 환경에서는 A2C 알고리즘이 REINFORCE 알고리즘보다 우수한 성능을 보여준다고 할 수는 없지만, PPO 알고리즘이 등장하기까지 A2C 알고리즘은 다양한 이론을 제공하고 있다는 데 큰 의미가 있다.

7.1 액터 크리틱 알고리즘

액터 크리틱(AC: Actor Critic) 알고리즘을 알아보기 전에 먼저 지금까지 배웠던 가치 기반(Value Based) 학습과 정책 기반(Policy Based) 학습의 대표적인 알고리즘인 DQN과 REINFORCE의 특징에 대해 알아보자. DQN에서는 리플레이 메모리(Replay Memory)를 사용해서 대량의 데이터를 배치로 학습하기도 하지만, 기본적으로 원스텝(One Step) TD 알고리즘을 사용해서 한 타임스텝 동안 실행하고 학습을 반복하는 기법을 사용한다. 이와 반대로 REINFORCE 알고리즘에서는 하나의 에피소드가 끝날 때까지 데이터를 수집해서 에피소드가 끝나면 한꺼번에 학습을 진행하는 방식을 채택한다.

REINFORCE 알고리즘은 하나의 정책으로 에피소드가 끝날 때까지 계속 행동해서 데이터를 수집하기 때문에 데이터의 편향(bias)이 작다. 하지만 REINFORCE 알고리즘에서 학습에 사용하는 데이터는 에피소드가 끝날 때까지 수집한 보상의 누적 합이기 때문에 각각의 보상에 들어 있는 분산값도 누적된다. 따라서 분산(variance)이 큰 특징을 가지고 있다.

이와 반대로 DQN의 경우 하나의 행동을 해서 수집된 데이터를 바탕으로 전체 데이터를 추정(벨만 방정식으로)하기 때문에 데이터의 편향(bias)이 크다. 하지만 DQN 알고리즘에서 사용하는 학습 데이터는 하나의 행동에 대한 값이기 때문에 분산(variance)이 작은 특징을 가지고 있다.

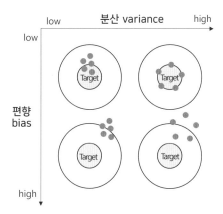

분산(variance)은 데이터가 얼마나 넓게 분포하는지를 의미한다. 분산이 크면 데이터가 넓게 분포해 있고 분산이 작으면 데이터가 오밀조밀하게 모여있다. 편향(bias)은 데이터가 목표 지점에서 얼마나 떨어져 있느냐이다. 편향이 크면 데이터가 목표 지점에서 많이 떨어져 있고 편향이 작으면 데이터가 목표 지점에 가까이 있다.

액터 크리틱 알고리즘은 이렇듯 편향이 작은 REINFORCE 알고리즘의 장점과 분산이 작은 DQN 알고리즘의 장점을 결합하여 좀 더 효율적인 방법으로 최적의 정책을 찾는 방법을 제시하고 있다. REINFORCE와 DQN이 정책과 가치를 모두 동일한 인공신경망에 두고 학습하는 반면에, 액터 크리틱은 정책 신경망과 가치 신경망을 별도로 분리한다. 먼저 가치 신경망을 사용해서 정책을 통해서 얻을 수 있는 가치를 계산해서 정책을 평가하고, 정책 신경망을 사용해서 에이전트의 행동을 결정하는 정책을 계산한다. 우리의 목표는 효율적인 정책 신경망을 구하는 것이다. 정책 신경망에서 사용하는 몬테카를로 방식에서는 편향을 줄일 수 있고, 환경에서 얻은 반환값을 직접 사용하지 않고 가치 신경망의 결과를 사용함으로써 분산을 줄이는 효과가 있다.

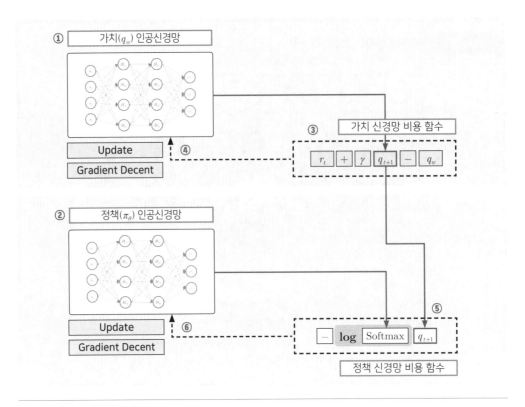

그림 7-1 액터 크리틱 알고리즘

액터 크리틱 알고리즘을 그림을 통해 하나씩 살펴보자. 액터 크리틱 알고리즘은 ① 가치 인공신경망과 ② 정책 인공신경망 모두 두 개의 인공신경망을 사용한다. 가치 신경망은 변수 w로 표현되고 정책 신경망은 변수 θ로 표현되는데, 가치와 정책을 가장 잘 표현하는 변수 w와 θ를 찾는 것이 학습의 목표다.

③ 가치 인공신경망의 결괏값은 행동 가치 함수인 q_t이다. ④ 비용 함수에 q_t를 사용해서 인공신경망을 학습하게 된다. 가치 인공신경망의 결과 q_t는 ⑤ 정책 신경망 비용 함수에 사용되어 ⑥ 정책 인공신경망 학습에 활용된다.

앞에서 살펴본 REINFORCE에서는 정책 인공신경망의 비용 함수에 반환값(r)을 사용했지만 여기에서는 반환값 대신 행동 가치 함수를 사용한다. 이것은 원스텝 MDP(하나의 타임스텝만 고려하는 MDP) 환경에서는 반환값이 행동 가치 함수의 편향되지 않은(unbiased) 샘플이기 때문이다. 편향되지 않은 샘플이라는 것은 여러 번을 반복해서 반환값을 구하면 행동 가치 함수를 구하는 것과 같다는 얘기다.

행동 가치 함수는 에이전트가 정책에 따라 행동했을 때의 가치를 구하는 것이라면, 가치 함수는 하나의 상태가 다른 상태로 변할 때의 가치를 구하는 것이다. 또한 반환값은 환경에서 주는 보상의 총합이다. 하나의 타임스텝만 고려하는 원스텝(One Step MDP) 환경에서는 어차피 하나의 행동만 선택할 수 있고 변화되는 상태도 하나밖에 없다. 이러한 행동을 매우 많이 반복하기 때문에(샘플이 많이 모이면 통계적 확률이 나온다), 행동 가치 함수, 가치 함수, 반환값을 서로 편향되지 않은 샘플로 사용할 수 있다.

7.2 어드밴티지 액터 크리틱

액터 크리틱 알고리즘에도 여전히 단점이 존재한다. 가치 신경망과 정책 신경망을 분리해서 편향(bias)과 분산(variance)을 줄였지만, 정책을 학습하는 기본 개념을 제공하는 RE-INFORCE 알고리즘은 하나의 정책으로 에피소드가 끝날 때까지 계속 동작해서 데이터를 수집하기 때문에 분산(variance)이 큰 특징을 가지고 있다.

이러한 분산을 줄이기 위해 제안된 방법론이 바로 어드밴티지 액터 크리틱(A2C: Advantage Actor Critic) 알고리즘이다. AC 알고리즘에서는 정책 신경망을 학습하는 비용 함수 부분에 행동 가치 함수(q)를 사용했다. 하지만 행동 가치 함수를 그대로 사용한다면 안정되지 않은 정책을 사용해서 데이터를 계속 수집했기 때문에 분산이 클 수밖에 없다. 따라서 값의 변화를 줄여주기 위해 베이스라인(Baseline)을 지정해주면 데이터의 분산을 어느 정도 제어할 수 있다.

그럼 여기에서 어떤 값을 베이스라인으로 사용할 것인가에 대한 문제가 생기는데, 일반적으로는 가치 함수를 베이스라인으로 많이 사용한다. 따라서 정책 신경망의 비용 함수 부분에 행동 가치 함수를 그대로 넣지 않고 행동 가치 함수에서 가치 함수(베이스라인)를 뺀 값을 사용한다. 이것을 **어드밴티지(Advantage)**라 부른다.

어드밴티지를 사용하면 기댓값의 변화 없이 분산을 줄일 수 있다는 것은 수학적으로 증명된 이론이므로 여기에서는 별도의 설명 없이 그대로 사용하기로 한다.

$$A^{\pi_\theta}(s,a) = Q^{\pi_\theta}(s,a) - V^{\pi_\theta}(s) \quad \text{①}$$
$$V^{\pi_\theta}(s) \approx V_v(s) \quad \text{②}$$
$$Q^{\pi_\theta}(s,a) \approx Q_w(s,a) \quad \text{③}$$
$$A(s,a) = Q_w(s,a) - V_v(s) \quad \text{④}$$

그림 7-2 어드밴티지(Advantage)

수식 ①은 앞에서 설명한 일반적인 어드밴티지를 표현한 식이다. 모두 변수 θ로 표현된 정책을 따랐을 때 구할 수 있는 값을 사용했다. 인공신경망을 사용해서 ② 가치 함수와 ③ 행동 가치 함수를 표현할 수 있고, 이것을 사용해서 ④ 인공신경망으로 근사된 어드밴티지를 구할 수 있다.

TD	$V^{\pi_\theta}(s) \leftarrow V^{\pi_\theta}(s) + \propto (r + \gamma V^{\pi_\theta}(s') - V^{\pi_\theta}(s))$ ①
Cost Function	$\delta = r + \gamma V^{\pi_\theta}(s') - V^{\pi_\theta}(s)$ ②
기댓값	$E[\delta^{\pi_\theta} \mid s,a] = \underbrace{E[r + \gamma V^{\pi_\theta}(s') \mid s,a]}_{\text{③-1}} - \underbrace{E[V^{\pi_\theta}(s) \mid s,a]}_{\text{③-2}}$ ③

$$= Q^{\pi_\theta}(s,a) - V^{\pi_\theta}(s) \qquad ④$$

$$= A^{\pi_\theta}(s,a) \qquad ⑤$$

가치 함수와 행동 가치 함수의 정의

$$v_\pi(s) = \sum_{a \in A} \pi(a \mid s)\, q_\pi(s,a)$$

$$q_\pi(s,a) = R_s^a + \gamma \sum_{s' \in S} P_{ss'}^a\, v_\pi(s')$$

그림 7-3 어드밴티지 계산

TD에서 가치 함수를 구해 보면 식 ①과 같다. TD의 가치 함수는 앞에서 많이 살펴본 내용이라 별도로 설명하지 않고 넘어가도록 하겠다. TD에서의 비용 함수를 δ(람다)로 정의하면 식 ②와 같다. 이제 비용 함수에 대한 기댓값을 구해 보자. 식 ②에 기댓값을 취해주면 식 ③과 같이 되는데, 식 ③-1은 행동 가치 함수의 정의를 참조하면 행동 가치 함수를 구하는 것과 같다는 것을 쉽게 알 수 있다. 식 ③-2 또한 가치 함수의 정의를 살펴보면 모든 상태와 행동을 고려하는 것이므로 가치 함수를 구하는 것과 같다는 것을 알 수 있다. 따라서 **비용 함수에 대한 기댓값을 구하면 어드밴티지와 동일하다**는 것을 알 수 있다.

또한 이전에 살펴본 바를 다시 언급하자면, 비용 함수에 대한 기댓값을 구하는 것은 비용 함수를 사용해서 샘플을 반복적으로 여러 번 수집하는 것으로 근사할 수 있다.

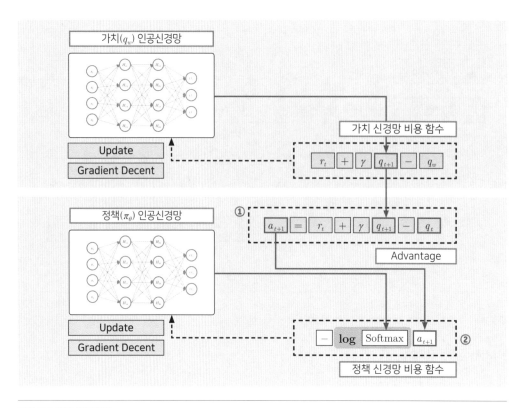

그림 7-4 A2C 알고리즘

액터 크리틱 알고리즘과의 차이점은 식 **①**과 **②**에 있다. 식 **①**에서는 어드밴티지를 구했다. 인공신경망을 통해 구한 행동 가치 함수와 이전 타임스텝에서 구한 행동 가치 함수를 가지고 어드밴티지를 계산했다. 앞에서는 가치 함수를 가지고 계산했지만 여기에서는 행동 가치 함수를 사용한 이유는 샘플링하는 환경에서는 가치 함수와 행동 가치 함수가 동일한 결과를 나타내기 때문이다. 이렇게 식 **①**에서 구한 어드밴티지를 식 **②**에 입력해서 정책 신경망 비용 함수를 구할 수 있다.

7.3 A2C 알고리즘 기본 구조

A2C 알고리즘의 Agent 클래스는 모두 8개의 함수로 구성된다. A2C 알고리즘의 특징은
가치 신경망과 정책 신경망을 별도로 구성하고 에피소드가 종료되기 전에 학습을 진행한
다는 것이다.

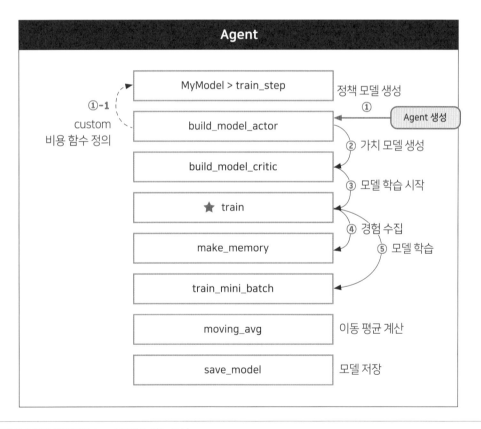

그림 7-5 A2C 알고리즘 Agent 클래스 기능 구성

이번 예제에서는 많은 경험을 쌓은 후 배치로 학습을 하지 않고, 경험을 하나 쌓고 바로 학습을 진행하는 방식을 사용한다. A2C 알고리즘에서도 배치 학습을 사용할 수 있지만 이에 대해서는 PPO 알고리즘에서 알아본다.

① 학습을 위해 Agent 클래스를 생성하면 자동으로 build_model_actor 함수를 호출해서 정책 신경망을 구성한다.

② 정책 신경망이 구성되면 다음으로 build_model_critic 함수를 호출해서 가치 신경망을 구성하게 된다.

③ Agent 클래스를 생성한 다음에 train 함수를 호출하면서 본격적인 학습이 시작된다. train 함수 안에서 make_memory, train_mini_batch, moving_avg, save_model 함수가 호출된다.

④ 학습을 진행하기 위해 가장 먼저 호출되는 함수는 make_memory 함수다. make_memory 함수는 카트폴을 실행해서 상태와 보상값을 수집하고 바로 train_mini_batch 함수를 호출해 학습을 진행한다.

⑤ train_mini_batch 함수는 하나의 경험을 가지고 모델을 학습한다. 정책 신경망과 가치 신경망 모델에 대한 학습을 한번에 진행한다.

이제 기본 구조에 대해 알아보았으므로 코드를 살펴보면서 세부 동작에 대해 이해해 보도록 하자.

7.4　A2C 알고리즘 전체 코드 리뷰

A2C 알고리즘과 REINFORCE 알고리즘의 가장 큰 차이점은 두 개의 인공신경망을 사용한다는 것이다. 어떻게 인공신경망을 따로 정의하고 이 둘 간의 관계를 설정하는지 유념해서 살펴보도록 하자.

cartpole_A2C.py

```python
# -*- coding: utf-8 -*-
import tensorflow as tf
import tensorflow.keras.backend as K
from tensorflow.keras.layers import Input, Dense, Flatten
from tensorflow.keras.optimizers import Adam
import gym
import numpy as np
import random as rand
class Agent(object):
    def __init__(self):
        self.env = gym.make('CartPole-v1')
        self.state_size = self.env.observation_space.shape[0]
        self.action_size = self.env.action_space.n
        self.value_size = 1

        self.node_num = 12

        self.learning_rate = 0.002
        self.discount_rate = 0.95
        self.penalty = -100
        self.epochs_cnt = 1

        self.episode_num = 500

        self.moving_avg_size = 20
```

```python
        self.model_actor = self.build_model_actor()
        self.model_critic = self.build_model_critic()

        self.reward_list= []
        self.count_list = []
        self.moving_avg_list = []

        self.DUMMY_ACTION_MATRIX, self.DUMMY_ADVANTAGE = np.zeros((1,self.action_size)),
                                            np.zeros((1,self.value_size))


class MyModel(tf.keras.Model):
    def train_step(self, data):
        in_datas, out_action_probs = data
        states, action_matrixs, advantages = in_datas[0], in_datas[1], in_datas[2]
        with tf.GradientTape() as tape:
            y_pred = self(states, training=True)  # Forward pass
            action_probs = K.max(action_matrixs*y_pred, axis=-1)
            loss = -K.log(action_probs)*advantages
        trainable_vars = self.trainable_variables
        gradients = tape.gradient(loss, trainable_vars)
        self.optimizer.apply_gradients(zip(gradients, trainable_vars))


def build_model_actor(self):
    input_states = Input(shape=(self.state_size), name='input_states')
    input_action_matrixs = Input(shape=(self.action_size), name='input_action_matrixs')
    input_advantages = Input(shape=(self.value_size), name='input_advantages')

    x = (input_states)
    x = Dense(self.node_num, activation='relu')(x)
    out_actions = Dense(self.action_size, activation='softmax', name='output',
                    kernel_initializer='he_uniform')(x)

    model = self.MyModel(inputs=[input_states, input_action_matrixs,
                    input_advantages], outputs=out_actions)
    model.compile(optimizer=Adam(lr=self.learning_rate))

    model.summary()
    return model


def build_model_critic(self):
    input_states = Input(shape=(self.state_size), name='input_states')

    x = (input_states)
```

```python
        x = Dense(self.node_num, activation='relu')(x)
        out_values = Dense(self.value_size, activation='linear', name='output')(x)

        model = tf.keras.models.Model(inputs=[input_states], outputs=[out_values])
        model.compile(optimizer=Adam(lr=self.learning_rate),
                      loss='mean_squared_error'
                     )
        model.summary()
        return model

    def train(self):
        reward_list=[]
        count_list = []
        moving_avg_list = []
        for episode in range(self.episode_num):
            state = self.env.reset()
            self.env.max_episode_steps = 500
            count, reward_tot = self.make_memory(episode, state)

            if count < 500:
                reward_tot = reward_tot-self.penalty

            self.reward_list.append(reward_tot)
            self.count_list.append(count)
            self.moving_avg_list.append(self.moving_avg(self.count_list,self.moving_avg_size))

            if(episode % 10 == 0):
                print("episode:{}, moving_avg:{}, rewards_avg:{}".
                      format(episode, self.moving_avg_list[-1], np.mean(self.reward_list)))
        self.save_model()

    def moving_avg(self, data, size=10):
        if len(data) > size:
            c = np.array(data[len(data)-size:len(data)])
        else:
            c = np.array(data)
        return np.mean(c)

    def clear_memory(self):
        self.states, self.action_matrixs, self.states_next, self.action_probs,
        self.rewards = [],[],[],[],[]

    def make_memory(self, episode, state):
```

```python
        reward_tot = 0
        count = 0
        reward = np.zeros(self.value_size)
        action_matrix = np.zeros(self.action_size)
        done = False
        while not done:
            count+=1
            state_t = np.reshape(state, [1,self.state_size]) # 현재 상태
            action_matrix_t = np.reshape(action_matrix, [1,self.action_size])

            action_prob = self.model_actor.predict([state_t, self.DUMMY_ACTION_MATRIX,
                                                    self.DUMMY_ADVANTAGE])
            action = np.random.choice(self.action_size, 1, p=action_prob[0])[0]

            action_matrix = np.zeros(self.action_size) # 초기화
            action_matrix[action] = 1
            state_next, reward, done, none = self.env.step(action)

            if count < 500 and done:
                reward = self.penalty

            self.train_mini_batch(state, state_next, reward,
                                  action_matrix, action_prob, done, count)

            state = state_next
            if done:
                reward = self.penalty

            reward_tot += reward

        return count, reward_tot

    def train_mini_batch(self, state, state_next, reward, action_matrix,
                         action_prob, done, count):

        state_t = np.reshape(state, [1, self.state_size])
        state_next_t = np.reshape(state_next, [1, self.state_size])
        reward_t = np.reshape(reward, [1, self.value_size])
        action_matrix_t = np.reshape(action_matrix, [1, self.action_size])
        action_prob_t = np.reshape(action_prob, [1, self.action_size])

        advantage_t = np.zeros((1, self.value_size))
        target_t = np.zeros((1, self.value_size))
```

```python
        value_t = self.model_critic.predict(state_t)
        value_next_t = self.model_critic.predict(state_next_t)

        if(count< 500 and done):
            advantage_t =  reward_t - value_t
            target_t = reward_t
        else:
            advantage_t = reward_t + self.discount_rate*value_next_t - value_t
            target_t = reward_t + self.discount_rate * value_next_t

        self.model_actor.fit(x=[state_t, action_matrix_t, advantage_t],
                        y=[action_prob_t], epochs=self.epochs_cnt, verbose=0)
        self.model_critic.fit(x=state_t, y=target_t, epochs=self.epochs_cnt, verbose=0)

    def save_model(self):
        self.model_actor.save("./model/a2c")
        print("*****end a2c learning")

if __name__ == "__main__":
    agent = Agent()
    agent.train()
```

A2C 알고리즘에서는 정책을 표현하기 위한 정책 네트워크를 build_model_actor 함수를 사용해서 생성하고, 가치를 표현하기 위한 가치 네트워크를 build_model_critic 함수를 사용해서 표현한다. 정책 네트워크의 출력은 softmax 함수를 사용해서 확률로 표현하고, 가치 네트워크는 linear 함수를 사용해서 값(Value)를 출력하도록 설정한다.

7.5   A2C 알고리즘 세부 구조 살펴보기

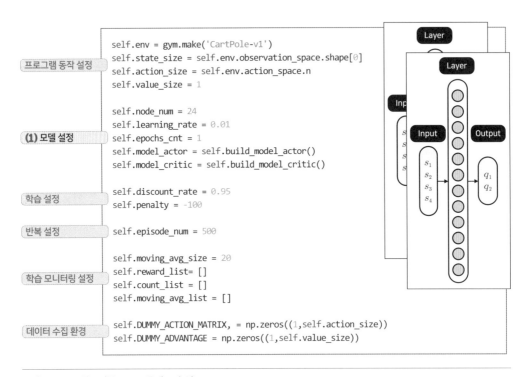

```
프로그램 동작 설정    self.env = gym.make('CartPole-v1')
                     self.state_size = self.env.observation_space.shape[0]
                     self.action_size = self.env.action_space.n
                     self.value_size = 1

                     self.node_num = 24
                     self.learning_rate = 0.01
(1) 모델 설정         self.epochs_cnt = 1
                     self.model_actor = self.build_model_actor()
                     self.model_critic = self.build_model_critic()

학습 설정            self.discount_rate = 0.95
                     self.penalty = -100

반복 설정            self.episode_num = 500

                     self.moving_avg_size = 20
                     self.reward_list= []
학습 모니터링 설정    self.count_list = []
                     self.moving_avg_list = []

데이터 수집 환경      self.DUMMY_ACTION_MATRIX, = np.zeros((1,self.action_size))
                     self.DUMMY_ADVANTAGE = np.zeros((1,self.value_size))
```

그림 7-6 A2C 알고리즘 Agent 클래스 속성

A2C 알고리즘의 **Agent** 클래스 속성은 대부분 REINFORCE 알고리즘과 유사하다. 가장 큰 차이점은 정책 신경망과 가치 신경망을 저장하기 위해 `model_actor`와 `model_critic` 두 개의 클래스 변수를 사용한다는 점이다.

```
class MyModel(tf.keras.Model):        [MyModel 클래스 정의(Model 함수 상속)]
    def train_step(self, data):       [train_step 함수 재정의]
        in_datas, out_action_probs = data
        states, action_matrixs, advantages = in_datas[0], in_datas[1], in_datas[2]
        with tf.GradientTape() as tape:
            y_pred = self(states, training=True)
            action_probs = K.max(action_matrixs*y_pred, axis=-1)
            loss = -K.log(action_probs)*advantages
        trainable_vars = self.trainable_variables
        gradients = tape.gradient(loss, trainable_vars)
        self.optimizer.apply_gradients(zip(gradients, trainable_vars))
```

입력 변수 설정

GradientTape 설정
행동 예측
확률 계산
(1) 비용 함수
모델 가중치
gradient 호출
변수에 gradient 적용

REINFORCE
알고리즘 비용 함수

loss = -K.log(action_probs)*rewards

그림 **7-7** cartpole_A2C : MyModel 클래스

A2C 알고리즘에서 사용하는 MyModel 클래스는 REINFORCE 알고리즘에서와 기능과 형태가 유사하지만 비용 함수를 계산할 때 반환값(rewards) 대신에 어드밴티지(advantages)를 사용한다는 차이점이 있다. 클래스를 생성하거나 모델을 학습하는 시점에서도 어드밴티지를 입력해야 한다.

```python
def build_model_actor(self):    (1) 정책 신경망 모델
    input_states = Input(shape=(self.state_size), name='input_states')
    input_action_matrixs = Input(shape=(self.action_size), name='input_action_matrixs')
    input_advantages = Input(shape=(self.value_size), name='input_advantages')

    x = (input_states)
    x = Dense(self.node_num, activation='tanh')(x)
    out_actions = Dense(self.action_size, activation='softmax', name='output')(x)

    model = self.MyModel(inputs=[input_states, input_action_matrixs, input_advantages],
                         outputs=out_actions)
    model.compile(optimizer=Adam(lr=self.learning_rate))

    model.summary()
    return model

def build_model_critic(self):    (2) 가치 신경망 모델
    input_states = Input(shape=(self.state_size), name='input_states')

    x = (input_states)
    x = Dense(self.node_num, activation='tanh')(x)
    out_values = Dense(self.value_size, activation='linear', name='output')(x)

    model = tf.keras.models.Model(inputs=[input_states], outputs=[out_values])
    model.compile(optimizer=Adam(lr=self.learning_rate),
                  loss='mean_squared_error'
                  )
    model.summary()
    return model
```

그림 7-8 cartpole_A2C : build_model 함수

A2C 알고리즘을 구현하는 build_model 함수는 두 가지 종류로 구현된다.

(1) 정책 신경망을 구성하는 build_model_actor 함수는 REINFORCE 알고리즘과 동일한 로직으로 구현된다. 사용자 정의 비용 함수를 정의하기 위해 케라스에서 제공하는 Model 클래스를 상속해서 구현하는 MyModel 함수를 사용했으며 활성 함수로는 정책을 확률로 표현할 수 있는 softmax를 사용했다.

(2) 가치 신경망을 구성하는 build_model_critic 함수는 DQN 알고리즘과 동일한 로직으로 구현된다. 가치를 표현하기 위해 활성 함수로 linear를 사용했다.

```
def train(self):
    reward_list=[]
    count_list = []
    moving_avg_list = []
    for episode in range(self.episode_num):
        state = self.env.reset()
        self.env.max_episode_steps = 500
        count, reward_tot = self.make_memory(episode, state)

        if count < 500:
            reward_tot = reward_tot-self.penalty

        self.reward_list.append(reward_tot)
        self.count_list.append(count)
        self.moving_avg_list.append(self.moving_avg(self.count_list,self.moving_avg_size))

        if(episode % 10 == 0):
            print("episode:{}, moving_avg:{}, rewards_avg:{}".
                  format(episode, self.moving_avg_list[-1], np.mean(self.reward_list)))
    self.save_model()
```

(1) 데이터 수집

(2) 모델 학습

```
self.train_mini_batch(state, state_next, reward, action_matrix, action_prob, done, count)
```

그림 **7-9** cartpole_A2C : train 함수

A2C 알고리즘에서는 데이터를 수집해서 저장했다가 한꺼번에 학습하지 않고, 데이터 수집과 학습이 순차적으로 일어난다. 따라서 make_memory 함수를 호출해서 데이터를 수집하고 그 함수 내부에서 모델을 학습하는 train_mini_batch 함수가 호출된다. 데이터를 저장하지 않기 때문에 clear_memory 함수를 별도로 호출하지 않는다.

```
def make_memory(self, episode, state):
    reward_tot = 0
    count = 0
    reward = np.zeros(self.value_size)
    action_matrix = np.zeros(self.action_size)
    done = False
    while not done:
        count+=1
        state_t = np.reshape(state, [1,self.state_size]) # 현재 상태
        action_matrix_t = np.reshape(action_matrix, [1,self.action_size])

        action_prob = self.model_actor.predict([state_t, self.DUMMY_ACTION_MATRIX,
                                                self.DUMMY_ADVANTAGE])
        action = np.random.choice(self.action_size, 1, p=action_prob[0])[0]

        action_matrix = np.zeros(self.action_size) #초기화
        action_matrix[action] = 1
        state_next, reward, done, none = self.env.step(action)

        if count < 500 and done:
            reward = self.penalty

        self.train_mini_batch(state, state_next, reward, action_matrix,
                              action_prob, done, count)

        state = state_next

        reward_tot += reward

    return count, reward_tot
```

- **(1) 모양 변경**
- 행동 예측
- 행동 선택
- 매트릭스 생성
- **(2) 모델 학습**

그림 7-10 cartpole_A2C : make_memory 함수

make_memory 함수는 경험을 수집하고 모델을 학습하는 역할을 한다. 카트폴을 실행시켜 수집한 경험을 모으지 않고 바로 모델 학습에 사용한다.

(1) 경험을 학습에 사용하기 전에 적절한 형태로 가공해야 하는데, A2C 알고리즘은 하나의 데이터 세트만 사용하기 때문에 배치 학습을 하는 REINFORCE 알고리즘과는 다르게 [1, 데이터_크기] 형식으로 데이터를 변경해 준다. REINFORCE 알고리즘은 [1, 1, 데이터_크기] 형식으로 변경했다. 배치로 대량의 경험을 한 번에 학습할 때 데이터가 [**경험의_수, 1, 데이터_크기**] 형식으로 입력되기 때문이다.

(2) 모델 학습은 train_mini_batch 함수에서 담당하는데, 카트폴을 한 번 실행시킨 다음 바로 함수를 호출해서 학습을 진행한다. make_memory 함수 내부에 모델 학습 로직을 포함시킬 수도 있으나, 다른 알고리즘과 프로그램 형태를 동일하게 유지하기 위해 train_mini_batch 함수를 그대로 사용했다.

```python
def train_mini_batch(self, state, state_next, reward, action_matrix, action_prob, done, count):

    state_t = np.reshape(state, [1, self.state_size])
    state_next_t = np.reshape(state_next, [1, self.state_size])
    reward_t = np.reshape(reward, [1, self.value_size])       # 리스트를 넘파이로 변경
    action_matrix_t = np.reshape(action_matrix, [1, self.action_size])
    action_prob_t = np.reshape(action_prob, [1, self.action_size])

    advantage_t = np.zeros((1, self.value_size))
    target_t = np.zeros((1, self.value_size))

    value_t = self.model_critic.predict(state_t)
    value_next_t = self.model_critic.predict(state_next_t)     # (1) 가치 예측

    if(count< 500 and done):
        advantage_t =  reward_t - value_t
        target_t = reward_t
    else:                                                      # (2) advantage 및 target 계산
        advantage_t = reward_t + self.discount_rate*value_next_t - value_t
        target_t = reward_t + self.discount_rate * value_next_t

    self.model_actor.fit(x=[state_t, action_matrix_t, advantage_t], y=[action_prob_t],
                         epochs=self.epochs_cnt, verbose=0)    # (3) 모델 학습
    self.model_critic.fit(x=state_t, y=target_t, epochs=self.epochs_cnt, verbose=0)
```

그림 7-11 cartpole_A2C : train_mini_batch 함수

train_mini_batch 함수는 카트폴 프로그램을 실행해서 쌓은 경험을 바탕으로 모델을 학습하는 함수다. 대부분의 로직이 RAINFORCE 알고리즘과 비슷하지만 A2C 알고리즘에서는 어드밴티지를 별도로 계산해야 한다.

(1) 먼저 어드밴티지를 계산하기 위해 현 상태에서의 Q 함수와 다음 상태에서의 Q 함수를 가치 신경망을 통해 구한다.

(2) 앞서 이론 부분에서 배운 것과 같이 어드밴티지는 비용 함수에서 유도할 수 있다. 보상과 다음 상태에서 얻은 Q 함수에 할인율을 곱해서 더하고, 여기에서 현재 상태에서 얻은 Q 함수를 빼주면 된다. 그런데 게임이 종료되면(done=true) 다음 상태가 없기 때문에 보상에서 Q 함수를 빼주면 된다.

(3) A2C 알고리즘에서는 두 개의 모델을 사용하기 때문에 모델을 학습할 때도 두 개의 모델을 동시에 학습해야 한다.

7.6 A2C 알고리즘 학습 결과 분석

A2C 알고리즘을 실행해 보면 REINFORCE 알고리즘보다 속도가 느린 것을 확인할 수 있다. 한 번 경험하고 그 데이터를 바탕으로 바로 인공신경망을 학습하기 때문에 여러 개의 경험을 쌓고 한꺼번에 학습하는 REINFORCE 알고리즘보다 속도가 느릴 수밖에 없다.

cartpole_A2C 실행 결과

```
Model: "my_model_3"

Layer (type)                     Output Shape         Param #       Connected to
==========================================================================================
input_states (InputLayer)        [(None, 4)]          0

dense_6 (Dense)                  (None, 12)           60            input_states[0][0]

input_action_matrixs (InputLayer) [(None, 2)]         0
```

```
input_advantages (InputLayer)    [(None, 1)]          0

output (Dense)                   (None, 2)           26          dense_6[0][0]
=================================================================
Total params: 86
Trainable params: 86
Non-trainable params: 0
_____

Model: "model_3"

Layer (type)                     Output Shape        Param #
=================================================================
input_states (InputLayer)        [(None, 4)]          0

dense_7 (Dense)                   (None, 12)          60

output (Dense)                    (None, 1)           13
=================================================================
Total params: 73
Trainable params: 73
Non-trainable params: 0
_____
episode:0, moving_avg:18.0, rewards_avg:17.0
episode:10, moving_avg:21.727272727272727, rewards_avg:20.727272727272727
episode:20, moving_avg:21.9, rewards_avg:20.714285714285715
episode:30, moving_avg:20.9, rewards_avg:20.193548387096776
episode:40, moving_avg:18.75, rewards_avg:19.26829268292683
episode:50, moving_avg:19.95, rewards_avg:19.705882352941178
episode:60, moving_avg:21.75, rewards_avg:19.75409836065574
episode:70, moving_avg:22.45, rewards_avg:20.197183098591548
episode:80, moving_avg:26.25, rewards_avg:21.11111111111111
episode:90, moving_avg:29.5, rewards_avg:22.021978021978022
episode:100, moving_avg:31.05, rewards_avg:22.88118811881188
episode:110, moving_avg:23.65, rewards_avg:22.135135135135137
episode:120, moving_avg:17.9, rewards_avg:21.892561983471076
episode:130, moving_avg:20.3, rewards_avg:21.702290076335878
episode:140, moving_avg:25.25, rewards_avg:22.22695035460993
episode:150, moving_avg:32.25, rewards_avg:22.966887417218544
episode:160, moving_avg:30.4, rewards_avg:23.11801242236025
episode:170, moving_avg:32.2, rewards_avg:23.92982456140351
episode:180, moving_avg:39.65, rewards_avg:24.834254143646408
episode:190, moving_avg:38.55, rewards_avg:25.356020942408378
```

```
episode:200, moving_avg:47.2, rewards_avg:26.960199004975124
episode:210, moving_avg:52.0, rewards_avg:27.786729857819907
episode:220, moving_avg:48.6, rewards_avg:28.828054298642535
episode:230, moving_avg:47.5, rewards_avg:29.406926406926406
episode:240, moving_avg:46.75, rewards_avg:30.232365145228215
episode:250, moving_avg:52.5, rewards_avg:31.16733067729084
episode:260, moving_avg:49.95, rewards_avg:31.666666666666668
episode:270, moving_avg:51.3, rewards_avg:32.579335793357934
episode:280, moving_avg:58.0, rewards_avg:33.469750889679716
episode:290, moving_avg:88.0, rewards_avg:36.31958762886598
episode:300, moving_avg:129.7, rewards_avg:39.79734219269103
episode:310, moving_avg:205.85, rewards_avg:47.157556270096464
episode:320, moving_avg:278.5, rewards_avg:54.610591900311526
episode:330, moving_avg:222.55, rewards_avg:57.69788519637462
episode:340, moving_avg:197.05, rewards_avg:62.91202346041056
episode:350, moving_avg:243.1, rewards_avg:68.21367521367522
episode:360, moving_avg:222.85, rewards_avg:71.7202216066482
episode:370, moving_avg:176.7, rewards_avg:74.00808625336927
episode:380, moving_avg:207.6, rewards_avg:78.8005249343832
episode:390, moving_avg:233.1, rewards_avg:82.09462915601023
episode:400, moving_avg:164.15, rewards_avg:83.0074812967581
episode:410, moving_avg:75.3, rewards_avg:81.71532846715328
episode:420, moving_avg:27.2, rewards_avg:80.30878859857482
episode:430, moving_avg:29.15, rewards_avg:79.22969837587007
episode:440, moving_avg:164.45, rewards_avg:84.08843537414965
episode:450, moving_avg:397.05, rewards_avg:93.31042128603104
episode:460, moving_avg:500.0, rewards_avg:102.13232104121475
episode:470, moving_avg:381.8, rewards_avg:105.54352441613588
episode:480, moving_avg:192.9, rewards_avg:105.86902286902287
episode:490, moving_avg:131.4, rewards_avg:106.55600814663951
INFO:tensorflow:Assets written to: ./model/a2c\assets
*****end a2c learning
```

A2C 알고리즘도 REINFORCE 알고리즘과 동일하게 모델 변수 초기화와 알고리즘 곳곳에 랜덤(Random) 함수를 사용하기 때문에 실행할 때마다 결과가 다르게 나온다. 만일 이 책에서 제공하는 예제가 성능이 나오지 않을 경우 반복해서 실행해 보길 바란다.

예제를 실행한 결과 학습 시간이 REINFORCE 알고리즘보다 오래 걸리는 단점이 있지만, 보다 좋은 성능을 보여주는 것을 확인할 수 있다. 물론 A2C 알고리즘 또한 REIN-FORCE 알고리즘과 같이 배치 형식으로 학습할 수도 있다. PPO 알고리즘에서 공부할 GAE 알고리즘과 코드를 활용하면 배치형 A2C 알고리즘을 쉽게 구현할 수 있다. 이 부분은 독자의 몫으로 남기도록 하겠다.

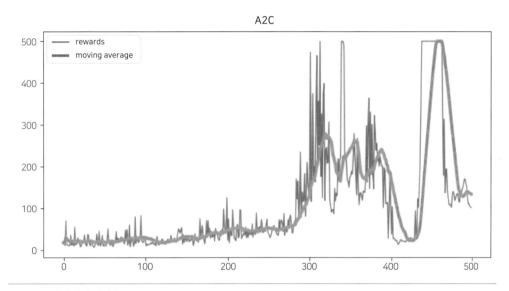

그림 7-12 실행 결과 시각화

A2C 알고리즘을 시각화하면 그림과 같다. REINFORCE 알고리즘보다 성능은 뛰어나지만 알고리즘 학습이 매우 불안정한 것을 확인할 수 있다. 분산이 작은 REINFORCE 알고리즘과 편향이 작은 DQN 알고리즘의 장점을 살렸지만, 여전히 학습 과정에서 급격한 성능 저하가 발생하고 있으며 이는 학습 실패로 이어질 수 있는 위험성을 내포하고 있다.

다음으로 A2C 알고리즘의 이러한 불안정성을 간단한 아이디어를 통해 해결하고자 등장한 PPO 알고리즘에 대해 살펴보도록 하자.

8

정책 기반 PPO
알고리즘

PPO는 중요도 샘플링(Importance Sampling)과 클리핑(Clipping)을 활용해서 A2C 알고리즘(좀 더 정확하게 말하면 TRPO 알고리즘)을 개선한 강화학습 알고리즘이다. 일반적으로 PPO 알고리즘을 소개하기 전에 TRPO(Trust Region Policy Optimization) 알고리즘을 먼저 소개한다. TRPO 알고리즘은 다양한 이론이 사용된 매우 복잡한 알고리즘이기 때문에 이해하기 쉽지 않다. 성능 또한 PPO 알고리즘보다 떨어지기 때문에 이 책에서는 TRPO에 대한 소개 없이 바로 PPO 알고리즘을 소개하도록 하겠다.

8.1 중요도 샘플링

PPO 알고리즘에 대해 알아보기 전에 앞에서 살펴봤던 중요도 샘플링(Importance Sampling)에 대해 한 번 더 알아보자. 중요도 샘플링이란 기댓값을 계산하고자 하는 $f(x)$(x의 함수, 어떤 형태든 상관없음)의 확률 분포 $p(x)$를 알고 있지만 p에서 샘플을 생성하기 어려울 때, 비교적 샘플을 구하기 쉬운 확률 분포 $q(x)$에서 샘플을 생성하여 확률 분포 $p(x)$에서 $f(x)$의 기댓값을 생성하는 것을 말한다.

$$
\begin{aligned}
E_{X \sim P}[f(X)] &= \sum P(X) f(X) \\
&= \sum Q(X) \left[\frac{P(X)}{Q(X)} f(X) \right] \\
&= E_{X \sim Q} \left[\frac{P(X)}{Q(X)} f(X) \right]
\end{aligned}
$$

$P(X)$	어떤 환경에서 변수 x의 확률 분포 P
$Q(X)$	다른 환경에서 변수 x의 확률 분포 Q
$f(X)$	x의 함수, 어떤 함수도 가능($\sin, \cos, 2x+3$ 등)
$E_{X \sim P}[f(X)]$	P 확률 분포를 따르는 변수 X를 함수 f에 적용했을 때의 기댓값
$\sum P(X) f(X)$	변수 X의 함수 $f(X)$에 대한 확률 분포 P의 기댓값

그림 8-1 중요도 샘플링(Importance Sampling)

중요도 샘플링에서 P와 Q는 각각 다른 환경의 확률 분포다. 정책 또한 확률 분포(소프트 맥스 함수를 살펴보면 쉽게 이해할 수 있다)이기 때문에 P와 Q를 에이전트가 사용하는 각각 다른 정책이라 생각하면 이해하기 쉽다. 확률 분포 P를 가지고 있는 환경에서 수집한 샘플 X를 가지고 확률 분포 Q인 환경에서 기댓값을 구하기 위해서는 각각의 확률 분포 비율을 곱해주면 된다.

$$
\begin{aligned}
E_{X \sim \pi_{\theta\text{old}}}[f(X)] &= \sum \pi_{\theta\text{old}}\, f(X) \\
&= \sum \pi_\theta \left[\frac{\pi_{\theta\text{old}}}{\pi_\theta} f(X)\right] \\
&= E_{X \sim \pi_\theta}\left[\frac{\pi_{\theta\text{old}}}{\pi_\theta} f(X)\right]
\end{aligned}
$$

그림 8-2 중요도 샘플링의 활용

강화학습에서는 $\pi_{\theta\text{old}}$ 정책을 가지고 수집한 데이터 X를 이용하여 π_θ 정책을 가진 환경에서 기댓값을 구하기 위해서는 π_θ 정책의 기댓값을 구하는 공식에다가 각각의 정책 비율을 곱하면 된다.

이제 PPO에서 중요도 샘플링 개념이 왜 필요한지에 대해 알아보자. A2C에서는 학습을 할 때 경험을 쌓은 정책과 업데이트하는 정책을 모두 동일한 정책으로 사용한다. 일반적으로 생각할 때 하나의 정책을 사용해서 경험을 쌓고 그 경험을 바탕으로 정책을 업그레이드하는 것이 정상이다. 하지만 이와 같은 경우의 문제점은 정책 업그레이드에 사용한 경험은 버려야 한다는 것이다. 정책이 한번 업그레이드되면 새로운 정책이 되기 때문에 과거 정책을 사용해서 얻은 경험은 새로운 정책과 관련성이 적어지기 때문이다. 온 폴리시(On Policy)의 경우 이러한 이유 때문에 학습 효율성이 떨어질 수밖에 없다.

좀 더 효율적인 학습 방법은 경험을 재활용하고 하나의 정책으로 많은 경험을 쌓아 인공 신경망을 업데이트하는 것이다. 이런 경우에는 경험을 쌓는 정책과 학습하는 정책이 달라

지므로 일반적인 경우라면 정상적인 학습이 불가능하다. 여러 개의 경험을 가지고 인공신경망을 반복적(mini batch)으로 업데이트하면 매번 정책이 수정되므로, 경험을 쌓았을 때 사용했던 정책과는 전혀 다른 정책이 된다.

이때 필요한 것이 중요도 샘플링이다. 중요도 샘플링을 통해 경험을 쌓을 때 사용했던 정책과 업그레이드된 정책을 연계해서 경험을 재활용할 수 있다. 중요도 샘플링 또한 수학적으로 증명된 이론이기 때문에 내용을 깊게 알려고 하기보다는 활용하는 데 중점을 두도록 하자.

8.2 오프 폴리시 정책 그래디언트

Policy Gradient

$$\nabla_\theta J(\theta) = E_{\pi_\theta}[\nabla_\theta \log \pi_\theta(a \mid s) R_s^a] \quad ①$$

$$\approx E_{\pi_\theta}[\nabla_\theta \log \pi_\theta(a \mid s) A_s^a] \quad ②$$

미분의 연쇄 법칙 (Chain rule)

$$= E_{\pi_\theta}[\frac{\nabla_\theta \pi_\theta(a \mid s)}{\pi_\theta(a \mid s)} A_s^a] \quad ③$$

$$y = \log f(x)$$
$$y' = \frac{f'(x)}{f(x)}$$

$$= E_{\pi_{\theta old}}[\frac{\pi_\theta(a \mid s)}{\pi_{\theta old}(a \mid s)} \frac{\nabla_\theta \pi_\theta(a \mid s)}{\pi_\theta(a \mid s)} A_s^a] \quad ④$$

$$= E_{\pi_{\theta old}}[\frac{\nabla_\theta \pi_\theta(a \mid s)}{\pi_{\theta old}(a \mid s)} A_s^a] \quad ⑤$$

$$= E_{\pi_{\theta old}}[\nabla_\theta(\frac{\pi_\theta(a \mid s)}{\pi_{\theta old}(a \mid s)} A_s^a)] \quad ⑥$$

Cost Function

$$= -\frac{\pi_\theta(a \mid s)}{\pi_{\theta old}(a \mid s)} A_s^a \quad ⑦$$

그림 8-3 오프 폴리시로 변경

식 ①은 지금까지 살펴봤던 정책 그래디언트(Policy Gradient)와 같다. 이 식을 어떻게 오프 폴리시(Off Policy) 학습 방법으로 바꾸는지 하나씩 살펴보자. 식 ②는 데이터의 분산을 제어하기 위해 어드밴티지(Advantage)를 사용한 것이다. 식 ③은 미분의 연쇄 법칙을 사용해 계산하기 좀 더 쉬운 형태로 변경한 것이다. 연쇄 법칙 또한 수학에서 증명된 이론이기 때문에 별도의 설명 없이 그대로 사용하기로 한다.

식 ④에서 본격적으로 중요도 샘플링을 도입했다. 업그레이드가 필요한 정책은 π_θ이고 경험을 쌓는 정책이 $\pi_{\theta old}$일 때 연관성이 없는 두 확률 분포를 결합하기 위해 앞에서 배운 중요도 샘플링을 활용했다. 중요도 샘플링에서 들어온 분자 π_θ와 정책 그래디언트에 남아 있던 분모 π_θ가 서로 약분되어 분자와 분모에 각각 하나의 정책만 남게 된다. 이제 식 ⑤를 도출할 수 있다. 식 ⑥에서는 그래디언트 기호를 앞으로 빼서 각각의 정책에 대한 비율과 어드밴티지만 괄호안으로 묶은 것이다.

마지막으로 경사하강법을 통해 정책 신경망을 업그레이드할 수 있는 비용 함수를 식 ⑦과 같이 얻을 수 있다.

8.3 클리핑 기법

이제 PPO 알고리즘의 핵심 개념인 클리핑(Clipping)에 대해 알아보도록 하자. 클리핑이라는 용어만 보면 매우 어렵게 느껴질 수 있지만, 알고 보면 별거 아닌 개념이다. 클리핑은 복잡한 수학 이론이라기보다는 간단한 아이디어 정도 수준이다.

이미지 출처: http://www.iautocar.co.kr

그림 8-4 빠른 학습 속도의 문제점

자동차가 커브길을 돌아가는 경우를 생각해 보자. 자동차가 ①과 같이 빠른 속도로 이동한다면 핸들을 꺾어서 방향을 바꿔도 속도 때문에 난간 아래로 떨어질 수밖에 없다. 하지만 ②와 같이 속도를 조금 늦춘다면 큰 위험 없이 커브를 빠져나갈 수 있다. 강화학습에서도 ①과 같이 빠른 속도로 학습하면 학습 효율이 떨어지고 에피소드가 목적지에 도착하기 전에 끝날 수도 있다. 따라서 ②와 같이 변수의 변화 속도를 제어하면서 학습 효율을 높일 수 있다.

PPO에서는 학습 속도를 제어하기 위해 클리핑(Clipping) 기법을 사용한다.

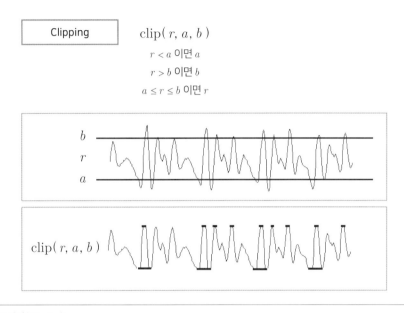

그림 8-5 클리핑(Clipping)

클리핑은 데이터의 하한(Lower)과 상한(Upper)을 정해 놓고 입력되는 데이터를 일정 범위 안으로 들어오도록 만드는 기법이다. 수식 clip(r, a, b)에서 r이 입력값이고 a는 하한, b는 상한이다. 즉, 입력 데이터 r이 a보다 작으면 대신에 a를 출력하고 b보다 크면 역시 b를 대신 출력한다.

일정한 형태의 파형을 가진 데이터가 입력된다고 가정할 때 상한(b)과 하한(a)을 넘는 데이터는 각각 상한과 하한의 데이터로 대체되고, 상한과 하한 범위 내에 있는 데이터만을 그대로 출력하게 된다.

$$r(\theta) = \frac{\pi_\theta(a \mid s)}{\pi_{\theta\text{old}}(a \mid s)} \quad \text{①}$$

Cost Function $\quad \min\left(\underbrace{r_t(\theta)A_t}_{\text{②-1}}, \quad \underbrace{\text{clip}(r_t(\theta), 1-\varepsilon, 1+\varepsilon)A_t}_{\text{②-2}} \right) \quad \text{②}$

Original Loss   Clipped Loss

그림 8-6 클리핑을 활용한 비용 함수

먼저 ① 데이터를 수집하는 정책과 갱신하는 정책의 비율을 변수 $r(\theta)$로 치환한다. 이제 앞에서 사용했던 비용 함수는 ②-1로 변경할 수 있다. 새로운 비용 함수에서는 ②-1과 ②-2 중 더 작은 것을 선택해서 신경망의 업그레이드에 사용한다. 식 ②-2는 클리핑 함수이며 ε을 통해 클리핑의 상한과 하한을 지정할 수 있다. 강화학습 과정에서 어떤 ε값을 선택하느냐는 효율적인 학습을 위해 아주 중요한 문제다.

8.4   GAE

GAE(Generalized Advantage Estimation)는 7장에서 알아본 어드밴티지(Advantage)에서 발전된 개념이다. A2C에서는 하나의 타임스텝 동안 에이전트를 실행하고 경험을 수집해서 인공신경망을 학습했지만, PPO에서는 여러 타임스텝 동안 에이전트를 실행하고 얻은 경험들을 배치로 학습한다. 이때도 어드밴티지를 사용하는데, 각 타임스텝에서 수집한 데이터는 감가율로 할인된 어드밴티지를 사용해야 한다.

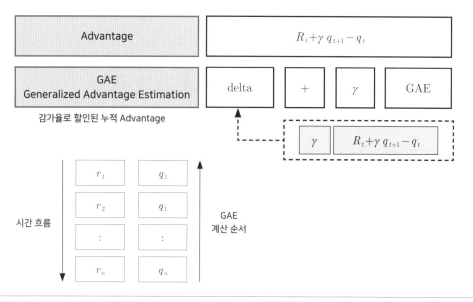

그림 8-7 GAE 개념

GAE를 한마디로 정의하면 감가율로 할인된 누적 어드밴티지다. 에이전트가 경험을 쌓을 때 얻는 보상(r)과 Q 함수(q)를 모두 시간순으로 기록해 두었다가 어드밴티지를 계산할 때 사용한다. 처음($t=1$) 에이전트를 실행할 때 얻는 보상과 에피소드가 끝나기 직전($t=n$)에 실행하여 얻는 보상은 그 가치가 다르기 때문에 감가율(γ)을 곱해 준다. 에피소드가 5번의 타임스텝 동안 실행되었다면 마지막에 얻는 보상은 감가율이 모두 4번 곱해질 것이다.

어드밴티지도 보상과 Q 함수를 사용해서 계산하기 때문에 각각의 타임스텝에서 얻는 보상과 Q 함수에 할인율을 곱해서 계산해야 한다. 마지막에 얻은 보상과 Q 함수에 할인율이 가장 많이 반복되어 곱해져야 하기 때문에 GAE 계산 과정에서는 가장 먼저 계산된다.

8.5 PPO 알고리즘 기본 구조

PPO 알고리즘의 기본 구조는 A2C 알고리즘과 매우 유사하다. 차이점은 정책 신경망 비용 함수 구성이 좀 다르고, GAE를 사용해 배치로 인공신경망을 학습할 수 있도록 했다는 점이다.

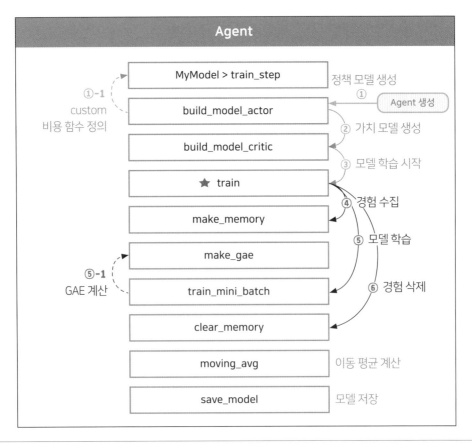

그림 8-8 cartpole_PPO : Agent 클래스 기능 구성

PPO 알고리즘의 Agent 클래스는 모두 10개의 함수로 구성된다. 대부분이 A2C 알고리즘과 기능과 역할이 비슷하지만 경험을 수집하고 모델을 학습하는 부분만 조금 다르다.

④ PPO 알고리즘은 하나의 에피소드 동안 계속 경험을 수집하는 REINFORCE 알고리즘과 달리 정해진 타임스텝 동안 경험을 수집한다. 경험을 수집하는 타임스텝의 개수는 학습자가 임의로 결정하며, 이 수치는 알고리즘 성능에 영향을 미치기 때문에 적절한 수치를 찾는 것이 중요하다.

⑤ 경험이 수집되면 이제 모델 학습을 시작한다. 모델 학습을 시작하기 전에 먼저 해야 하는 것이 GAE를 계산하는 것이다. ⑤-1 make_gae 함수를 사용해서 어드밴티지(Advantage)와 타깃(Target)을 계산해서 활용한다.

⑥ 학습이 종료되면 저장되었던 경험을 삭제하고 새로운 경험을 수집할 준비를 한다.

이제 알고리즘의 기본 구조를 알아봤으니 본격적으로 코드를 살펴보면서 PPO 알고리즘을 이해해 보도록 하자.

>>> 8 정 책 기 반 P P O 알 고 리 즘

8.6 PPO 알고리즘 전체 코드 리뷰

MyModel 내부에 사용된 K.clip 함수와 Agent 클래스 내부 함수인 make_gae를 중심으로 코드를 살펴보길 바란다.

```
cartpole_PPO.py
```

```
# -*- coding: utf-8 -*-
```

```python
import tensorflow as tf
import tensorflow.keras.backend as K
from tensorflow.keras.layers import Input, Dense, Flatten
from tensorflow.keras.optimizers import Adam
import gym
import numpy as np
import random as rand
LOSS_CLIPPING = 0.1
class Agent(object):
    def __init__(self):

        self.env = gym.make('CartPole-v1')
        self.state_size = self.env.observation_space.shape[0]
        self.action_size = self.env.action_space.n
        self.value_size = 1

        self.node_num = 24
        self.learning_rate_actor = 0.0005
        self.learning_rate_critic = 0.0005
        self.epochs_cnt = 5
        self.model_actor = self.build_model_actor()
        self.model_critic = self.build_model_critic()

        self.discount_rate = 0.98
        self.smooth_rate = 0.95
        self.penalty = -400

        self.episode_num = 500
        self.mini_batch_step_size = 32

        self.moving_avg_size = 20
        self.reward_list= []
        self.count_list = []
        self.moving_avg_list = []

        self.states, self.states_next, self.action_matrixs = [],[],[]
        self.dones, self.action_probs, self.rewards = [],[],[]
        self.DUMMY_ACTION_MATRIX = np.zeros((1,1,self.action_size))
        self.DUMMY_ADVANTAGE = np.zeros((1,1,self.value_size))

    class MyModel(tf.keras.Model):
        def train_step(self, data):
            in_datas, out_action_probs = data
```

```python
        states, action_matrixs, advantages = in_datas[0], in_datas[1], in_datas[2]
        with tf.GradientTape() as tape:
            y_pred = self(states, training=True)
            new_policy = K.max(action_matrixs*y_pred, axis=-1)
            old_policy = K.max(action_matrixs*out_action_probs, axis=-1)
            r = new_policy/(old_policy)
            clipped = K.clip(r, 1-LOSS_CLIPPING, 1+LOSS_CLIPPING)
            loss = -K.minimum(r*advantages, clipped*advantages)

        trainable_vars = self.trainable_variables
        gradients = tape.gradient(loss, trainable_vars)
        self.optimizer.apply_gradients(zip(gradients, trainable_vars))

def build_model_actor(self):
    input_states = Input(shape=(1,self.state_size), name='input_states')
    input_action_matrixs = Input(shape=(1,self.action_size), name='input_action_matrixs')
    input_advantages = Input(shape=(1,self.value_size), name='input_advantages')
    x = (input_states)
    x = Dense(self.node_num, activation='relu')(x)
    out_actions = Dense(self.action_size, activation='softmax', name='output')(x)

    model = self.MyModel(inputs=[input_states, input_action_matrixs,
                                 input_advantages], outputs=out_actions)
    model.compile(optimizer=Adam(lr=self.learning_rate_actor))

    model.summary()
    return model

def build_model_critic(self):
    input_states = Input(shape=(1,self.state_size), name='input_states')
    x = (input_states)
    x = Dense(self.node_num, activation='relu')(x)
    out_values = Dense(self.value_size, activation='linear', name='output')(x)

    model = tf.keras.models.Model(inputs=[input_states], outputs=[out_values])
    model.compile(optimizer=Adam(lr=self.learning_rate_critic),
                  loss='mean_squared_error'
                 )
    model.summary()
    return model

def train(self):
    for episode in range(self.episode_num):
```

```python
        state = self.env.reset()
        self.env.max_episode_steps = 500
        count, reward_tot = self.make_memory(episode, state)
        self.train_mini_batch()
        self.clear_memory()

        if count < 500:
            reward_tot = reward_tot-self.penalty

        self.reward_list.append(reward_tot)
        self.count_list.append(count)
        self.moving_avg_list.append(self.moving_avg(self.count_list,self.moving_avg_size))

        if(episode % 10 == 0):
            print("episode:{}, moving_avg:{}, rewards_avg:{}"
                .format(episode, self.moving_avg_list[-1], np.mean(self.reward_list)))
    self.save_model()

def make_memory(self, episode, state):
    reward_tot = 0
    count = 0
    reward = np.zeros(self.value_size)
    advantage = np.zeros(self.value_size)
    target = np.zeros(self.value_size)
    action_matrix = np.zeros(self.action_size)
    done = False

    while not done:
        count+=1
        state_t = np.reshape(state,[1, 1, self.state_size])
        action_matrix_t = np.reshape(action_matrix,[1, 1, self.action_size])

        action_prob = self.model_actor.predict([state_t, self.DUMMY_ACTION_MATRIX,
                                    self.DUMMY_ADVANTAGE])
        action = np.random.choice(self.action_size, 1, p=action_prob[0][0])[0]
        action_matrix = np.zeros(self.action_size)  # 초기화
        action_matrix[action] = 1
        state_next, reward, done, none = self.env.step(action)

        state_next_t = np.reshape(state_next,[1, 1, self.state_size])

        if count < 500 and done:
            reward = self.penalty
```

```python
        self.states.append(np.reshape(state_t, [1,self.state_size]))
        self.states_next.append(np.reshape(state_next_t, [1,self.state_size]))
        self.action_matrixs.append(np.reshape(action_matrix, [1,self.action_size]))
        self.dones.append(np.reshape(0 if done else 1, [1,self.value_size]))
        self.action_probs.append(np.reshape(action_prob, [1,self.action_size]))
        self.rewards.append(np.reshape(reward, [1,self.value_size]))

        if(count % self.mini_batch_step_size == 0):
            self.train_mini_batch()
            self.clear_memory()
        reward_tot += reward
        state = state_next

    return count, reward_tot

def make_gae(self, values, values_next, rewards, dones):
    delta_adv, delta_tar, adv, target = 0, 0, 0, 0
    advantages = np.zeros(np.array(values).shape)
    targets = np.zeros(np.array(values).shape)
    for t in reversed(range(0, len(rewards))):
        delta_adv = rewards[t] + self.discount_rate * values_next[t] * dones[t]
                    - values[t]
        delta_tar = rewards[t] + self.discount_rate * values_next[t] * dones[t]
        adv = delta_adv + self.smooth_rate*self.discount_rate * dones[t] * adv
        target = delta_tar + self.smooth_rate*self.discount_rate * dones[t] * target
        advantages[t] = adv
        targets[t] = target
    return advantages, targets

def train_mini_batch(self):

    if len(self.states) == 0:
        return

    states_t = np.array(self.states)
    states_next_t = np.array(self.states_next)
    action_matrixs_t = np.array(self.action_matrixs)
    action_probs_t = np.array(self.action_probs)
    rewards_t = np.array(self.rewards)
    values = self.model_critic.predict(states_t)
    values_next = self.model_critic.predict(states_next_t)
```

```
            advantages, targets = self.make_gae(values, values_next, self.rewards, self.dones)
            advantages_t = np.array(advantages)
            targets_t = np.array(targets)

            self.model_actor.fit([states_t, action_matrixs_t, advantages_t],
                                 [action_probs_t], epochs=self.epochs_cnt, verbose=0)
            self.model_critic.fit(states_t, targets_t, epochs=self.epochs_cnt, verbose=0)

    def clear_memory(self):
        self.states, self.states_next, self.action_matrixs = [],[],[]
        self.dones, self.action_probs, self.rewards = [],[],[]

    def moving_avg(self, data, size=10):
        if len(data) > size:
            c = np.array(data[len(data)-size:len(data)])
        else:
            c = np.array(data)
        return np.mean(c)

    def save_model(self):
        self.model_actor.save("./model/ppo")
        print("*****end learning")

if __name__ == "__main__":
    agent = Agent()
    agent.train()
```

A2C 알고리즘과 PPO 알고리즘 코드를 비교해 보면 그렇게 많이 개선된 것 같지는 않다. 하지만 직접 실행해서 결과를 살펴보면 성능이 매우 향상된 것을 눈으로 확인할 수 있다. 현재 PPO 알고리즘은 다양한 영역에서 활용되고 있는 대표적인 알고리즘이다. 지금까지 공부한 다양한 알고리즘은 PPO 알고리즘을 이해하기 위한 과정이라 해도 과언이 아니다.

8.7 PPO 알고리즘 세부 구조 살펴보기

```
self.env = gym.make('CartPole-v1')
self.state_size = self.env.observation_space.shape[0]
self.action_size = self.env.action_space.n
self.value_size = 1

self.node_num = 24
self.learning_rate_actor = 0.0005
self.learning_rate_critic = 0.0005
self.epochs_cnt = 5
self.model_actor = self.build_model_actor()
self.model_critic = self.build_model_critic()

self.discount_rate = 0.98
self.smooth_rate = 0.95
self.penalty = -400

self.episode_num = 500
self.mini_batch_step_size = 32

self.moving_avg_size = 20
self.reward_list= []
self.count_list = []
self.moving_avg_list = []

self.states, self.states_next, self.action_matrixs = [],[],[]
self.dones, self.action_probs, self.rewards = [],[],[]
self.DUMMY_ACTION_MATRIX = np.zeros((1,1,self.action_size))
self.DUMMY_ADVANTAGE = np.zeros((1,1,self.value_size))
```

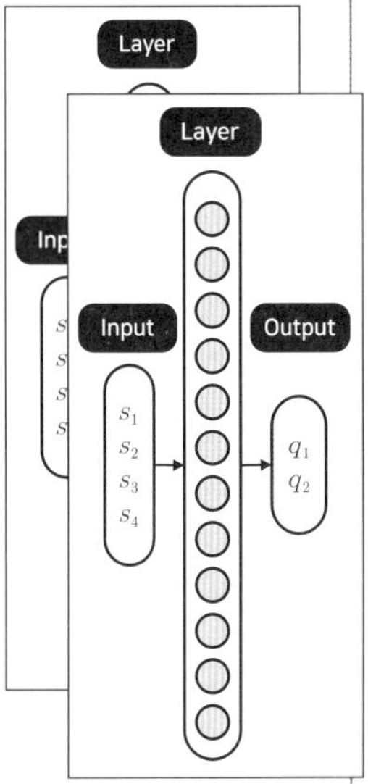

프로그램 동작 설정

(1) 모델 설정

(2) 학습 설정

반복 설정

학습 모니터링 설정

데이터 수집 환경

그림 8-9 cartpole_PPO : Agent 클래스 속성

PPO 알고리즘에서 **Agent** 클래스 속성은 대부분 A2C 알고리즘과 유사하다.

(1) PPO 알고리즘에서는 신경망의 학습 속도를 결정하는 속성인 `learning_rate`를 정책 신경망과 가치 신경망을 따로 분리하여 `learning_rate_actor`와 `learning_rate_critic`으

로 사용한다. 각 신경망의 역할과 저장되는 데이터가 다르기 때문에 학습 속도 또한 그 특성에 맞게 설정해 주어야 한다. 여기 예제에서는 0.0005로 동일한 값을 사용했지만 모델 튜닝 과정에서는 적합한 수치를 찾아내야 한다.

(2) PPO 알고리즘에서는 학습 설정 영역에 smooth_rate라는 속성을 추가로 사용한다. smooth_rate는 1보다 작은 값을 사용해서 미래에 받을 보상을 할인하여 계산할 때 발생할 수 있는 분산을 줄여주는 역할을 한다.

```
LOSS_CLIPPING = 0.1   (1) loss clipping 파라미터 설정
class MyModel(tf.keras.Model):   MyModel 클래스 정의(Model 함수 상속)
    def train_step(self, data):   train_step 함수 재정의
        in_datas, out_action_probs = data        ← 입력 변수 설정
        states, action_matrixs, advantages = in_datas[0], in_datas[1], in_datas[2]

        with tf.GradientTape() as tape:          ← GradientTape 설정
            y_pred = self(states, training=True)          ← 행동 예측
            new_policy = K.max(action_matrixs*y_pred, axis=-1)          ← (2) 신규 정책 확률 계산
            old_policy = K.max(action_matrixs*out_action_probs, axis=-1)          ← 과거 정책 확률 계산
            r = new_policy/(old_policy)          ← (3) 정책 확률 비율 계산
            clipped = K.clip(r, 1-LOSS_CLIPPING, 1+LOSS_CLIPPING)          ← (4) 정책 확률 클리핑
            loss = -K.minimum(r*advantages, clipped*advantages)          ← (5) 비용 함수 계산

        trainable_vars = self.trainable_variables          ← 모델 가중치
        gradients = tape.gradient(loss, trainable_vars)          ← gradient 호출
        self.optimizer.apply_gradients(zip(gradients, trainable_vars))          ← 변수에 gradient 적용
```

그림 8-10 cartpole_PPO : MyModel 클래스

사용자 정의 클래스인 MyModel은 케라스(Keras)에서 제공하는 Model 클래스를 상속해 만든다. 따라서 Model 내부에서 동작하는 모든 변수는 텐서 형태로 동작한다. 그러므로 일반적인 변수를 클래스 내부에서 적용하기란 쉽지 않다.

(1) 클리핑의 범위를 지정하는 LOSS_CLIPPING 변수는 Agent 클래스 외부에 전역 변수로 정의해서 프로그램 어디에서도 가져다 사용할 수 있도록 한다.

(2) 다음으로 신규 정책 확률을 계산해야 한다. 선택한 행동은 입력 변수 action_matrixs 에 들어온다. 첫 번째 행동을 선택했다면 [1, 0]이 들어오고 두 번째 행동을 선택했다면 [0, 1]이 들어온다. 모델을 통해 예측한 각 행동에 대한 확률(예: [0.7, 0.3])에 선택한 행동을 곱하면 선택한 행동에 대한 확률만 남게 된다. 첫 번째 행동을 선택하고([1, 0]) 각 행동에 대한 확률이 [0.7, 0.3]이라면 두 배열을 곱하면 [0.7, 0]이 되고 여기에 max를 취하면 0.7이 된다.

(3) 과거 정책 확률을 계산하고 나서 중요도 샘플링(Importance Sampling)을 하기 위해 두 확률에 대한 비율을 구한다.

(4) 이제 클리핑 로스(CLIPPING_LOSS) 변수를 활용해서 클리핑 함수의 값을 구한다.

(5) 마지막으로 정책 비율과 어드밴티지의 곱 그리고 클리핑한 결과와 어드밴티지의 곱 중에서 작은 값을 구해 비용 함수로 사용한다.

```
def train(self):
    for episode in range(self.episode_num):
        state = self.env.reset()
        self.env.max_episode_steps = 500          (1) 최대 실행횟수 설정
        count, reward_tot = self.make_memory(episode, state)   (2) 경험 수집
        self.train_mini_batch()                    (3) 모델 학습
경험 삭제    self.clear_memory()

        if count < 500:
            reward_tot = reward_tot-self.penalty

결과 저장    self.reward_list.append(reward_tot)
        self.count_list.append(count)
이동 평균    self.moving_avg_list.append(self.moving_avg(self.count_list,self.moving_avg_size))

        if(episode % 10 == 0):
실행 로그        print("episode:{}, moving_avg:{}, rewards_avg:{}".
                    format(episode, self.moving_avg_list[-1], np.mean(self.reward_list)))
        self.save_model()     모델 저장
```

그림 8-11 cartpole_PPO : train 함수

cartpole_PPO 알고리즘의 build_model_actor와 build_model_critic 함수는 A2C 알고리즘과 형태와 기능이 동일하다. train 함수는 경험을 수집하고 모델을 학습하는 역할을 수행한다.

(1) 먼저 카트폴 프로그램의 최대 실행 횟수를 지정한다. max_episode_steps 속성에 특정 값을 지정하면 카트폴이 그 값만큼 실행되면 막대가 바닥에 쓰러지지 않아도 게임이 강제로 종료되고 프로그램은 게임 종료 여부에 True를 반환한다.

(2) make_memory 함수는 게임이 종료될 때까지 경험을 수집해서 클래스 변수 states, states_next, action_matrixs, dones, action_probs, rewards에 저장한다. 또한 클래스 변수 mini_batch_step_size에 지정된 크기만큼 경험을 수집하면 train_mini_batch 함수를 호출해서 모델을 학습하고, 학습이 완료되면 수집된 경험을 모두 삭제한다.

(3) make_memory 함수가 종료되면 train_mini_batch 함수를 마지막으로 한번 더 호출한다. make_memory 함수 내부에서 mini_batch_step_size 단위로 나누어서 모델을 학습하고, 나머지 데이터를 마지막으로 학습시키는 역할을 한다.

```
def make_memory(self, episode, state):
    reward_tot = 0
    count = 0
    reward = np.zeros(self.value_size)
    advantage = np.zeros(self.value_size)
    target = np.zeros(self.value_size)
    action_matrix = np.zeros(self.action_size)
    done = False

    while not done:
        count+=1
        state_t = np.reshape(state,[1, 1, self.state_size])
        action_matrix_t = np.reshape(action_matrix,[1, 1, self.action_size])

        action_prob = self.model_actor.predict([state_t, self.DUMMY_ACTION_MATRIX,
                                                self.DUMMY_ADVANTAGE])
        action = np.random.choice(self.action_size, 1, p=action_prob[0][0])[0]
        action_matrix = np.zeros(self.action_size) # 초기화
        action_matrix[action] = 1
        state_next, reward, done, none = self.env.step(action)

        state_next_t = np.reshape(state_next,[1, 1, self.state_size])

        if count < 500 and done:
            reward = self.penalty

        self.states.append(np.reshape(state_t, [1,self.state_size]))
        self.states_next.append(np.reshape(state_next_t, [1,self.state_size]))
        self.action_matrixs.append(np.reshape(action_matrix, [1,self.action_size]))
        self.dones.append(np.reshape(0 if done else 1, [1,self.value_size]))
        self.action_probs.append(np.reshape(action_prob, [1,self.action_size]))
        self.rewards.append(np.reshape(reward, [1,self.value_size]))

        if(count % self.mini_batch_step_size == 0):
            self.train_mini_batch()
            self.clear_memory()
        reward_tot += reward
        state = state_next

    return count, reward_tot
```

행동 예측
행동 선택
매트릭스 생성
경험 저장
(1) 종료 변수 설정
(2) 모델 학습

그림 8-12 cartpole_PPO : make_memory 함수

PPO 알고리즘의 make_memory 함수는 경험을 쌓고 주기적으로 모델을 학습하는 역할을
수행한다. 행동 예측, 행동 선택, 매트릭스 생성, 경험 저장 등 대부분의 기능은 REIN-

FORCE 알고리즘과 유사하다. 여기서는 PPO 알고리즘에서만 가지고 있는 몇 가지 기능에 대해서 알아보도록 하자.

(1) 먼저 종료 여부를 가지고 있는 변수 dones에 0 또는 1 값을 설정한다. 원래 done 변수에는 True/Falue 값이 저장되는데 make_gae 함수 내부에서 done 변수를 사용하기 위해서는 0/1로 값을 가공해서 전달해야 한다. 게임이 종료된 경우 0을 설정하고 게임이 종료되지 않은 경우 1을 설정한다.

(2) Agent 클래스 변수 mini_batch_step_size에 설정된 주기에 따라 모델을 학습하는 train_mini_batch 함수를 호출하고 데이터를 삭제한다.

```
def make_gae(self, values, values_next, rewards, dones):
    delta_adv, delta_tar, adv, target = 0, 0, 0, 0
    advantages = np.zeros(np.array(values).shape)
    targets = np.zeros(np.array(values).shape)

    for t in reversed(range(0, len(rewards))):    (1) 마지막 인덱스부터 반복
(2) 스텝별 어드밴티지 계산    delta_adv = rewards[t] + self.discount_rate * values_next[t] * dones[t] - values[t]
(3) 스텝별 타깃 계산          delta_tar = rewards[t] + self.discount_rate * values_next[t] * dones[t]
(4) 할인된 어드밴티지 계산    adv = delta_adv + self.smooth_rate*self.discount_rate * dones[t] * adv
(5) 할인된 타깃 계산          target = delta_tar + self.smooth_rate*self.discount_rate * dones[t] * target
    advantages[t] = adv
    targets[t] = target

    return advantages, targets
```

그림 8-13 cartpole_PPO : make_gae 함수

make_gae 함수는 할인된 어드밴티지와 타깃을 계산하는 함수다. REINFORCE 알고리즘에서 할인된 반환값을 계산할 때 사용한 방법과 유사한 방법을 사용한다.

(1) 가장 먼저 경험을 쌓을 때 배열 형태로 저장한 보상을 인덱스를 거꾸로 해서 하나씩 가져온다. 거꾸로 하면 가장 마지막 인덱스부터 값을 가져오는데 이 값은 가장 마지막 타임

스텝에서 얻은 보상이다. 첫 스텝부터 실행하는 에이전트의 입장에서는 가장 마지막에 얻은 보상이므로 할인이 가장 많이 되어야 한다. 계산식을 보면 반복적으로 할인율을 곱해서 계산하므로 처음에 계산되는 값에 가장 많은 할인율이 곱해지게 된다.

(2) 먼저 각각의 타임스텝에서 얻을 수 있는 어드밴티지를 계산하는데, 현재 타임스텝에서 받은 보상값에 다음 타임스텝에서 예측된 가치에 할인율을 곱해 현재 타임스텝에서 예측된 가치를 빼주면 된다.

(3) 다음으로 타깃을 계산하는데, 현재 타임스텝에서 받은 보상값에 다음 타임스텝에서 예측된 가치에 할인율을 곱해 더해주면 된다.

(4) 할인된 어드밴티지를 계산할 때 이전 타임스텝에서 얻은 어드밴티지에 할인율(discount_rate)을 곱하고 분산을 줄이기 위한 새로운 할인율(smooth_rate)을 곱해 준다. 만일 게임이 종료된 경우라면 dones 변수에 0이 설정되어 들어오게 된다. 이때는 게임이 종료되므로 다음 스텝이 없기 때문에 보상에서 예측된 가치만 빼주면 된다.

(5) 할인된 타깃을 계산할 때도 할인된 어드밴티지를 계산할 때와 동일한 방법을 사용한다.

```
def train_mini_batch(self):

    if len(self.states) == 0:
        return

    states_t = np.array(self.states)
    states_next_t = np.array(self.states_next)
    action_matrixs_t = np.array(self.action_matrixs)
    action_probs_t = np.array(self.action_probs)
    rewards_t = np.array(self.rewards)

    values = self.model_critic.predict(states_t)
    values_next = self.model_critic.predict(states_next_t)

    advantages, targets = self.make_gae(values, values_next, self.rewards, self.dones)
    advantages_t = np.array(advantages)
    targets_t = np.array(targets)
    self.model_actor.fit([states_t, action_matrixs_t, advantages_t],
                         [action_probs_t], epochs=self.epochs_cnt, verbose=0)
    self.model_critic.fit(states_t, targets_t, epochs=self.epochs_cnt, verbose=0)
```

넘파이로 변경 · (1) 가치 예측 · (2) GAE 계산 · 모델 학습

그림 8-14 cartpole_PPO : train_mini_batch 함수

train_mini_batch 함수는 make_memory 함수에서 쌓은 경험을 바탕으로 모델을 학습하는 함수다.

(1) GAE를 계산하기 위해서 먼저 가치를 예측하는데, 현재 상태를 사용해서 먼저 가치를 예측하고 이어서 다음 상태를 사용해서 새로운 가치를 예측한다.

(2) make_gae 함수를 사용해서 어드밴티지와 타깃을 계산한다. 다음으로 넘파이 형태로 변경한 다음 모델 예측에 사용한다.

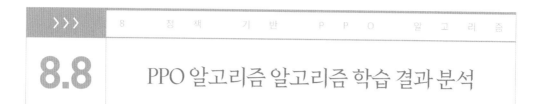

8.8 PPO 알고리즘 알고리즘 학습 결과 분석

PPO 알고리즘 학습이 끝난 다음 결과를 살펴보면, REINFORCE와 A2C보다 성능이 많이 향상된 것을 관찰할 수 있다. 간단한 카트폴 프로그램보다 훨씬 복잡한 환경에서 PPO 알고리즘을 사용한다면 성능 차이를 보다 뚜렷하게 느낄 수 있을 것이다.

cartpole_PPO 실행 결과

```
Model: "my_model_39"

Layer (type)                    Output Shape          Param #     Connected to
=================================================================================
input_states (InputLayer)       [(None, 1, 4)]        0

dense_78 (Dense)                (None, 1, 24)         120         input_states[0][0]

input_action_matrixs (InputLaye [(None, 1, 2)]        0

input_advantages (InputLayer)   [(None, 1, 1)]        0

output (Dense)                  (None, 1, 2)          50          dense_78[0][0]
=================================================================================
Total params: 170
Trainable params: 170
Non-trainable params: 0
_____

Model: "model_39"

Layer (type)                    Output Shape          Param #
=================================================================================
input_states (InputLayer)       [(None, 1, 4)]        0

dense_79 (Dense)                (None, 1, 24)         120
```

```
output (Dense)              (None, 1, 1)              25
=================================================================
Total params: 145
Trainable params: 145
Non-trainable params: 0
```

```
episode:0, moving_avg:24.0, rewards_avg:23.0
episode:10, moving_avg:20.545454545454547, rewards_avg:19.545454545454547
episode:20, moving_avg:20.05, rewards_avg:19.238095238095237
episode:30, moving_avg:22.25, rewards_avg:20.64516129032258
episode:40, moving_avg:23.3, rewards_avg:20.73170731707317
episode:50, moving_avg:21.5, rewards_avg:20.58823529411765
episode:60, moving_avg:25.05, rewards_avg:21.81967213114754
episode:70, moving_avg:24.05, rewards_avg:21.281690140845072
episode:80, moving_avg:27.4, rewards_avg:22.950617283950617
episode:90, moving_avg:32.1, rewards_avg:23.439560439560438
episode:100, moving_avg:28.2, rewards_avg:23.792079207920793
episode:110, moving_avg:33.45, rewards_avg:25.063063063063062
episode:120, moving_avg:38.45, rewards_avg:26.049586776859503
episode:130, moving_avg:36.5, rewards_avg:26.65648854961832
episode:140, moving_avg:34.1, rewards_avg:27.04964539007092
episode:150, moving_avg:35.9, rewards_avg:27.748344370860927
episode:160, moving_avg:40.25, rewards_avg:28.565217391304348
episode:170, moving_avg:40.35, rewards_avg:29.105263157894736
episode:180, moving_avg:42.75, rewards_avg:30.022099447513813
episode:190, moving_avg:43.95, rewards_avg:30.554973821989527
episode:200, moving_avg:43.95, rewards_avg:31.308457711442784
episode:210, moving_avg:48.45, rewards_avg:32.156398104265406
episode:220, moving_avg:58.55, rewards_avg:33.68325791855204
episode:230, moving_avg:59.05, rewards_avg:34.3982683982684
episode:240, moving_avg:54.0, rewards_avg:35.28630705394191
episode:250, moving_avg:66.9, rewards_avg:36.908366533864545
episode:260, moving_avg:72.4, rewards_avg:38.053639846743295
episode:270, moving_avg:92.5, rewards_avg:40.93726937269373
episode:280, moving_avg:100.45, rewards_avg:42.42348754448398
episode:290, moving_avg:90.05, rewards_avg:44.243986254295535
episode:300, moving_avg:108.65, rewards_avg:46.75747508305648
episode:310, moving_avg:137.4, rewards_avg:50.17041800643087
episode:320, moving_avg:151.15, rewards_avg:53.1993769470405
episode:330, moving_avg:150.4, rewards_avg:56.166163141993955
episode:340, moving_avg:163.4, rewards_avg:59.60703812316716
episode:350, moving_avg:206.5, rewards_avg:64.67806267806267
episode:360, moving_avg:252.4, rewards_avg:70.2354570637119
```

```
episode:370, moving_avg:254.45, rewards_avg:74.85983827493261
episode:380, moving_avg:270.6, rewards_avg:80.70866141732283
episode:390, moving_avg:263.3, rewards_avg:84.45780051150895
episode:400, moving_avg:209.0, rewards_avg:87.06234413965088
episode:410, moving_avg:223.85, rewards_avg:91.19464720194647
episode:420, moving_avg:274.15, rewards_avg:95.91211401425178
episode:430, moving_avg:207.95, rewards_avg:96.57308584686776
episode:440, moving_avg:107.65, rewards_avg:96.39909297052154
episode:450, moving_avg:83.9, rewards_avg:95.96674057649668
episode:460, moving_avg:86.8, rewards_avg:95.93926247288503
episode:470, moving_avg:82.75, rewards_avg:95.36305732484077
episode:480, moving_avg:79.95, rewards_avg:95.23284823284823
episode:490, moving_avg:116.7, rewards_avg:96.19144602851324
INFO:tensorflow:Assets written to: ./model/ppo\assets
*****end learning
```

PPO 모델의 실행 결과를 보면 에피소드를 350번 실행했을 때 이동 평균이 200회 이상으로 나오기 시작했고, 에피소드를 420번 정도 실행했을 때 이동 평균값이 피크를 찍었다가 점점 값이 줄어들었다. 하지만 490회 정도가 되면 이동 평균과 전체 평균값이 다시 증가하기 시작한다. 따라서 학습하는 에피소드를 좀 더 늘리면 보다 나은 성능으로 학습할 수 있다는 것을 알 수 있다.

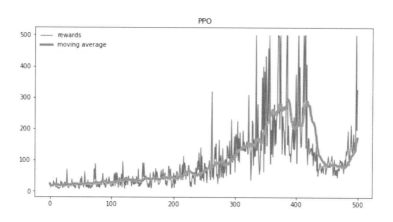

그림 8-15 실행 결과 시각화

그래프를 사용해서 좀 더 세부적인 내용을 살펴보자. 앞선 로그 분석에서 알 수 있듯이 400회 근처에서 학습의 피크를 찍었다. 타임스텝별 실행 횟수를 살펴보면 실행 횟수의 최대치인 500회에 자주 도달한 것을 확인할 수 있다. 하지만 이후로 학습 성능이 점점 감소하다 400회 후반대부터 다시 성능이 향상되기 시작했다. 따라서 파라미터 튜닝을 통해 학습을 지속함에 따라 지속적으로 성능이 향상되는 모델을 만드는 것이 중요하다.

이제 이 책에서 준비한 강화학습 알고리즘에 대한 모든 공부가 끝났다. 이보다 다양한 강화학습 알고리즘이 존재하지만 여기에서 다룬 알고리즘만 이해한다면 다른 내용도 혼자서 개념을 이해할 수 있을 것이다.

강화학습에서 알고리즘에 대한 이해와 더불어 중요한 또 하나의 문제는 바로 알고리즘 튜닝이다. 튜닝은 크게 두 가지 관점에서 접근할 수 있는데, 하나는 인공신경망이고 다른 하나는 강화학습 알고리즘 자체이다.

물론 가장 좋은 것은 인공신경망과 강화학습에서 사용하는 개념을 깊이 있게 이해하고, 근간을 이루는 수학 공식을 유도해 보면서 인사이트를 갖는 것이다. 하지만 이렇게 깊이 있게 이해하기에는 짧게는 몇 년에서 십 년 이상의 시간이 필요할 수도 있다.

이제 앞으로 다루는 부분에서는 튜닝에 대한 문제를 보다 효율적으로 해결할 수 있는 방법에 대해서 알아보도록 하겠다. 공부를 적게 하면서도 어떻게 하면 강화학습 알고리즘의 성능을 끌어올릴 수 있을지 알아보도록 하자.

9

인공신경망 튜닝

인공신경망을 튜닝하기 위해서는 인공신경망이 어떻게 동작하는지 아주 잘 알고 있어야 한다. 앞선 장에서 우리는 일차 함수가 인공신경망으로 발전하는 과정을 하나하나 살펴봤다. 그러한 과정에서 비용 함수, 활성 함수, 경사하강법이 어떤 역할을 하는지 공부했다. 인공신경망 튜닝에 필요한 지식은 아주 특별한 논문이나 이론이 따로 존재하는 것이 아니라 바로 여기에서 출발한다. 예를 들어 초기에 나왔던 활성 함수가 어떤 단점이 있어서 어떤 방식으로 발전했는지 살펴보면 활성 함수를 어떻게 튜닝할지 아이디어를 얻을 수 있다.

이제 인공신경망의 동작 방식과 개념에 대해 좀 더 깊이 있게 알아보고, PPO 알고리즘에서 사용하는 인공신경망을 직접 튜닝해 보자.

9.1 인공신경망 튜닝 개요

[단일 인공신경망]

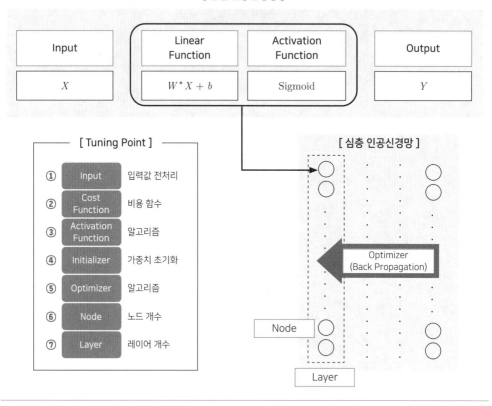

그림 9-1 인공신경망 튜닝 포인트

인공신경망을 구성할 때 다양한 튜닝 포인트가 존재한다. 여기에서는 PPO 알고리즘 튜닝에 필요한 내용을 중심으로 살펴보도록 하겠다.

인공신경망 개념을 설명할 때 많이 사용하는 단일 인공신경망은 입력, 선형 함수, 활성 함수 그리고 출력으로 구성된다. 여기에 가중치를 업데이트하기 위한 최적화 함수 또한 필요하다. 이러한 단일 인공신경망에서 선형 함수와 활성 함수를 하나로 묶어 노드로 구성하고, 이것을 행으로 쌓으면 레이어(Layer)가 된다. 이어서 이러한 레이어를 다시 열 방향으로도 계속 쌓을 수 있다.

① 여기에서 다양한 유형의 튜닝 포인트가 생기는데 가장 먼저 해야 하는 것이 바로 입력 값의 전처리다. 전처리는 다양한 형태의 입력 데이터들이 들어올 때 각각의 데이터 형태가 학습에 악영향을 미치지 않도록 값을 변형하는 것이다.

② 비용 함수는 예측 값과 실제 값을 차이를 나타내는 함수다. 앞선 부분에서는 평균제곱오차(MSE) 값을 주로 사용했지만, 요즘에는 교차 엔트로피(Cross Entropy) 값을 많이 사용한다. 엔트로피는 정보를 표현하는 데 필요한 비트 수이며, 교차 엔트로피는 두 확률 분포 전체를 표현할 때 필요한 정보량이다. 교차 엔트로피로 표현하고자 하는 확률 분포가 비슷한 점이 많다면 적은 정보로 표현이 가능하지만, 많이 다르다면 보다 많은 정보가 필요하다.

③ 활성 함수는 선형 모델의 출력을 비선형 값으로 변형하는 역할을 한다. 예를 들어 시그모이드(sigmoid) 함수의 경우 0과 1 사이로 값을 변형하게 된다. 하지만 시그모이드 함수를 활성 함수로 사용한다면 인공신경망이 커지거나 학습 데이터가 많아질 경우 다양한 문제가 발생할 수 있다. 활성 함수로 사용되는 다양한 알고리즘의 장단점을 알아보면서 PPO 알고리즘의 성능을 개선할 수 있는 활성 함수를 찾아보도록 하자.

④ 다음으로 모델의 가중치를 초기화해야 한다. 선형 모델에서는 W와 b라는 가중치를 사용하는데 처음에 이 값을 랜덤하게 초기화해서 사용한다. 하지만 무작정 랜덤한 값을 사용한다면 적절한 가중치를 찾아가는 데 시간도 오래 걸릴 뿐 아니라 운이 없는 경우에는 아예 모델을 완성할 수 없는 경우도 발생할 수 있다. 어떤 값으로 모델의 가중치를 초기화하느냐의 문제는 인공신경망 모델 튜닝의 중요한 쟁점 중 하나다.

⑤ 최적화 알고리즘은 오차를 최소화하는 방향으로 가중치를 변경하는 역할을 한다. 여기에 사용되는 학습률(Learning Rate) 또한 중요한 튜닝 포인트 중 하나다. 최적화 알고리즘은 편미분을 통해 학습률 만큼 움직이면서 가중치를 조절해 가는데, 앞선 부분에서 설명한 경사하강법(Gradient Decent)은 실행 과정에서 많은 단점이 존재하기 때문에 이를 개선하기 위한 다양한 알고리즘에 대해 알아보도록 하겠다.

⑥ ⑦ 하나의 은닉층(Hidden Layer)에 몇 개의 노드를 사용할지와 몇 개의 은닉층으로 신경망을 구성할지는 항상 중요하고 어려운 문제다. 노드와 은닉층을 어떻게 튜닝하는지 알아보기보다는 많이 논의되고 있는 내용을 소개하면서 인공신경망 튜닝을 마무리하고자 한다.

9.2 입력 데이터 전처리

인공신경망은 선형 모델($y = wx + b$)을 먼저 찾고 활성 함수(sigmoid)를 통해 비선형의 출력을 뽑아내는 특성 때문에 데이터의 크기에 영향을 받는 학습 기법이다. 선형 모델에서는 큰 입력에 대한 출력이 큰 값으로 나오기 때문이다.

입력 데이터로 키와 시력 두 개가 있다고 생각해 보자. 남자의 평균 키는 175이고 평균 시력은 1.0이다. 이러한 두 데이터를 그대로 학습하면 시력 데이터보다는 키 데이터가 좀 더 중요하게 평가되어 모델 학습 결과에 보다 많은 영향을 미치게 된다.

입력 데이터의 전처리는 입력받은 각각의 변수 단위에 차이가 많이 나기 때문에 발생하는 학습의 비효율성을 줄여주는 기법이다. 전처리 기법에는 대표적으로 표준화(Standardization)와 정규화(Normalization)가 있다.

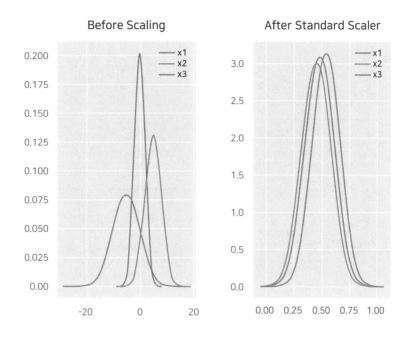

Scaling | Pic credits: Google

그림 9-2 표준화(Standardization)

표준화는 표준 정규 분포를 구해서 데이터를 변환하는 기법이다. 가우시안 분포를 가진 데이터에 일반적으로 표준화 기법을 적용한다. 가우시안 분포란 데이터 분포가 종 모양을 형성하고 있을 때를 말하며, 표준 정규 분포란 데이터가 평균을 중심으로 대칭적인 종 모양을 하고 있을 때를 말한다. 따라서 데이터가 좌측 또는 우측으로 치우쳐 있거나 조금 기울어진 종 모양을 나타내는 데이터를 가공해서 대칭적인 형태의 종 모양으로 바꾸어 놓는 것을 표준화라 한다.

노름 (Norm)	· 벡터의 크기(혹은 길이)를 측정하는 방법(혹은 함수)
	$$\|X\|_p = \left(\sum_{i=1}^{n} |x_i|^p \right)^{1/p}$$ · n : 원소의 개수 · x : 벡터 · L1 Norm : p가 1 · L2 Norm : p가 2 (default)

그림 9-3 벡터의 노름

정규화를 알아보기 전에 먼저 벡터의 노름(Norm)에 대해 알아보자. 벡터의 노름은 이와
같이 복잡한 수식으로 구할 수 있는데, 수식에서 p값에 1을 사용하면 L1 노름, 2를 사용
하면 L2 노름이 된다. 노름을 구하는 대부분의 함수에서 특별한 값을 지정하지 않으면 L2
노름으로 계산된다. 노름은 한마디로 벡터의 크기를 측정하는 것이라 생각하면 이해하기
쉽다.

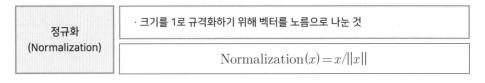

정규화 (Normalization)	· 크기를 1로 규격화하기 위해 벡터를 노름으로 나눈 것
	$$\text{Normalization}(x) = x/\|x\|$$

그림 9-4 정규화(Normalization)

이제 노름에 대해 알아봤으니 정규화의 개념에 대해 알아보자. 정규화는 벡터의 각 원소
를 노름으로 나누어준 것이다. 이렇게 계산하면 원소의 절댓값이 모두 1보다 작은 값으로
변경된다. 여기에서 벡터라는 용어가 갑자기 나와서 당황할 수 있는데, 모델로 입력하는 x
변수들의 집합을 벡터라 생각하면 이해하기 쉽다. 입력 변수가 4개 있으면 $x = \{ x_1, x_2, x_3, x_4 \}$와 같고 각각의 변수가 벡터의 원소가 된다.

수식 자체를 이해하기보다는 테스트 데이터를 정규화하고 결과를 시각화해서 어떤 효과가 있는지를 위주로 살펴보는 것이 좋다.

```python
import numpy as np
import matplotlib.pyplot as plt

def normalize(x):
    norm = np.linalg.norm(x)        ① 벡터의 노름 구하기
    if norm == 0:
        return x
    return x / norm                 ② 벡터의 정규화

x = np.random.normal(3, 2.5, size=(2, 100))  ③ 가우시안 분포 데이터 생성

x_norm = normalize(x) # 데이터 정규화

plt.figure(figsize=(10,10))
plt.subplot(221)
plt.scatter(x[0], x[1], color="orange")
plt.title("random")
plt.subplot(222)
plt.scatter(x_norm[0], x_norm[1], color="blue")
plt.title("normalized")
```

Text(0.5, 1.0, 'normalized')

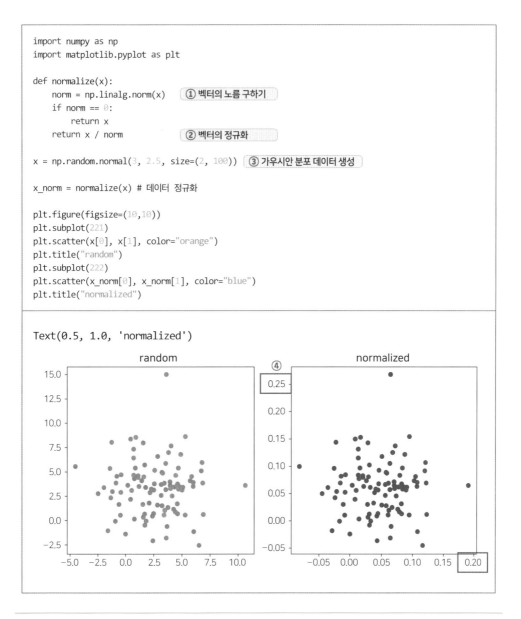

그림 9-5 정규화(Normalization)

넘파이(numpy)에서는 다양한 선형대수 함수(Linear Algebra)를 linalg 패키지를 통해 지원하고 있다.

① linalg 패키지에 있는 norm 함수를 사용하면 벡터의 노름을 구할 수 있다. 기본이 L2 노름이고, ord 인수에 1을 지정하면 L1 노름을 구할 수 있다.

② 각 원소를 벡터의 노름으로 나누면 정규화된 데이터를 구할 수 있다.

③ 데이터를 정규화하기 전에 random.normal 함수를 사용해서 테스트 데이터를 만들 수 있다. 평균이 3이고 표준편차가 2.5인 2차원 데이터를 모두 100개 생성한다.

④ 이제 생성한 테스트 데이터와 정규화한 데이터를 시각화해서 값을 비교해 보자. 데이터의 분포는 변함이 없지만, 데이터의 크기가 전체적으로 작아진 것을 확인할 수 있다.

9.3 비용 함수의 선택

요즘 많이 사용되는 교차 엔트로피의 개념을 이해하기 위해 먼저 엔트로피에 대해 알아보자. 엔트로피는 정보를 최적으로 인코딩하기 위해 필요한 비트 수이다. 예를 들어 주사위 게임을 모두 표현하기 위해서는 1부터 6까지의 숫자를 이진수로 나타내야 하기 때문에 모두 3비트가 필요하다. 하지만 동전 던지기 게임의 경우 0과 1만 있으면 가능하기 때문에 1비트가 필요하다. 따라서 주사위 게임보다 동전 던지기 게임이 엔트로피가 더 낮다고 할 수 있다. 따라서 엔트로피가 낮을수록 정보를 다루는 입장에서 보다 효율적이라 할 수 있겠다.

| 교차 엔트로피 (Cross Entropy) | · 이산 확률 분포 $H(p, q) = -\sum_{x \in X} p(x) \log q(x)$ |
| | · 연속 확률 분포 $H(p, q) = -\int_x p(x) \log q(x)$ |

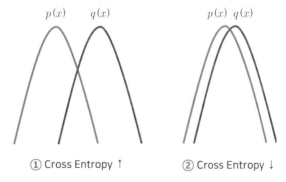

그림 9-6 교차 엔트로피

교차 엔트로피는 두 개의 확률 분포를 서로 교차해서 곱한다는 의미다. 두 확률 분포가 다를 수 있는 정보량을 고려해서 이를 최적으로 표현하기 위해 필요한 정보량을 교차 엔트로피라 한다. 따라서 두 확률 분포의 정보량 차이가 많이 나면 교차 엔트로피 값도 같이 커지는 것을 관찰할 수 있다. 값이 정수처럼 구분할 수 있는 경우인 이산 확률 분포와 값이 실수처럼 구분할 수 없는 연속 확률 분포는 수식에 다소 차이가 나지만 직관적으로 이해할 수 있는 수준이다. 수식이 의미하는 것을 구체적으로 이해하기보다는 개념 수준에서 이해하고 넘어가도록 하자.

실제 값 확률을 $P(x)$라 하고 예측 값 확률을 $Q(x)$라 할 때 교차 엔트로피를 구하면 두 확률이 다른 정도를 알 수 있고, 교차 엔트로피 값이 작아지는 방향으로 가중치를 조정하면 두 확률을 가장 유사하게 만들 수 있다.

①의 경우 두 확률 분포에 차이가 많이 나기 때문에 교차 엔트로피 값이 크고 ②의 경우 두 확률 분포에 차이가 많이 나지 않기 때문에 교차 엔트로피 값이 작다. 우리의 목표는 ②와 같은 확률 분포를 나타내는 인공신경망의 가중치를 찾아내는 것이다.

목표 정책을 $P(x)$라 하고 학습하는 정책을 $Q(x)$라 할 때 교차 엔트로피를 비용 함수로 사용하면 충분히 정책 인공신경망을 학습할 수 있다.

최근에는 평균제곱오차(MSE)보다는 교차 엔트로피를 비용 함수로 많이 사용하고 있다. 인공신경망의 출력이 이진 분류일 경우에는 이진 교차 엔트로피(Binary Cross Entropy)를 비용 함수로 사용하고 인공신경망의 출력이 3개 이상일 경우에는 희소 교차 엔트로피(Sparse Cross Entropy)를 비용 함수로 사용한다.

9.4 활성화 알고리즘

인공신경망 개념을 설명할 때 계단형 출력(실제 출력은 계단처럼 직선이 아니라 약간 곡선 형태, 직선이면 미분 불가능)을 보여주는 대표적인 비선형 함수인 시그모이드(Sigmoid) 함수를 가지고 설명한 적이 있다. 인공신경망 초기에 사용된 시그모이드 함수는 내재한 단점으로 인해 현재 많이 사용되지 않는다. 활성 함수에 따라 인공신경망 학습 과정에서 발생할 수 있는 문제가 무엇인지 살펴보고, 다양한 활성 함수의 특성과 발전 과정에 대해 알아보자.

예측 (정방향)	각 레이어별, 노드별 출력 계산
오차 계산 (정방향)	노드별 출력과 실제 값의 차이 계산
영향도 분석 (역방향)	역방향으로 각 레이어별, 노드별 오차 기여도 분석
가중치 조정 (역방향)	경사하강법을 통해 오차가 줄어드는 방향으로 노드별 가중치 조정

그림 9-7 오차 역전파 과정

오차 역전파(Error Backpropagation)는 오차를 계산해서 오차가 줄어드는 방향으로 네트워크를 거꾸로 올라가면서 가중치를 조정하는 과정이다. 인공신경망이 학습되는 첫 번째 과정은 네트워크를 정방향으로 실행시키면서 레이어별, 노드별 출력을 계산하는 것이다. 다음으로 네트워크를 통해 예측된 출력과 실제 값의 차이인 오차를 계산한다. 이제 오차를 구했으면 역방향으로 네트워크를 거슬러 올라가면서 각 레이어별, 노드별로 오차에 대한 기여도를 계산한다. 마지막으로 경사하강법을 사용해서 오차가 줄어드는 방향으로 노드별 가중치를 조정(오차 역전파)해 간다. 이 과정을 학습 데이터를 사용해서 에포크(epoch)만큼 반복한다.

기울기 소실 (Vanishing Gradient)	입력층으로 갈수록 기울기가 급격히 감소하는 현상
기울기 폭주 (Exploding Gradient)	입력층으로 갈수록 기울기가 급격히 폭증하는 현상

그림 9-8 기울기 소실과 폭주

인공신경망 학습이 실패하는 원인 중 하나는 기울기(그래디언트) 소실과 폭주 문제다. 오차 역전파 과정에서 경사하강법을 통해 오차가 감소하는 방향으로 가중치를 조정해야 하는데, 초기에 가중치가 너무 작게 설정되거나 활성 함수의 출력 구간이 입력값보다 너무 작게 구성되어 있으면 기울기 소실 현상이 발생하여 입력층의 가중치가 제대로 변경되지 못하는 현상이 발생할 수 있다.

이와 반대로 가중치 초깃값이 너무 크게 설정되어 있거나 활성 함수의 출력 구간이 너무 크게 구성되어 있으면 기울기 폭주 현상이 발생하여 입력층의 가중치가 너무 크게 변경될 수 있다.

이러한 기울기 소실과 기울기 폭주 문제는 적절한 가중치 초기화 기법과 효율적인 활성화 알고리즘 선택을 통해 어느 정도 해결할 수 있다.

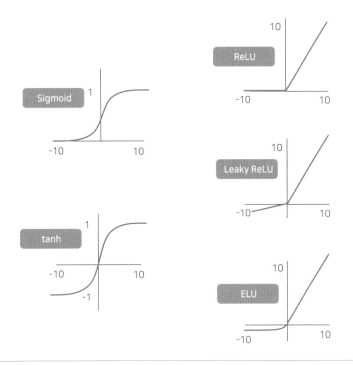

그림 9-9 다양한 활성 함수

처음에 등장한 시그모이드(Sigmoid) 함수는 출력값의 범위가 0과 1 사이의 값($0 \leq y \leq 1$)이다. 아무리 큰 값이 입력으로 들어와도 출력은 0에서 1 사이의 값으로 변환되기 때문에 활성 함수가 한번 사용되면 값의 크기가 현격하게 줄어드는 현상이 발생하여 기울기 소실 문제가 발생할 수 있다.

시그모이드 함수의 단점을 개선하기 위해 나온 쌍곡탄젠트(tanh) 함수는 출력의 범위가 −1과 1 사이의 값이다. 시그모이드 함수보다는 출력값의 범위가 2배로 증가했지만 여전히 작은 범위의 값이기 때문에 기울기 소실 문제가 남아 있다.

다음으로 등장한 것이 요즘 많이 사용되고 있는 렐루(ReLU) 함수다. 렐루 함수는 입력으로 0보다 작은 값이 들어오면 0이 출력되고, 0보다 큰 값이 들어오면 출력으로 입력값을 그대로 내보내게 된다. 렐루 함수에서 드디어 활성 함수에서 발생할 수 있는 기울기 소실 문제가 해결되었다. 하지만 렐루 함수는 0보다 작은 값이 들어오면 출력으로 무조건 0을 반환하기 때문에 죽은 렐루(Dying ReLU) 문제가 발생하는 단점이 있다.

죽을 렐루는 입력이 0보다 작은 값만 들어오는 노드에서 출력이 무조건 0이기 때문에 인공신경망 노드로써 역할을 하지 못하고 죽어있는 것과 같다는 의미다.

이 문제를 해결하기 위해 등장한 함수가 리키 렐루(Leaky ReLU) 함수다. 리키 렐루 함수는 0보다 큰 값이 들어올 때는 렐루 함수와 동일하게 동작하지만, 0보다 작은 값이 들어올 경우 입력값에 비례하는 출력을 내보내는 특성이 있다. 음수에 대한 출력이 아주 크지는 않지만 0보다는 큰 값이므로 죽은 렐루 때문에 인공신경망 노드가 동작을 못하는 현상은 발생하지 않는다.

엘루(ELU: Exponential Linear Units) 함수 또한 죽은 렐루 문제를 해결하기 위해 등장한 함수다. 양수인 값에 대한 출력은 렐루 함수와 동일하지만, 음수인 값에 대한 출력은 0에 가까울수록 기울기 변화가 크고 0에서 멀어질수록 기울기 변화가 작은 특성이 있다. 죽은 렐루 문제를 해결하고 리키 렐루보다 출력값의 분산이 작은 장점이 있지만, 계산 비용이 비싼 지수 함수를 사용해서 속도 저하 문제가 있다는 단점이 있다.

최근 인공신경망 활성 함수로는 렐루 함수보다는 리키 렐루 함수나 엘루 함수가 많이 사용되는 경향이 있다.

9.5 가중치 초기화

효율적인 학습을 위해서는 시작 시점에 가중치에 어떤 데이터가 들어 있는지가 무엇보다 중요하다. 적절한 값으로 가중치를 초기화하지 못하면 기울기 소실(Vanishing Gradient)과 기울기 폭주(Exploding Gradient) 문제의 원인이 될 수 있다. 사용하는 활성 함수에 따라 다양한 초기화 기법이 등장했지만, 여기에서는 가장 많이 논의되고 있는 Glorot 초기화와 He 초기화에 대해 중점적으로 알아보도록 한다.

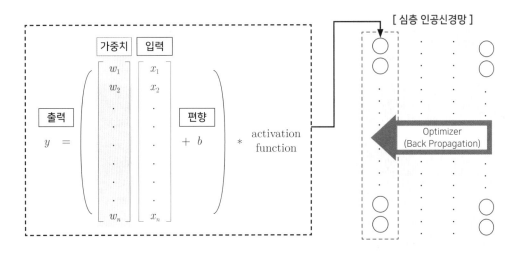

그림 9-10 인공신경망 가중치

인공신경망은 여러 개의 레이어와 노드로 구성되며 하나의 노드는 선형 함수와 활성 함수로 이루어져 있다. 입력값으로는 1차원 배열이 사용되는데 배열의 각 원소마다 가중치가 설정된다. 가중치의 개수는 입력 데이터의 개수와 일치하며 복잡한 구조의 데이터를 학습할수록 가중치의 개수는 기하급수적으로 증가한다.

가중치와 함께 사용되는 값이 편향이다. 편향으로는 입력이 여러 개 들어오더라도 하나의 값이 사용된다. 따라서 인공신경망을 튜닝할 때 초기화에 대한 초점은 편향보다는 가중치에 맞추게 된다.

입력 데이터가 10개이고 노드가 20개이면 하나의 노드에 10개의 가중치가 존재하므로 20개의 노드에 모두 200개의 가중치가 설정된다. 인공신경망 학습은 이러한 가중치에 어떤 값이 들어가야 하는지 결정하는 과정이다. 레이어와 노드의 수가 많을수록 가중치의 개수도 같이 늘어난다. 복잡한 인공신경망은 좀 더 고차원적인 데이터를 표현할 수 있지만, 그만큼 알아내야 하는 가중치의 개수도 증가한다. 신경망이 복잡해질수록 보다 많은 데이터가 필요하고 오랜 시간 동안 모델을 학습해야 한다.

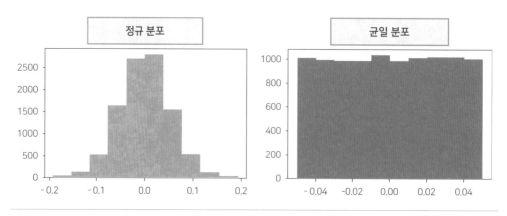

그림 9-11 정규 분포와 균일 분포

초기화된 데이터는 정규 분포(Normal Distribution)를 따르거나 균일 분포(Uniform Distribution)를 따른다. 정규 분포는 특정 값을 중심으로 데이터가 종 모양 대칭형으로 분포한 구조이고, 균일 분포는 특정 범위에서 데이터가 균일하게 분포하고 있는 형태다. 어떤 분포에 따라 가중치를 초기화할지는 입력 데이터의 특성과 네트워크 크기, 활성 함수, 출력 데이터의 종류 등 다양한 변수에 영향을 받으므로 상황에 따라 조절해야 한다.

초기화를 통해 기울기 소실과 기울기 폭주 가능성을 줄이는 가장 기본적인 방법은 각 레이어의 입력과 출력값에 대한 분산이 같도록 가중치를 초기화해 주는 것이다. 분산이란 평균에서 벗어난 정도를 말하며 분산이 같다면 입력 데이터의 합계와 출력 데이터의 합계가 같아질 수 있다. 따라서 입력과 출력 데이터의 분산이 같은 환경에서는 학습이 진행됨에 따라 네트워크에서 데이터가 앞뒤로 흘러갈 때 점점 사라지거나 갑자기 폭증하는 문제를 줄일 수 있다.

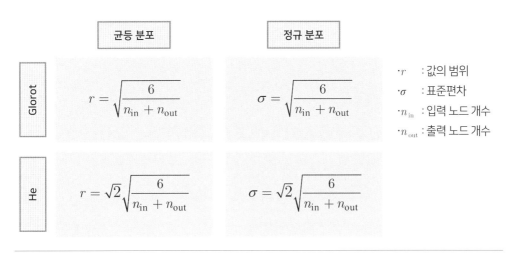

그림 9-12 Glorot 초기화와 He 초기화

Glorot 초기화와 He 초기화 모두 데이터를 정규 분포 또는 균일 분포에 따라 초기화할 수 있는 방법을 제공하고 있다. 두 초기화 방법은 개념과 특성이 유사한데 Glorot 초기화 방법이 렐루(Relu) 알고리즘이 등장하기 전에 나온 기법이라 시그모이드(Sigmoid)나 쌍곡탄젠트(tanh) 알고리즘에 보다 적합하고, He 초기화 기법은 렐루(ReLU) 알고리즘에 적합하다.

Glorot 초기화 기법과 He 초기화 기법 모두 수식이 유사하며 차이점이라면 He 초기화 기법에서는 Glorot 초기화 기법의 분산을 나타내는 수식에 2를 곱해 준다는 것이다.

앞선 그림에서 소개한 수식은 균등 분포에서는 데이터가 생성된 범위에 대해서 수식을 지정하고, 정규 분포에서는 데이터의 분산에 대한 수식을 지정한다. 수식에 큰 의미를 두지 말고 Glorot과 He 초기화의 기본적인 개념과 사용 분야에 대해 기억해두기 바란다.

9.6 최적화 알고리즘

인공지능 개념을 설명할 때 비용 함수를 최소화되도록 가중치를 조절하기 위해 경사하강법을 사용했다. 경사하강법은 인공신경망 최적화 알고리즘 중 가장 간단한 알고리즘이지만 수학적 특성상 많은 단점을 가지고 있다. 학습 과정에서 경사하강법이 갖고 있는 단점과 이를 극복하기 위한 다양한 알고리즘에 대해 알아보도록 하자.

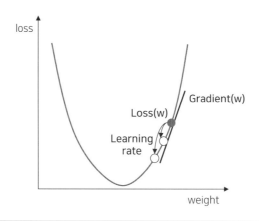

그림 9-13 경사하강법

먼저 경사하강법(GD: Gradient Decent)에 대해 다시 한번 살펴보자. 경사하강법은 편미분을 통해 구한 기울기로 함수(비용 함수)의 최저점을 찾아가는 알고리즘이다. 가장 먼저 가중치(w)에 대한 기울기를 구하는데, 기울기를 통해 w를 어느 방향으로 움직여야 하는지 알 수 있다. 여기 그림에서는 양의 기울기가 나오기 때문에 w가 감소하는 방향으로 움직이면 비용 함수를 줄일 수 있다.

여기에서 얼마나 w를 감소시킬 것인가에 대한 문제가 발생하는데, 너무 많이 감소시키면 최저점을 통과할 수 있고 너무 적게 감소시키면 학습 속도가 너무 느릴 수 있다. 이러한 감소량을 결정하는 것이 바로 학습률(Learning Rate)이다.

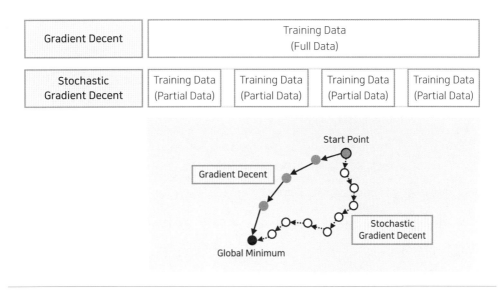

그림 9-14 경사하강법과 확률적 경사하강법

경사하강법(GD: Gradient Decent)의 단점은 한 번 가중치를 업데이트하기 위해 전체 데이터를 사용한다는 것이다. 사용하는 데이터가 많기 때문에 학습 시간이 오래 걸린다.

이러한 문제를 해결하기 위해 등장한 기술이 확률적 경사하강법(SGD: Stochastic Gradient Decent) 알고리즘이다. 확률적 경사하강법은 학습에 확률의 개념을 사용한다. 데이터를 샘플링해서 작은 데이터를 학습하고, 이 과정을 여러 번 반복하면서 확률적으로 전체 데이터를 학습하는 것과 비슷한 효과가 나타나게 한다는 것이다.

실제로 데이터를 학습해 보면 확률적 경사하강법이 학습 속도도 빠르고 정확도도 경사하강법보다 높게 나온다.

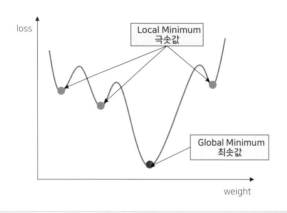

그림 9-15 지역 극솟값과 전역 최솟값

앞에서 살펴본 비용 함수의 곡선은 매끈한 곡선이었다. 그러한 곡선에서는 알고리즘으로 비용 함수의 최솟값을 큰 어려움 없이 찾아갈 수 있다. 하지만 대부분의 인공신경망에서 볼 수 있는 비용 함수의 곡선은 앞선 그림과 같다. 학습이 진행되면서 비용 함수 값이 커졌다 작아졌다 반복하기 때문이다.

비용 함수 곡선에서 중간중간 오목하게 들어간 부분들이 있다. 이를 극솟값(Local Minimum)이라 한다. 전체적으로는 아니지만 그 근처에서는 가장 작은 값이라는 것이다. 그리고 중간에 가장 크게 오목하게 들어간 부분이 바로 최솟값(Global Minimum)이다. 최적화 함수가 찾아야 하는 값이 바로 이러한 전역 최솟값이다.

경사하강법과 확률적 경사하강법의 단점은 바로 학습 도중에 극솟값에 빠져 최솟값을 찾을 수 없는 경우가 발생할 수 있다는 것이다. 극솟값 위치에서 기울기를 구하면 0이 나올 수 있고 기울기가 0이란 것은 가장 작은 값을 의미하기 때문이다.

모멘텀 (Momentum)	· 가중치 변경값에 관성(momentum)을 추가 · 관성 때문에 기울기가 0인 부분에서도 가중치 업데이트 가능
아다그래드 (AdaGrad)	· Adaptive Gradient · 학습 속도(learning rate)를 가중치 변경과 함께 조정 · 가중치가 업데이트됨에 따라 학습 속도가 감속하도록 설계
알엠에스프롭 (RMSProp)	· 시간이 지남에 따라 학습 속도가 줄어드는 AdaGrad 알고리즘 단점 개선 · 최근 학습한 데이터가 학습 속도 변경에 좀 더 많은 영향을 미치도록 설계
아담 (Adam)	· Momentum 알고리즘 + RMSProp 알고리즘 · 가중치와 학습 속도를 모두 변경하면서 안정적으로 비용 함수 최솟값 학습

그림 9-16 다양한 최적화 알고리즘

그래서 극솟값에 빠지지 않고 효과적으로 최솟값을 찾아가기 위해 다양한 알고리즘이 등장했다. 가장 먼저 등장한 것이 가중치를 변경해서 알고리즘 성능을 개선하고자 하는 모멘텀 알고리즘이다. 가중치를 변경할 때 관성(momentum)을 추가하여 알고리즘이 극솟값에 빠지지 않도록 하는 것이다. 모멘텀만큼 앞으로 더 가서 가중치를 변경하기 때문에 때문에 극솟값에서 탈출할 수 있도록 한 것이다. 모멘텀 알고리즘의 또 한 가지 장점은 가중치를 모멘텀만큼 더 변경하기 때문에 최적화 속도가 빠르다는 것이다. 하지만 모멘텀 알고리즘은 이동을 중지해야 되는 지점에 도달해서도 모멘텀 때문에 계속 이동할 수 있다는 단점이 있다.

다음으로 등장한 것이 아다그래드(AdaGrad) 알고리즘이다. 아다그래드 알고리즘은 가중치 변화를 조절하는 대신 학습 속도를 조절한다. 학습률(Learning Rate)이 너무 작으면 학습 시간이 너무 길고, 너무 크면 발산해서 학습이 제대로 이루어지지 않는다. 이런 문제를 학습률 감소(Learning Rate Decay)를 통해 해결했는데, 가중치가 업데이트됨에 따라 학습률도 자동으로 조정되도록 설계했다.

알엠에스프롭(RMSProp) 알고리즘은 아다그래드 알고리즘을 개선한 알고리즘으로써 학습이 진행됨에 따라 학습률이 변경되는데, 최신에 학습한 데이터가 가중치 변경에 좀 더 많은 영향을 미치도록 설계한 알고리즘이다. 알엠에스프롭은 아다그래드보다 복잡한 환경에서 보다 잘 동작한다.

아담(Adam) 알고리즘은 모멘텀 알고리즘과 알엠에스프롭 알고리즘의 특성을 모두 추가한 알고리즘이다. 가중치 조절을 위한 모멘텀 변수와 학습 속도 조절을 위한 변수를 모두 사용하여 안정적으로 비용 함수의 최솟값을 찾아갈 수 있다. 현재 가장 많이 사용되는 최적화 알고리즘 중 하나다.

9.7 노드와 은닉층 개수에 대한 논의

네트워크를 몇 개의 은닉층으로 구성하고 하나의 은닉층에 몇 개의 노드를 설정할지는 인공신경망을 사용하는 입장에서 항상 고민스러운 문제다. 이에 대한 다양한 논의가 계속되고 있지만 일반적인 해결 방안은 아직 나오지 않고 있다.

여기에서는 은닉층과 노드를 어떻게 구성하면 좋을지에 대한 많은 논의 중 특이할 만한 사례 몇 가지를 소개하도록 한다.

일반적 논의	단일 은닉층으로 모든 데이터 표현 가능
	보다 많은 은닉층과 노드들로 보다 복잡한 데이터 표현 가능
	은닉층에 너무 적은 노드를 사용하면 과소적합(underfitting) 발생
	은닉층에 너무 많은 노드를 사용하면 과대적합(overfitting) 발생
경험적 논의	은닉층 노드 수는 입력층 크기와 출력층 크기 사이
	은닉층 노드 수는 입력층 크기의 2/3에 출력층 크기를 더한 값
	은닉층 노드 수는 입력층 크기의 두 배 미만

그림 9-17 노드와 은닉층 개수에 대한 논의

노드와 은닉층 개수에 대한 논의는 일박적인 논의와 경험적인 논의로 나눌 수 있다. 일반적인 논의는 많은 이론과 실험을 통해 옳다는 것이 밝혀진 것들이며, 경험적인 논의는 인공신경망 학습 환경에 따라 옳고 그름이 바뀔 수 있는 것들이다.

먼저 일반적인 논의를 살펴보면 단일 은닉층으로 대부분의 데이터를 표현할 수 있다는 것이다. 이는 대부분의 학습 환경에서 은닉층 레이어를 많이 추가할 필요가 없이 몇 개의 레이어만으로도 학습이 가능하다는 것이다.

또한 은닉층과 노드들이 많을수록 복잡한 데이터를 표현할 수 있다. 최근 자연어 처리 분야에서 화두가 되고 있는 ppt – 3의 경우 수천만 개의 노드를 사용한 것을 보면 복잡한 데이터를 표현하기 위해서는 대량의 은닉층과 노드들이 필요하다는 것을 알 수 있다.

은닉층에 너무 적은 노드를 사용하면 모델에 과소적합(Underfitting)이 발생하고 너무 많은 노드를 사용하면 과대적합(Overfitting)이 발생한다. 과소적합이란 인공신경망이 너무 빈약하게 설계되어 학습 데이터의 특성을 모두 표현할 수 없어 예측 성능이 떨어지는 경우를 말한다. 과대적합이란 인공신경망이 학습 데이터에 너무 최적화된 상태로 학습되어 테스트 데이터를 입력했을 때 예측 성능이 현저히 떨어지는 경우를 말한다.

다음으로 경험적 논의에 대해 살펴보자. 경험적 논의는 일반적인 내용이 아니며 학습 상황에 알맞게 선택적으로 참고해 볼만한 내용들이다. 은닉층 노드 수를 입력층의 크기와 출력층의 크기와의 관계로 유추해내는 내용인데, 입력 데이터 차원(변수의 종류)이 충분히 큰 경우 고려해볼 만하다.

9.8 PPO 알고리즘 인공신경망 튜닝

이제 본격적으로 PPO 알고리즘에 사용된 인공신경망을 튜닝해 보자. 다양한 튜닝 기법을 배웠는데, 최근에 개발된 기술이라고 해서 반드시 가장 좋은 기술은 아니다. 이론상 약점이 존재하더라도 학습 데이터의 특성에 따라 좋은 성능을 보여주기도 한다. 이론을 통해 어떤 기술이 학습 데이터에 가장 적합한지 판단하는 것은 쉽지 않은 일이다. 따라서 이론을 이해하고 다양한 경험과 실험을 통해 최적의 기술을 선별하는 것이 중요하다.

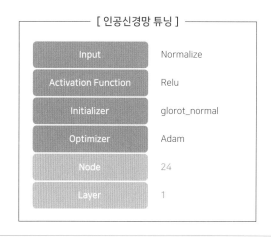

[인공신경망 튜닝]

Input	Normalize
Activation Function	Relu
Initializer	glorot_normal
Optimizer	Adam
Node	24
Layer	1

그림 9-18 PPO 인공신경망 튜닝

가장 먼저 카트폴 PPO 인공신경망의 입력값을 튜닝해 보자. 모두 4개의 입력값이 사용되는데 이 값들에 정규화(Normalization) 기법을 적용해 변수들 간 데이터 크기를 균일하게 맞췄다.

다음으로 활성 함수(Activation Function)를 튜닝해 보자. 기존에 활성 함수로는 렐루(ReLU)를 사용했는데, 이론적으로 렐루보다 최근에 나온 알고리즘인 리키 렐루(Leaky ReLU), 엘루(eLU)를 사용하는 것이 튜닝에 보다 적합하지만 카트폴 PPO에는 이런 최신 알고리즘 보다 Relu가 좋은 성능을 보여준다.

이제 가중치에 대한 초기화 알고리즘을 선택해야 한다. 앞에서 두 개의 초기화 알고리즘에 대해 설명했는데, 쌍곡탄젠트에는 He 알고리즘보다 글로롯(Glorot) 알고리즘이 보다 적합하다. 그리고 생성될 데이터 분포에는 정규 분포와 균일 분포를 선택할 수 있는데, 카트폴 PPO에는 정규 분포가 좀 더 좋은 성능을 보여준다. 따라서 가중치 초기화 알고리즘으로 glorot_normal을 사용했다.

최적화 알고리즘으로는 최근 가장 많이 사용되고 좋은 성능을 보여주고 있는 아담(Adam)을 그대로 사용했다. 이제 프로그램을 수정해서 인공신경망 튜닝 결과를 확인해 보자.

<table>
<tr><td>>>></td><td>9   인   공   신   경   망   튜   닝</td></tr>
</table>

9.9   PPO 알고리즘 튜닝 코드 적용

대부분 앞선 장에서 사용한 코드와 동일하지만 활성 함수, 가중치 초기화, 입력값 튜닝과 관련된 함수가 추가되었다.

cartpole_PPO_tuned.py

```
import tensorflow as tf
import tensorflow.keras.backend as K
from tensorflow.keras.layers import Input, Dense, Flatten
from tensorflow.keras.optimizers import Adam
```

```python
import gym
import numpy as np
import random as rand
LOSS_CLIPPING = 0.2
class Agent(object):
    def __init__(self):
        self.env = gym.make('CartPole-v1')
        self.state_size = self.env.observation_space.shape[0]
        self.action_size = self.env.action_space.n
        self.value_size = 1
        self.node_num = 24
        self.learning_rate_actor = 0.0005
        self.learning_rate_critic = 0.0005
        self.epochs_cnt = 5
        self.model_actor = self.build_model_actor()
        self.model_critic = self.build_model_critic()

        self.discount_rate = 0.98
        self.smooth_rate = 0.95
        self.penalty = -400

        self.episode_num = 500
        self.mini_batch_step_size = 32

        self.moving_avg_size = 20
        self.reward_list= []
        self.count_list = []
        self.moving_avg_list = []

        self.states, self.states_next, self.action_matrixs = [],[],[]
        self.dones, self.action_probs, self.rewards = [],[],[]
        self.DUMMY_ACTION_MATRIX = np.zeros((1,1,self.action_size))
        self.DUMMY_ADVANTAGE = np.zeros((1,1,self.value_size))

    class MyModel(tf.keras.Model):
        def train_step(self, data):
            in_datas, out_action_probs = data
            states, action_matrixs, advantages = in_datas[0], in_datas[1], in_datas[2]
            with tf.GradientTape() as tape:
                y_pred = self(states, training=True)
                new_policy = K.max(action_matrixs*y_pred, axis=-1)
                old_policy = K.max(action_matrixs*out_action_probs, axis=-1)
                r = new_policy/(old_policy)
```

```
                clipped = K.clip(r, 1-LOSS_CLIPPING, 1+LOSS_CLIPPING)
                loss = -K.minimum(r*advantages, clipped*advantages)
            # Compute gradients
            trainable_vars = self.trainable_variables
            gradients = tape.gradient(loss, trainable_vars)
            # Update weights
            self.optimizer.apply_gradients(zip(gradients, trainable_vars))


    def build_model_actor(self):
        input_states = Input(shape=(1,self.state_size), name='input_states')
        input_action_matrixs = Input(shape=(1,self.action_size), name='input_action_matrixs')
        input_advantages = Input(shape=(1,self.value_size), name='input_advantages')
        x = (input_states)
        x = Dense(self.node_num, activation="relu", kernel_initializer='glorot_normal')(x)
        out_actions = Dense(self.action_size, activation='softmax', name='output')(x)


        model = self.MyModel(inputs=[input_states, input_action_matrixs,
                            input_advantages], outputs=out_actions)
        model.compile(optimizer=Adam(lr=self.learning_rate_actor))


        model.summary()
        return model


    def build_model_critic(self):
        input_states = Input(shape=(1,self.state_size), name='input_states')
        x = (input_states)
        x = Dense(self.node_num, activation="relu", kernel_initializer='glorot_normal')(x)
        out_values = Dense(self.value_size, activation='linear', name='output')(x)


        model = tf.keras.models.Model(inputs=[input_states], outputs=[out_values])
        model.compile(optimizer=Adam(lr=self.learning_rate_critic),
                    loss='mean_squared_error'
                    )
        model.summary()
        return model


    def train(self):
        for episode in range(self.episode_num):
            state = self.env.reset()
            self.env.max_episode_steps = 500
            count, reward_tot = self.make_memory(episode, state)
            self.train_mini_batch()
            self.clear_memory()
```

```python
        if count < 500:
            reward_tot = reward_tot-self.penalty

        self.reward_list.append(reward_tot)
        self.count_list.append(count)
        self.moving_avg_list.append(self.moving_avg(self.count_list,self.moving_avg_size))

        if(episode % 10 == 0):
            print("episode:{}, moving_avg:{}, rewards_avg:{}"
                .format(episode, self.moving_avg_list[-1], np.mean(self.reward_list)))
    self.save_model()

def moving_avg(self, data, size=10):
    if len(data) > size:
        c = np.array(data[len(data)-size:len(data)])
    else:
        c = np.array(data)
    return np.mean(c)

def clear_memory(self):
    self.states, self.states_next, self.action_matrixs = [],[],[]
    self.dones, self.action_probs, self.rewards = [],[],[]

def make_memory(self, episode, state):
    reward_tot = 0
    count = 0
    reward = np.zeros(self.value_size)
    advantage = np.zeros(self.value_size)
    target = np.zeros(self.value_size)
    action_matrix = np.zeros(self.action_size)
    done = False

    while not done:
        count+=1
        state_t = np.reshape(self.normalize(state),[1, 1, self.state_size])
        action_matrix_t = np.reshape(action_matrix,[1, 1, self.action_size])

        action_prob = self.model_actor.predict([state_t, self.DUMMY_ACTION_MATRIX,
                                    self.DUMMY_ADVANTAGE])
        action = np.random.choice(self.action_size, 1, p=action_prob[0][0])[0]
        action_matrix = np.zeros(self.action_size)  # 초기화
        action_matrix[action] = 1
```

```python
            state_next, reward, done, none = self.env.step(action)

            state_next_t = np.reshape(self.normalize(state_next),[1, 1, self.state_size])

            if count < 500 and done:
                reward = self.penalty

            self.states.append(np.reshape(state_t, [1,self.state_size]))
            self.states_next.append(np.reshape(state_next_t, [1,self.state_size]))
            self.action_matrixs.append(np.reshape(action_matrix, [1,self.action_size]))
            self.dones.append(np.reshape(0 if done else 1, [1,self.value_size]))
            self.action_probs.append(np.reshape(action_prob, [1,self.action_size]))
            self.rewards.append(np.reshape(reward, [1,self.value_size]))

            if(count % self.mini_batch_step_size == 0):
                self.train_mini_batch()
                self.clear_memory()
            reward_tot += reward
            state = state_next

        return count, reward_tot

    def make_gae(self, values, values_next, rewards, dones):
        delta_adv, delta_tar, adv, target = 0, 0, 0, 0
        advantages = np.zeros(np.array(values).shape)
        targets = np.zeros(np.array(values).shape)
        for t in reversed(range(0, len(rewards))):
            delta_adv = rewards[t] + self.discount_rate * values_next[t] * dones[t]
                        - values[t]
            delta_tar = rewards[t] + self.discount_rate * values_next[t] * dones[t]
            adv = delta_adv + self.smooth_rate*self.discount_rate * dones[t] * adv
            target = delta_tar + self.smooth_rate*self.discount_rate * dones[t] * target
            advantages[t] = adv
            targets[t] = target
        return advantages, targets


    def normalize(self, x):
        norm = np.linalg.norm(x)
        if norm == 0:
            return x
        return x / norm
```

```
    def train_mini_batch(self):

        if len(self.states) == 0:
            return

        states_t = np.array(self.states)
        states_next_t = np.array(self.states_next)
        action_matrixs_t = np.array(self.action_matrixs)
        action_probs_t = np.array(self.action_probs)
        rewards_t = np.array(self.rewards)
        values = self.model_critic.predict(states_t)
        values_next = self.model_critic.predict(states_next_t)

        advantages, targets = self.make_gae(values, values_next, self.rewards, self.dones)
        advantages_t = np.array(advantages)
        targets_t = np.array(targets)
        self.model_actor.fit([states_t, action_matrixs_t, advantages_t],
                             [action_probs_t], epochs=5, verbose=0)
        self.model_critic.fit(states_t, targets_t, epochs=5, verbose=0)

    def save_model(self):
        self.model_actor.save("./model/ppo_tuned")
        print("*****end learning")

if __name__ == "__main__":
    agent = Agent()
    agent.train()
```

변수 초기화를 담당하는 normalize 함수는 넘파이 linalg 패키지에서 제공하는 norm 함수를 활용했다. 그리고 상태값(state)을 인공신경망에 입력하기 전에 normalize 함수를 호출해서 값을 정규화했다.

9.10 PPO 알고리즘 튜닝 결과 분석

몇몇 인공신경망 튜닝 기술을 적용한 후에 PPO 알고리즘을 실행해 보면 뛰어난 성능 향상을 눈으로 확인할 수 있다. 강화학습에서 어떤 알고리즘을 사용하느냐는 것뿐만 아니라 인공신경망을 어떻게 설계하느냐도 중요한 문제이다.

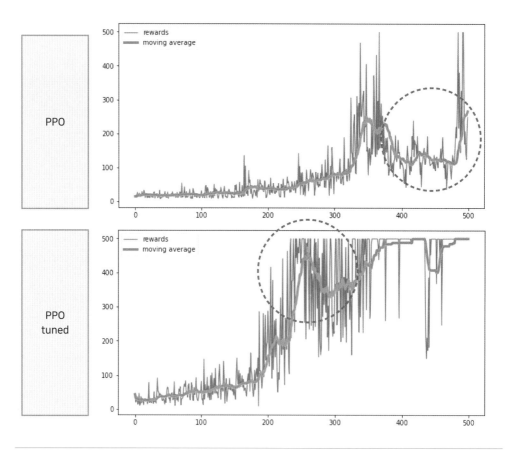

그림 9-19 알고리즘 실행 결과

PPO 알고리즘과 튜닝 PPO 알고리즘의 실행 결과를 비교해 보자. PPO 알고리즘은 최고 실행 횟수인 500회를 여러 번 기록하는 등 350회에서 400회 근처의 에피소드에서 놀라운 성능을 보여줬지만, 400회 이후로 실행 횟수가 점차 감소하면서 450회 근처에서는 실행 횟수가 100회 근처까지 떨어졌다. 물론 마지막 부분에서 성능이 조금 향상되기는 했지만 다소 불안한 실행 결과를 보여줬다.

하지만 튜닝된 PPO 알고리즘의 경우 100회 에피소드 근처부터 지속적으로 실행 횟수가 증가하면서 마지막까지 추세가 꺾이지 않았다. 특히 220회 근처에서는 최대 실행 횟수인 500회에 도달하는 등 최고 성능을 보여주기 시작했다.

여기까지 인공신경망 튜닝에 대해 알아봤다. 이제 PPO 알고리즘에서 사용되는 다양한 파라미터를 어떻게 튜닝할 것인가에 대한 문제가 남아 있다. 이 책에서는 두 가지 해결 방안을 제시한다. 하나는 범위를 지정해서 랜덤하게 파라미터를 뽑아서 성능을 측정하는 그리드 서치(Grid Search)와 다른 하나는 베이지안 통계 이론을 적용하는 튜닝 기법이다. 두 방법론이 모두 장단점을 지니고 있기 때문에 이어서 다음 장부터 하나씩 자세히 알아보도록 하자.

PROGRAMMER

10

그리드 서치 기반
최적화 기법

컴퓨터의 장점은 단순한 반복적인 작업을 자동화
할 수 있다는 것이다. 그리드 서치는 이런 컴퓨터의
장점을 최대한 활용한 최적화 기법이다. 미리 범위
를 정해 놓고 값을 무작위로 뽑아 대입하면서 가장
좋은 성능을 발휘하는 값을 찾는 기법이다. 그리드
서치는 개념이 쉽고 구조가 간단하기 때문에 누구
나 빠르게 적용할 수 있다.

10.1 그리드 서치 개념

지금까지 우리가 해온 파라미터 튜닝 방법은 학습 결과를 관찰하면서 손으로 하나씩 값을 바꿔가는 것이었다. 컴퓨터 작업의 장점은 반복 작업을 자동화해 준다는 것이다. 이런 컴퓨터의 장점을 십분 활용하는 것이 바로 **랜덤 서치(Random Search)** 기법이다. 랜덤 서치는 말 그대로 무작위로 값을 선택해서 대입해 보는 것이다. 컴퓨터는 규칙만 정해주면 무한 반복해서 작업을 스스로 알아서 하기 때문에 랜덤 서치가 다분히 효율적일 수 있다.

하지만 랜덤 서치에는 불필요한 값이 선택될 수도 있다는 단점 또한 존재한다. 예를 들어 일반적으로 사용하는 학습 속도(Learning Rate) 값은 0.01 정도지만 랜덤 서치를 사용할 경우 0.9라든가 0.0000001과 같이 학습에 전혀 도움되지 않는 값들이 선택될 수도 있다.

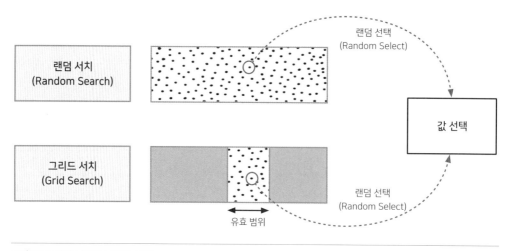

그림 10-1 랜덤 서치와 그리드 서치

이러한 단점을 해결하고자 등장한 기법이 **그리드 서치(Gird Search)** 기법이다. 그리드 서치는 용어 그대로 기준선, 즉 범위를 정해 놓고 해당 범위 안에서 값을 선택하는 것이다. 그리드 서치를 효율적으로 활용하기 위해서는 파라미터에 대해 유효한 값의 범위를 대략적으로 알고 있어야 한다.

There are two notable special cases of this formula, obtained by setting $\lambda = 0$ and $\lambda = 1$.

$$\text{GAE}(\gamma, 0): \quad \hat{A}_t := \delta_t \qquad = r_t + \gamma V(s_{t+1}) - V(s_t) \tag{17}$$

$$\text{GAE}(\gamma, 1): \quad \hat{A}_t := \sum_{l=0}^{\infty} \gamma^l \delta_{t+l} = \sum_{l=0}^{\infty} \gamma^l r_{t+l} - V(s_t) \tag{18}$$

Excerpt from GAE paper

Discount Factor Gamma Range: 0.99 (most common), 0.8 to 0.9997

Discount Factor Gamma also known as: Discount (gamma) (PPO Paper), gamma (RLlib), gamma (ppo2 baselines), gamma (ppo baselines), gamma (Unity ML), discount (TensorForce)

GAE Parameter Lambda Range: 0.9 to 1

GAE Parameter Lambda also known as: GAE Parameter (lambda) (PPO Paper), lambda (RLlib), lambda (ppo2 baselines), lambda (ppo baselines), lambda (Unity ML), gae_lambda (TensorForce)

출처: https://www.codecademy.com/articles/normalization

그림 10-2 인터넷 검색 방법

유효 범위를 알아내는 방법은 아주 다양하다. 가장 많이 사용하는 방법은 당연히 인터넷 검색이다. 튜닝하고자 하는 알고리즘에 대해 전문가들이 튜닝한 자료를 찾아본 후 해당 데이터를 참고할 수 있다.

다음으로는 직접 손으로 파라미터를 조정해가면서 적절한 범위를 찾는 것이다. 기초적인 아이디어는 인터넷 검색으로 얻을 수 있지만, 좀 더 정확한 범위를 설정하기 위해서는 직접 파라미터 튜닝을 수행하면서 결과를 눈으로 확인하는 것이 좋다. 사용하는 컴퓨터의 사양, 프로그램의 버전에 따라 결과가 다르게 나올 수 있기 때문이다.

마지막으로 알고리즘의 동작 방식을 정확하게 이해한 후 유효 범위를 정하는 것이다. 인공 신경망과 PPO 알고리즘에는 다양한 수학 개념이 들어 있다. 이러한 개념들을 정확하게 이해한다면 파라미터가 어떤 범위에서 잘 동작하는지 이해할 수 있다.

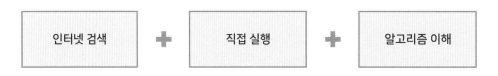

그림 10-3 유효 범위 설정 방법

이제 앞에서 언급한 세 가지 방법을 사용해서 파라미터의 유효 범위를 설정했다면 본격적으로 파라미터에 대한 그리드 서치를 실행할 프로그램을 만들어 보자.

10.2 그리드 서치 코딩

```
def random_select():
    config_data = {                    ⟵ Dictionary 생성
        'layer_num_actor'    :rand.randint(1,2),
        'node_num_actor'     :rand.randint(12,128),   ⟵ 12에서 128 사이의 정수 생성
        'epochs_actor'       :rand.randint(3,6),
        'layer_num_critic'   :rand.randint(1,2),
        'node_num_critic'    :rand.randint(12,128),
        'epochs_critic'      :rand.randint(3,6),

        'learning_rate_actor'  :rand.uniform(0.0001,0.001),
        'learning_rate_critic' :rand.uniform(0.0001,0.001),
        'discount_rate'        :rand.uniform(0.9,0.99),
        'smooth_rate'          :rand.uniform(0.9,0.99),
        'penalty'              :rand.randint(-500,-10),
        'mini_batch_step_size' :rand.randint(4,80),
        'loss_clipping'        :rand.uniform(0.1,0.3)   ⟵ 0.1에서 0.3 사이의 실수 생성
    }
    return config_data
```

그림 10-4 random_select 함수 생성

먼저 유효 범위를 설정하고 나면 생성되는 숫자가 정수인지 실수인지 결정해야 한다. 정수인 경우 randint 함수를 사용해서 범위 내에서 숫자를 생성한다. 실수인 경우 uniform 함수를 사용해서 범위 내에 있는 숫자를 생성한다. 생성된 데이터는 활용하기 쉽도록 키와 값 쌍으로 구성되는 딕셔너리 자료구조로 저장한다. 그러면 나중에 config_data['layer_num_actor']와 같은 방식으로 손쉽게 데이터를 활용할 수 있다.

```
def __init__(self, config_data):          생성자 함수 변경
    self.env = gym.make('CartPole-v1')
    self.state_size = self.env.observation_space.shape[0]
    self.action_size = self.env.action_space.n
    self.value_size = 1

    self.layer_num_actor = config_data['layer_num_actor']
    self.node_num_actor = config_data['node_num_actor']       config_data
    self.epochs_actor = config_data['epochs_actor']           딕셔너리에서
    self.layer_num_critic = config_data['layer_num_critic']       값 추출
    self.node_num_critic = config_data['node_num_critic']
    self.epochs_critic = config_data['epochs_critic']

    self.learning_rate_actor = config_data['learning_rate_actor']
    self.learning_rate_critic = config_data['learning_rate_critic']
    self.discount_rate = config_data['discount_rate']
    self.smooth_rate = config_data['smooth_rate']
    self.penalty = config_data['penalty']
    self.mini_batch_step_size = config_data['mini_batch_step_size']
    self.loss_clipping = config_data['loss_clipping']
```

그림 10-5 Agent 클래스 변경

기존에 사용했던 Agent 클래스의 생성자는 특별한 인수를 전달받지 않았다. 그리드 서치
에서는 인수로 유효 범위 내에서 값이 추출된 딕셔너리를 인수로 전달받는다. Agent 클래
스 변수를 config_data 딕셔너리에 있는 값으로 하나씩 초기화한다.

```
class MyModel(tf.keras.Model):      사용자 정의 비용 함수
    def train_step(self, data):
        .....
        states, action_matrixs, advantages = in_datas[0], in_datas[1], in_datas[2]
        loss_clipping = in_datas[3]
        with tf.GradientTape() as tape:
            .....
            LOSS_CLIPPING = K.mean(loss_clipping)
            loss = -K.minimum(r*advantages, K.clip(r, 1-LOSS_CLIPPING, 1+LOSS_CLIPPING)*advantages)
            .....

def build_model_actor(self):        모델 생성
    .....
    input_loss_clipping = Input(shape=(1,self.value_size), name='input_loss_clipping')
    .....
    model = self.MyModel(inputs=[input_states, input_action_matrixs, input_advantages,
                    input_loss_clipping], outputs=out_actions)
    .....

def train_mini_batch(self):         모델 학습
    .....
    loss_clipping = [self.loss_clipping for j in range(len(self.states))]
    loss_clipping_t = np.reshape(loss_clipping, [len(self.states),1,1])
    .....
    self.model_actor.fit([states_t, action_matrixs_t, advantages_t, loss_clipping_t], [action_probs_t],
                    epochs=self.epochs_actor, verbose=0)
    .....
```

그림 10-6 LOSS_CLIPPING 변수 전달

기존에는 LOSS_CLIPPING 변수가 Agent 클래스 외부에 선언되어 있어 자유롭게 사용할 수 있었다. 하지만 그리드 서치 환경에서는 LOSS_CLIPPING 변숫값이 프로그래머의 제어 영역에 있어야 하기 때문에 클래스 밖에서 클래스 안으로 반복적으로 전달되어야 한다. 또 하나의 문제는 LOSS_CLIPPING 변수를 사용하는 시점이 텐서(Tensor)화된 데이터를 사용하는 MyModel 클래스 내부에 있다는 점이다.

따라서 사용자 정의 비용 함수를 만들고 있는 MyModel 클래스, 모델을 생성하는 build_model_actor 함수, 모델 학습을 진행하는 train_mini_batch 함수에서 LOSS_CLIPPING 변수가 인공신경망 학습에 사용되는 변수처럼 전달될 수 있도록 약간의 코딩이 필요하다.

```
results = []
print("***** start random search *****")
for i in range(100): 그리스 서치 실행횟수 지정        random_select 함수 사용
    config_data = random_select()                    그리드 설정 변수 반환
    agent = Agent(config_data)  Agent 클래스 생성
    print("*config:", config_data)
    agent.train()  모델 학습
    result = []
    result.append(config_data)
    result.append(agent.moving_avg_list[len(agent.moving_avg_list)-1])
    result.append(np.mean(agent.reward_list))  모델 학습 결과 저장
    results.append(result)
    print("*result:", i, agent.moving_avg_list[len(agent.moving_avg_list)-1],
          np.mean(agent.reward_list))
    print("-"*100)
print("***** end random search *****")
```

그림 10-7 그리드 서치 실행

그리드 서치는 반복적으로 프로그래머가 지정한 범위의 값을 대입하면서 모델의 성능을 확인하는 기법이다. 따라서 반복문을 사용해서 그리드 서치를 몇 번 수행할지 지정한다. 다음으로 random_select 함수를 사용해서 지정된 유효 범위에서 값을 랜덤하게 선택해서 Agnet 클래스의 생성자에 입력한다.

튜닝에 사용되는 파라미터를 전달받은 Agent 클래스는 해당 파라미터로 알고리즘과 인공신경망을 초기화하고 학습을 진행한다. 학습이 완료되면 Agent 클래스 내부 변수 20회 이동 평균 보상값(moving_avg_list)과 전체 보상값 평균(reward_list)을 저장한다.

Agent 클래스 내부 변수에 저장된 값은 한 번 학습이 종료됐을 때 results 변수에 선택된 파라미터와 함께 저장한다. 그리드 서치의 모든 과정이 끝나면 전체 보상값 평균이 가장 높은 파라미터를 확인할 수 있다.

10.3 그리드 서치 전체 코드

이제 앞에서 코딩한 모든 내용을 PPO 알고리즘에 적용해서 그리드 서치 코드를 완성해 보자.

cartpole_PPO_gridsearch.py

```python
# -*- coding: utf-8 -*-
import tensorflow as tf
import tensorflow.keras.backend as K
from tensorflow.keras.layers import Input, Dense, Flatten
from tensorflow.keras.optimizers import Adam
import gym
import numpy as np
import random as rand
class Agent(object):
    def __init__(self, config_data):
        self.env = gym.make('CartPole-v1')
        self.state_size = self.env.observation_space.shape[0]
        self.action_size = self.env.action_space.n
        self.value_size = 1

        self.layer_num_actor = config_data['layer_num_actor']
        self.node_num_actor = config_data['node_num_actor']
        self.epochs_actor = config_data['epochs_actor']
        self.layer_num_critic = config_data['layer_num_critic']
        self.node_num_critic = config_data['node_num_critic']
        self.epochs_critic = config_data['epochs_critic']

        self.learning_rate_actor = config_data['learning_rate_actor']
        self.learning_rate_critic = config_data['learning_rate_critic']
        self.discount_rate = config_data['discount_rate']
        self.smooth_rate = config_data['smooth_rate']
        self.penalty = config_data['penalty']
        self.mini_batch_step_size = config_data['mini_batch_step_size']
```

```python
        self.loss_clipping = config_data['loss_clipping']
        self.episode_num = 200
        self.moving_avg_size = 20

        self.model_actor = self.build_model_actor()
        self.model_critic = self.build_model_critic()

        self.states, self.states_next, self.action_matrixs, self.dones = [],[],[],[]
        self.action_probs, self.rewards = [],[]
        self.DUMMY_ACTION_MATRIX = np.zeros((1,1,self.action_size))
        self.DUMMY_ADVANTAGE = np.zeros((1,1,self.value_size))

        self.reward_list= []
        self.count_list = []
        self.moving_avg_list = []

class MyModel(tf.keras.Model):
    def train_step(self, data):
        in_datas, out_action_probs = data
        states, action_matrixs = in_datas[0], in_datas[1]
        advantages, loss_clipping = in_datas[2], in_datas[3]
        with tf.GradientTape() as tape:
            y_pred = self(states, training=True)
            new_policy = K.max(action_matrixs*y_pred, axis=-1)
            old_policy = K.max(action_matrixs*out_action_probs, axis=-1)
            r = new_policy/(old_policy)

            LOSS_CLIPPING = K.mean(loss_clipping)

            loss = -K.minimum(r*advantages,
                        K.clip(r, 1-LOSS_CLIPPING, 1+LOSS_CLIPPING)*advantages)
        trainable_vars = self.trainable_variables
        gradients = tape.gradient(loss, trainable_vars)
        self.optimizer.apply_gradients(zip(gradients, trainable_vars))

    def build_model_actor(self):
        input_states = Input(shape=(1,self.state_size), name='input_states')
        input_action_matrixs = Input(shape=(1,self.action_size),
                                    name='input_action_matrixs')
        input_advantages = Input(shape=(1,self.value_size), name='input_advantages')
        input_loss_clipping = Input(shape=(1,self.value_size), name='input_loss_clipping')

        x = (input_states)
```

```python
        for i in range(1,self.layer_num_actor+1):
            x = Dense(self.node_num_actor, activation="relu",
                      kernel_initializer='glorot_normal')(x)
        out_actions = Dense(self.action_size, activation='softmax', name='output')(x)

        model = self.MyModel(inputs=[input_states, input_action_matrixs,
                             input_advantages, input_loss_clipping],
                             outputs=out_actions)
        model.compile(optimizer=Adam(lr=self.learning_rate_actor))

        return model

    def build_model_critic(self):
        input_states = Input(shape=(1,self.state_size), name='input_states')

        x = (input_states)
        for i in range(1,self.layer_num_critic+1):
            x = Dense(self.node_num_actor, activation="relu",
                      kernel_initializer='glorot_normal')(x)
        out_values = Dense(self.value_size, activation='linear', name='output')(x)

        model = tf.keras.models.Model(inputs=[input_states], outputs=[out_values])
        model.compile(optimizer=Adam(lr=self.learning_rate_critic),
                      loss = "binary_crossentropy"
                      )
        return model

    def train(self):
        for episode in range(self.episode_num):
            state = self.env.reset()
            count, reward_tot = self.make_memory(episode, state)
            self.train_mini_batch()
            self.clear_memory()

            if count < 500:
                reward_tot = reward_tot-self.penalty

            self.reward_list.append(reward_tot)
            self.count_list.append(count)
            self.moving_avg_list.append(self.moving_avg(self.count_list,self.moving_avg_size))

    def moving_avg(self, data, size=10):
        if len(data) > size:
```

```
            c = np.array(data[len(data)-size:len(data)])
        else:
            c = np.array(data)
        return np.mean(c)


    def clear_memory(self):
        self.states, self.states_next, self.action_matrixs, self.done = [],[],[],[]
        self.action_probs, self.rewards = [],[]


    def make_memory(self, episode, state):
        reward_tot = 0
        count = 0
        reward = np.zeros(self.value_size)
        advantage = np.zeros(self.value_size)
        target = np.zeros(self.value_size)
        action_matrix = np.zeros(self.action_size)
        done = False


        while not done:
            count+=1
            state_t = np.reshape(self.normalize(state),[1, 1, self.state_size])
            action_matrix_t = np.reshape(action_matrix,[1, 1, self.action_size])

            action_prob = self.model_actor.predict([state_t, self.DUMMY_ACTION_MATRIX,
                        self.DUMMY_ADVANTAGE])
            action = np.random.choice(self.action_size, 1, p=action_prob[0][0])[0]
            action_matrix = np.zeros(self.action_size)  # 초기화
            action_matrix[action] = 1
            state_next, reward, done, none = self.env.step(action)

            state_next_t = np.reshape(self.normalize(state_next),[1, 1, self.state_size])

            if count < 500 and done:
                reward = self.penalty

            self.states.append(np.reshape(state_t, [1,self.state_size]))
            self.states_next.append(np.reshape(state_next_t, [1,self.state_size]))
            self.action_matrixs.append(np.reshape(action_matrix, [1,self.action_size]))
            self.dones.append(np.reshape(0 if done else 1, [1,self.value_size]))
            self.action_probs.append(np.reshape(action_prob, [1,self.action_size]))
            self.rewards.append(np.reshape(reward, [1,self.value_size]))

            if(count % self.mini_batch_step_size == 0):
```

```python
            self.train_mini_batch()
            self.clear_memory()
        reward_tot += reward
        state = state_next

    return count, reward_tot

def make_gae(self, values, values_next, rewards, dones):
    delta_adv, delta_tar, adv, target = 0, 0, 0, 0
    advantages = np.zeros(np.array(values).shape)
    targets = np.zeros(np.array(values).shape)
    for t in reversed(range(0, len(rewards))):
        delta_adv = rewards[t] + self.discount_rate * values_next[t] * dones[t] - values[t]
        delta_tar = rewards[t] + self.discount_rate * values_next[t] * dones[t]
        adv = delta_adv + self.smooth_rate *  self.discount_rate * dones[t] * adv
        target = delta_tar + self.smooth_rate * self.discount_rate * dones[t] * target
        advantages[t] = adv
        targets[t] = target
    return advantages, targets

def normalize(self, x):
    norm = np.linalg.norm(x)
    if norm == 0:
        return x
    return x / norm

def train_mini_batch(self):

    if len(self.states) == 0:
        return

    states_t = np.array(self.states)
    states_next_t = np.array(self.states_next)
    action_matrixs_t = np.array(self.action_matrixs)
    action_probs_t = np.array(self.action_probs)
    loss_clipping = [self.loss_clipping for j in range(len(self.states))]
    loss_clipping_t = np.reshape(loss_clipping, [len(self.states),1,1])

    values = self.model_critic.predict(states_t)
    values_next = self.model_critic.predict(states_next_t)

    advantages, targets = self.make_gae(values, values_next, self.rewards, self.dones)
    advantages_t = np.array(advantages)
```

```python
        targets_t = np.array(targets)

        self.model_actor.fit([states_t, action_matrixs_t, advantages_t, loss_clipping_t],
                             [action_probs_t],
                             epochs=self.epochs_actor, verbose=0)
        self.model_critic.fit(states_t, targets_t,
                              epochs=self.epochs_critic, verbose=0)

if __name__ == "__main__":
    def random_select():
        config_data = {
            'layer_num_actor':rand.randint(1,2),
            'node_num_actor':rand.randint(12,128),
            'epochs_actor':rand.randint(3,6),
            'layer_num_critic':rand.randint(1,2),
            'node_num_critic':rand.randint(12,128),
            'epochs_critic':rand.randint(3,6),

            'learning_rate_actor' :rand.uniform(0.0001,0.001),
            'learning_rate_critic':rand.uniform(0.0001,0.001),
            'discount_rate'       :rand.uniform(0.9,0.99),
            'smooth_rate'         :rand.uniform(0.9,0.99),
            'penalty'             :rand.randint(-500,-10),
            'mini_batch_step_size':rand.randint(4,80),
            'loss_clipping'       :rand.uniform(0.1,0.3)
        }
        return config_data
    results = []
    print("***** start random search *****")
    for i in range(100):
        config_data = random_select()
        agent = Agent(config_data)
        print("*config:", config_data)
        agent.train()
        result = []
        result.append(config_data)
        result.append(agent.moving_avg_list[len(agent.moving_avg_list)-1])
        result.append(np.mean(agent.reward_list))
        results.append(result)
        print("*result:", i, agent.moving_avg_list[len(agent.moving_avg_list)-1],
              np.mean(agent.reward_list))
        print("-"*100)
    print("***** end random search *****")
```

그리드 서치 전체 코드를 살펴보면 이와 같다. PPO 알고리즘을 약간 변경하면 손쉽게 만들 수 있다. 그리드 서치는 원리는 이해하기 쉽고 코딩 또한 용이하기 때문에 알고리즘 튜닝에 많이 활용된다. 그리드 서치는 오랜 시간이 소요되며 이때 가장 큰 영향을 미치는 요소는 당연히 그리드 서치 수행 횟수다. 컴퓨팅 파워가 우수할수록 필요한 시간이 줄어들기 때문에 고성능의 CPU와 대용량의 메모리 활용이 중요하다.

10.4 그리드 서치 결과 분석

이제 그리드 서치를 프로그램을 실행하고 로그를 중심으로 결과를 분석해 보자.

cartpole_PPO_gridsearch 실행 결과

```
***** start random search *****
*config: {'layer_num_actor': 2, 'node_num_actor': 95, 'epochs_actor': 6, 'layer_num_critic': 2,
'node_num_critic': 124, 'epochs_critic': 5, 'learning_rate_actor': 0.00018213203036520845,
'learning_rate_critic': 0.0005814962731170509, 'discount_rate': 0.962034926159223, 'smooth_
rate': 0.9155998432226305, 'penalty': -101, 'mini_batch_step_size': 48, 'loss_clipping':
0.10779084820831981}
*result: 0 321.8 155.71
----------------------------------------------------------------------------------
*config: {'layer_num_actor': 2, 'node_num_actor': 36, 'epochs_actor': 4, 'layer_num_critic': 1,
'node_num_critic': 92, 'epochs_critic': 6, 'learning_rate_actor': 0.00014829843010839537,
'learning_rate_critic': 0.0009351140107065621, 'discount_rate': 0.9558029876140309, 'smooth_
rate': 0.9556677031316966, 'penalty': -146, 'mini_batch_step_size': 64, 'loss_clipping':
0.2653178577438546}
*result: 1 19.6 18.11
----------------------------------------------------------------------------------
*config: {'layer_num_actor': 2, 'node_num_actor': 79, 'epochs_actor': 4, 'layer_num_critic': 2,
'node_num_critic': 117, 'epochs_critic': 3, 'learning_rate_actor': 0.0005331998449545821,
```

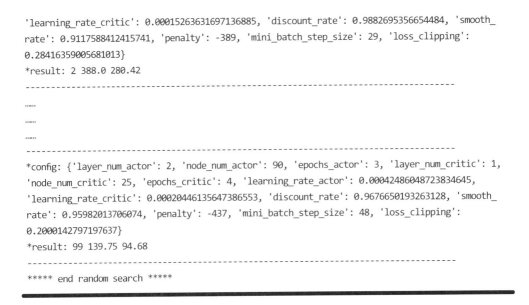

'learning_rate_critic': 0.00015263631697136885, 'discount_rate': 0.9882695356654484, 'smooth_
rate': 0.9117588412415741, 'penalty': -389, 'mini_batch_step_size': 29, 'loss_clipping':
0.28416359005681013}
*result: 2 388.0 280.42

......
......
......
----
*config: {'layer_num_actor': 2, 'node_num_actor': 90, 'epochs_actor': 3, 'layer_num_critic': 1,
'node_num_critic': 25, 'epochs_critic': 4, 'learning_rate_actor': 0.00042486048723834645,
'learning_rate_critic': 0.00020446135647386553, 'discount_rate': 0.9676650193263128, 'smooth_
rate': 0.95982013706074, 'penalty': -437, 'mini_batch_step_size': 48, 'loss_clipping':
0.2000142797197637}
*result: 99 139.75 94.68

***** end random search *****

그리드 서치 프로그램을 실행하면 이와 같은 결과를 확인할 수 있다. config 부분에서는 해당 루틴을 수행할 때 선택된 파라미터 값을 확인할 수 있고, result 부분에서는 수행 횟수, 20회 이동 평균 그리고 전체 보상에 대한 평균값을 확인할 수 있다.

전체 실행 횟수가 몇 번 되지 않을 경우에는 가장 좋은 성능을 보여주는 파라미터를 눈으로 찾을 수 있지만, 그리드 서치를 여러 번 실행해서 생성된 데이터가 많을 경우 일일이 다 찾기가 어려울 수 있다.

모든 데이터는 results 리스트 변수에 저장되어 있기 때문에 변수에 저장된 데이터를 정렬해서 결과를 확인하는 것이 보다 효율적이다.

```
avg_list = []
for i in range(0, 100):
    avg_list.append([results[i][2], i])
avg_list.sort(reverse=True)
avg_list
```
평균 보상으로 정렬

```
[[336.015, 27],
 [331.3, 31],
 [326.11, 96],
 [320.325, 34],
 [318.81, 41],
 [315.055, 38],
```

```
print(results[27])
print(results[31])
print(results[96])
```
상위 3개 파라미터 확인

```
[{'layer_num_actor': 1, 'node_num_actor': 103, 'epochs_actor': 4, 'layer_num
_critic': 2, 'node_num_critic': 125, 'epochs_critic': 3, 'learning_rate_acto
r': 0.0005344386158424651, 'learning_rate_critic': 0.0001682013671612927,
'discount_rate': 0.9257023950429729, 'smooth_rate': 0.9524677200660574, 'pen
alty': -241, 'mini_batch_step_size': 16, 'loss_clipping': 0.1107276494506740
9}, 457.1, 336.015]
[{'layer_num_actor': 1, 'node_num_actor': 126, 'epochs_actor': 3, 'layer_num
_critic': 2, 'node_num_critic': 53, 'epochs_critic': 5, 'learning_rate_acto
r': 0.0007398376276548852, 'learning_rate_critic': 0.000782161690928647, 'di
scount_rate': 0.9380889146797763, 'smooth_rate': 0.9575402594948629, 'penalt
y': -337, 'mini_batch_step_size': 21, 'loss_clipping': 0.10198071982559201},
458.5, 331.3]
[{'layer_num_actor': 1, 'node_num_actor': 104, 'epochs_actor': 5, 'layer_num
_critic': 2, 'node_num_critic': 70, 'epochs_critic': 4, 'learning_rate_acto
r': 0.0007633079262687019, 'learning_rate_critic': 0.0003015337767319188724,
'discount_rate': 0.9551184301197241, 'smooth_rate': 0.9239368466900584, 'pen
alty': -38, 'mini_batch_step_size': 8, 'loss_clipping': 0.1008569789180658
7}, 493.25, 326.11]
```

그림 10-8 그리드 서치 결과 분석

results 변수에 그리드 서치 결과가 저장되는데, 평균 보상값이 세 번째에 들어가 있다.
평균 보상값이 알고리즘의 전체 성능을 평가하는 중요한 척도이기 때문에 이 값을 역순으
로 정렬한다. 그리고 나서 상위 3개 값의 인덱스를 확인한 다음 results 변수에서 파라미
터를 확인한다.

10.5 그리드 서치 파라미터 튜닝 적용

이제 그리드 서치로 찾아낸 최적의 파라미터를 PPO 알고리즘에 적용해서 최적을 결과를
확인해 보자.

```
.....
LOSS_CLIPPING = 0.11072764945067409
class Agent(object):
    def __init__(self):
        self.env = gym.make('CartPole-v1')
        self.state_size = self.env.observation_space.shape[0]
        self.action_size = self.env.action_space.n
        self.value_size = 1
        self.layer_num_actor = 1
        self.node_num_actor = 103
        self.epochs_actor = 4
        self.layer_num_critic = 2
        self.node_num_critic = 125
        self.epochs_critic = 3

        self.learning_rate_actor = 0.0005344386158424651
        self.learning_rate_critic = 0.00016820136716122927
        self.discount_rate = 0.9257023950429729
        self.smooth_rate = 0.9524677200660574
        self.penalty = -241
        self.mini_batch_step_size = 16

        self.episode_num = 300

        self.moving_avg_size = 20

        self.model_actor = self.build_model_actor()
        self.model_critic = self.build_model_critic()
.....
```

그림 10-9 cartpole_PPO_gridsearch_test.py 파라미터 설정

평균 보상값이 가장 높은 파라미터 값을 확인했으면, PPO 알고리즘에 값을 설정한 후 결과를 확인해 보자. 앞에서 수동으로 파라미터를 튜닝했을 때는 값으로 어느 정도 기억할수 있는 숫자를 사용했지만, 그리드 서치에서는 유효 범위에서 랜덤하게 값을 선택하기 때문에 실수 같은 경우는 소수점 15자리 이상의 숫자가 생성된다. 실행에는 아무런 문제가 없으므로 그리드 서치를 통해 찾아낸 값을 그대로 설정하고 프로그램을 실행해 보자.

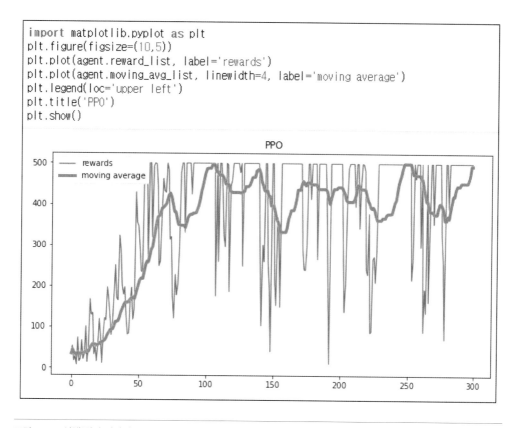

```python
import matplotlib.pyplot as plt
plt.figure(figsize=(10,5))
plt.plot(agent.reward_list, label='rewards')
plt.plot(agent.moving_avg_list, linewidth=4, label='moving average')
plt.legend(loc='upper left')
plt.title('PPO')
plt.show()
```

그림 10-10 실행 결과 시각화

알고리즘 실행 결과를 그래프를 활용해서 시각화해 보자. 수동으로 튜닝한 PPO 알고리즘보다 최대 실행 횟수에 도달한 시점이 굉장히 빠른 것을 확인할 수 있다. 여기에서는 모두

100번 실행했지만 좀 더 시간에 여유를 두고 유효 값의 범위와 실행 횟수를 늘려서 좀 더 빨리 최대 실행 횟수에 도달하는 값을 찾아보도록 하자.

앞에서 잠깐 언급했듯이 그리드 서치는 방식이 매우 직관적이어서 PPO 알고리즘만 이해하고 있으면 누구나 사용할 수 있는 방법이다. 하지만 내부적인 알고리즘은 랜덤 함수를 사용하기 때문에 앞에서 실행한 경험을 재사용할 수 없다는 단점이 있다. 그리드 서치에서는 앞에서 테스트한 결과를 무시하고 파라미터 값을 새로 생성해서 완전히 다른 실험을 진행하기 때문이다.

다음 장에서는 과거의 경험을 재사용할 수 있는 베이지안 튜닝 기법에 대해 알아보도록 하자. 베이지안 튜닝 기법이 이론적으로는 과거의 경험을 재사용해서 계속해서 성능을 개선하는 방식이지만, 현실적으로는 그리드 서치보다 결과가 좋지 않은 경우가 자주 있다. 원인은 베이지안 기법에 대한 이해 부족과 충분한 학습 시간을 갖지 못하는 것 등 다양하지만, 프로그래머의 입장에서 이 모든 것을 완벽하게 이해하고 튜닝한다는 것은 쉽지 않은 일이다.

따라서 베이지안 튜닝을 그리드 서치보다 우수한 기법이라고 생각하기보다는 다른 측면에서의 접근법이라고 생각하고 상황에 맞는 튜닝 기법을 사용하는 자세를 갖는 것이 좋다.

11

베이지안
최적화 기법

이번 장에서는 베이지안 최적화 기법에 대해 다룬다. 앞선 장에서 다룬 그리드 서치 기법이 랜덤하게 값을 선택하는 방식이라면, 베이지안 최적화 기법은 알고리즘을 사용해서 파라미터를 효율적으로 고르는 특성이 있다.

이론적으로 우수하다고 해서 항상 좋은 성능을 보여주는 것은 아니지만, 베이지안 최적화 기법은 알고리즘 튜닝에 많이 활용되는 기술이기 때문에 충분히 공부할 가치가 있다.

이 책에서는 베이지안 최적화를 위해 별도로 개발된 파이썬 패키지를 활용하지만, 대표적인 인공신경망 패키지인 케라스(Keras)에서 제공하는 튜닝 클래스인 케라스 튜너(Keras Tuner)에서도 베이지안 최적화 알고리즘을 제공하고 있다.

이제 베이지안 최적화에 대한 기초 개념과 사용 방법에 대해 알아보고, 알고리즘 튜닝을 위해 무엇을 좀 더 공부해야 하는지 고민하는 시간을 가져보자.

11.1 빈도주의 확률과 베이지안 확률

베이지안 최적화 기법을 알아보기 전에 확률의 개념에 대해 다시 한번 알아보자. 우리가 알고 있는 일반적인 확률의 개념은 **빈도주의 확률(Frequentism)**이다. 빈도주의 확률은 직관적이며 계산을 통해 쉽게 계산할 수 있다. 주사위를 던져 3이 나올 확률이 1/6이라는 것은 머릿속으로도 계산할 수 있다. 하지만 주사위를 12번 던졌을 때 반드시 3이라는 숫자가 2번 나오는 것은 아니다. 만 번 또는 십만 번 던졌을 때 대략적으로 1/6 비율로 3이라는 숫자가 나온다는 것이 빈도주의 확률이다. 즉, 빈도주의 확률은 한마디로 하나의 사건을 반복했을 때 특정 사건이 일어날 횟수의 장기적인 비율을 나타낸다.

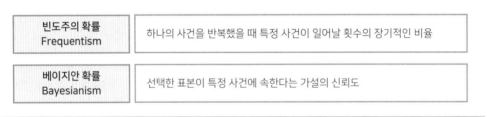

빈도주의 확률 Frequentism	하나의 사건을 반복했을 때 특정 사건이 일어날 횟수의 장기적인 비율
베이지안 확률 Bayesianism	선택한 표본이 특정 사건에 속한다는 가설의 신뢰도

그림 11-1 빈도주의 확률과 베이지안 확률

또 다른 확률의 개념은 **베이지안 확률(Bayesianism)**이다. 베이지안 확률은 가설(또는 주장)을 세우고 실제로 실행해서 가설을 검증하고 개선하는 것이다. 예를 들어 주사위를 던져 3이 나올 확률이 1/4이라고 가정해 보자. 이렇게 가정한 이유는 숫자 3의 반대편의 면적이 다른 면보다 조금 크다는 생각이 들어서다. 이제 실제로 주사위를 60번 던져 3이라는 숫자가 몇 번 나왔는지 세어 본다. 만일 10번 나왔다면 비율이 1/6이므로 처음에 했던 가정을 조금 조정하는 것이 좋다. 이제 3이 나올 확률을 조정해서 1/5이라 가정하고 다시 주사위를 60번 던져보고 결과를 수집해서 다시 확률을 조정해 보자. 이렇게 계속 데이터를 수집하면서 가설을 조정해가며 최적의 확률을 찾아가는 것이 베인지안 확률이다. 즉, 베이지안 확률을 한마디로 정의하면 선택한 표본이 특정 사건에 속한다는 가설의 신뢰도라 할 수 있다.

11.2 베이지안 확률 계산

확률 분야에서 베이지안 확률은 이해하기에 가장 난이도가 높은 분야에 속한다. 기본적인 이론은 크게 어렵지 않지만 수학적으로 수식을 전개하고 책에서 소개하는 예제를 풀어내는 데는 많은 배경지식이 필요하기 때문이다. 여기에서는 강화학습 튜닝에 필요한 베이지안 확률의 기본 개념만 알아보고 구체적인 이론과 증명에 대해서는 생략하도록 한다. 설명이 길어지고 주객이 전도될 수 있기 때문이다.

앞에서 베이지안 확률은 가설을 세우고 실제로 실행하면서 가설을 검증하고 개선한다고 언급했다. 베이지안 확률을 계산하는 수식에도 이러한 개념이 그대로 들어 있다. 먼저 사전 확률과 사후 확률의 개념이 나오는데, 사전 확률은 실행하기 전에 먼저 세운 가설이고 사후 확률은 실행한 후에 결과를 검토해서 개선한 가설이다.

즉, 베이지안 확률을 다른 말로 정의하면 **실행을 통해 사전 확률을 좀 더 개선된 사후 확률로 만드는 과정**이라 할 수 있다. 따라서 베이지안 확률의 목표는 정확한 사후 확률을 계산하는 것이다.

$$P(H \mid D) = \frac{P(D \mid H)P(H)}{P(D)}$$

H	**Hypothesis 가설** 이렇게 관측될 것이다라고 예상하는 정보
$P(H)$	**Prior 사전 확률** 어떤 사건이 발생했다는 주장에 관한 신뢰도
D	**Data 수집된 정보** 직접 실행해서 관측된 정보
$P(D)$	**경계 확률** 수집된 정보를 바탕으로 새로 만들어진 확률
$P(H|D)$	**Posterior 사후 확률** 새로운 정보를 받은 후 갱신된 사전 확률
$P(D|H)$	**Likelihood 유사도** 관측된 D가 확률 분포 H에서 나왔을 확률

그림 11-2 사전 확률과 사후 확률 관계식

베인지안 확률의 목표는 좀 더 정확한 사후 확률을 구하는 것이다. 목표 변수 $P(H|D)$가 사후 확률이다. D(Data)는 실행을 통해 수집된 정보이고, H(Hypothesis)는 데이터가 이렇게 관측될 것이라는 가설이며, $P(H)$는 사전 확률이다. 사전 확률을 수집된 데이터를 사용해서 사후 확률로 갱신하는 것이 이 수식의 목적이다.

$P(D)$는 수집된 정보를 바탕으로 새로 만들어진 확률로써 경계 확률이라 한다. 주사위 던지기에서 3이 나올 확률을 1/4이라고 가정한 것이 사전 확률이고, 주사위를 60번 던져서 3이라는 숫자가 10번 나왔을 때 계산한 새로운 확률 1/6이 경계 확률이다.

$P(D|H)$는 유사도(또는 우도, 가능도: Likelihood)라 불리는데 관측된 D가 확률 분포 H에서 나왔을 확률을 의미한다. 유사도를 깊이있게 이해하기란 매우 까다로우므로 여기에

서는 **사전 확률과 관측된 데이터와의 관계성** 정도로 이해하고 넘어가도록 하자.

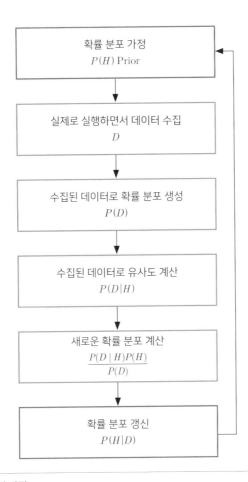

그림 11-3 베이지안 확률 계산 과정

따라서 사후 확률은 사전 확률을 경계 확률로 나눠주고 여기에 유사도를 곱해서 구할 수 있다. 이러한 수식을 통해 가설을 직접 실험을 통해 좀 더 신뢰할 수 있는 가설로 만들어 나갈 수 있다.

강화학습 모델 튜닝에 베이지안 확률을 적용해 보면, 특정 파라미터 설정이 최적이라는 가설로부터 모델을 직접 수행해서 얻은 결과로 보다 나은 파라미터로 갱신할 수 있다는 것이다.

베이지안 확률을 좀 더 쉽게 이해하기 위해 고등학교 1학년 남학생 키에 대한 자료를 예로 들어 살펴보자. 실제로 측정한 데이터는 아니고 이해를 돕기 위해 가정한 데이터다.

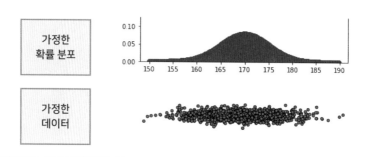

그림 11-4 사전 확률 분포

먼저 사전 확률 분포에 대해 알아보자. 학생들의 키가 150부터 190까지 분포해 있고 평균이 170인 정규 분포 형태를 띄고 있다고 가정해 보자. 이것이 바로 사전 확률이다. 이런 분포를 가진 데이터는 평균 170 주위에 많이 분포해 있고 150과 190에 가까울수록 데이터 분포가 점점 줄어든다.

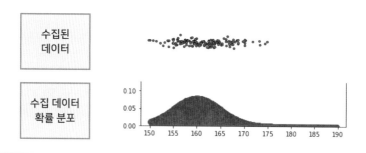

그림 11-5 경계 확률 분포

이제 무작위로 3,000명의 학생을 선택해서 실제 키를 측정한 데이터를 살펴보자. 측정한 데이터는 평균이 160이고 양쪽으로 갈수록 데이터가 점점 줄어드는 분포를 지니고 있다. 그리고 정중앙이 아닌 왼쪽에 데이터가 치우쳐 있는 것을 확인할 수 있다.

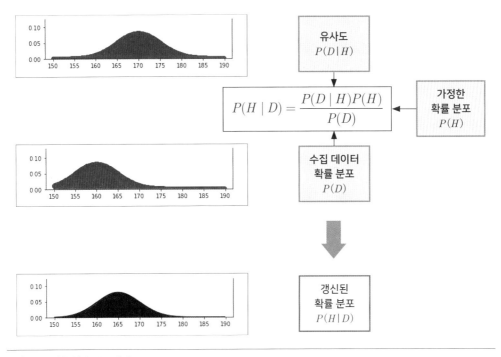

그림 11-6 사후 확률 분포 계산

이제 가정한 확률 분포(사전 확률 분포)와 수집된 데이터 확률 분포(경계 확률 분포)를 가지고 갱신된 확률 분포(사후 확률 분포)를 계산해 보자. 결과적으로 계산된 사후 확률 분포를 시각적으로 살펴보면 사전 확률 분포와 경계 확률 분포의 중간쯤에 평균이 형성된 것을 확인할 수 있다. 정확한 확률 분포는 두 확률 분포의 비율을 구하고 여기에 유사도를 곱하면 아주 쉽게 계산할 수 있다. 비록 유사도를 이해하고 계산하는 과정이 조금 어렵지만, 이는 다음에 소개할 패키지를 사용하면 복잡한 과정 없이 아주 쉽게 결과를 얻을 수 있다.

11.3 베이지안 최적화 패키지 소개

베이지안 최적화(Bayesian Optimization)에는 앞서 소개한 베이지안 확률 외에 다양한 이론이 사용되지만, 모든 이론을 완벽하게 이해하고 활용하기에는 너무나 많은 시간이 걸린다. 따라서 이 책에서는 베이지안 확률의 개념만을 이해한 상태에서 베이지안 최적화 패키지를 강화학습 알고리즘 튜닝에 적용해 보도록 한다. 학습을 진행하면서 느끼겠지만 베이지안 확률에 대한 개념만 가지고 있더라도 패키지 사용에는 큰 어려움이 없다.

베이지안 최적화 패키지는 페르난도 노게이라(Fernando Nogueira)에 의해 2014년에 개발된 파이썬 패키지다. 케라스 튜너(Keras Tuner)에도 유사한 기능이 있지만, 이 책에서는 베이지안 확률에 대한 개념 없이도 쉽게 사용할 수 있는 베이지안 최적화 패키지를 소개한다. 자세한 내용은 https://github.com/fmfn/BayesianOptimization 사이트에서 확인할 수 있다.

그림 11-7 프로그램 설치

베이지안 최적화 패키지 내부에는 GP(Gaussian Process), UCB(Upper Confidence Bound), EI(Expected Improvement) 등 다양한 알고리즘이 사용되지만, 이 책에서는 구

체적으로 다루지 않겠다. 다만 베이지안 최적화 기법이 단순한 기법이 아닌 다양한 최적화 알고리즘을 결합해서 만들어진 복잡한 알고리즘이라는 것만 기억하길 바란다.

```
'''
@Misc{,
    author = {Fernando Nogueira},
    title = {{Bayesian Optimization}: Open source constrained
                      global optimization tool for {Python}},
    year = {2014--},
    url = " https://github.com/fmfn/BayesianOptimization"
}
'''

from bayes_opt import BayesianOptimization

def black_box_function(x, y):
    return -x ** 2 - (y - 1) ** 2 + 1

pbounds = {'x': (2, 4), 'y': (-3, 3)}

optimizer = BayesianOptimization(
    f=black_box_function,
    pbounds=pbounds,
    random_state=1,
)

optimizer.maximize(
    init_points=2,
    n_iter=3,
)
|  iter  |  target  |    x    |    y    |
-------------------------------------------------
|   1    |  -7.135  |  2.834  |  1.322  |
|   2    |  -7.78   |  2.0    | -1.186  |
|   3    |  -7.11   |  2.218  | -0.7867 |
|   4    |  -12.4   |  3.66   |  0.9608 |
|   5    |  -6.999  |  2.23   | -0.7392 |
=================================================
```

그림 11-8 프로그램 기본 구조 : bayesian.ipynb

베이지안 패키지를 사용할 때 가장 먼저 할 일은 최적화하고자는 목표 함수를 정의하는 것이다. 목표 함수는 다양한 형태로 정의할 수 있으며, 최적화 알고리즘은 목표 함수의 반환값(Return Value)이 최대가 되게 만드는 파라미터를 자동으로 찾아준다.

테스트를 위해 x와 y를 입력받아 수식 $-x^2-(y-1)^2+1$을 계산해서 결괏값을 반환하는 함수 black_box_function을 만든다. 여기에서 최적화를 위해 찾고자 하는 파라미터는 x와 y이며, 최적화 대상이 되는 목표 함수는 black_box_function이 된다.

다음으로 정의해야 할 것은 파라미터의 변경 범위를 한정하는 것이다. 이것을 pbounds(Parameter Bounds)라고 하는데 파라미터 x와 y의 변경 범위를 딕셔너리(Dictionary) 자료구조로 지정한다.

이제 이 모든 것을 조합해서 최적화를 수행할 BayesianOptimization 클래스를 생성한다. 인수로 전달하는 목표 함수와 파라미터는 앞에서 설명했고, 클래스 내부에서 사용되는 랜덤(random) 함수의 시드(seed) 값을 지정한다.

생성된 BayesianOptimization 클래스에서 제공하는 maximize 함수를 호출하면 이제 본격적으로 최적화 프로세스가 시작된다. maximize 함수에는 두 개의 인수가 전달되는데, init_points에는 랜덤하게 인수를 선택해서 목표 함수를 실행하는 횟수를 지정한다. 랜덤하게 수행한다는 것은 최적화 기법을 적용하지 않지만 다양한 정보를 수집할 수 있다는 장점이 있다. n_tier에는 최적화를 수행할 횟수를 지정한다. 랜덤하게 목표 함수를 실행하면서 수집된 정보를 기초로 해서 n_tier 인수에 지정된 횟수만큼 최적화를 수행하게 된다.

```
'''
@Misc{,
    author = {Fernando Nogueira},
    title = {{Bayesian Optimization}: Open source constrained
                          global optimization tool for {Python}},
    year = {2014--},
    url = " https://github.com/fmfn/BayesianOptimization"
}
'''
print(optimizer.max)

{'target': -6.999472814518675, 'params': {'x': 2.2303920156083024, 'y': -0.7392021938893159}}
```

그림 11-9 max 속성 : bayesian.ipynb

최적화를 몇 회만 수행한다면 목표 함수의 실행 결과를 눈으로 확인하면서 최적의 파라미터를 찾을 수 있다. 하지만 최적화 실행 횟수가 많아지면 시각적으로 일일이 결과를 확인한다는 것은 쉬운 일이 아니다. BayesianOptimization 클래스에서는 내부 변수에 가장 성능이 좋은 목표 함수의 반환값과 파라미터를 기록하고 있다. 그러한 내부 변수가 바로 max 이다.

```
'''
@Misc{,
    author = {Fernando Nogueira},
    title = {{Bayesian Optimization}: Open source constrained
                            global optimization tool for {Python}},
    year = {2014--},
    url = " https://github.com/fmfn/BayesianOptimization"
}
'''
for i, res in enumerate(optimizer.res):
    print("Iteration {}: \n\t{}".format(i, res))

Iteration 0:
        {'target': -7.135455292718879, 'params': {'x': 2.8340440094051482, 'y': 1.3219469606529488}}
Iteration 1:
        {'target': -7.779531005607566, 'params': {'x': 2.0002287496346898, 'y': -1.1860045642089614}}
Iteration 2:
        {'target': -7.109925819441113, 'params': {'x': 2.2175526295255183, 'y': -0.7867249801593896}}
Iteration 3:
        {'target': -12.397162416009818, 'params': {'x': 3.660003815774634, 'y': 0.9608275029525108}}
Iteration 4:
        {'target': -6.999472814518675, 'params': {'x': 2.2303920156083024, 'y': -0.7392021938893159}}
```

그림 11-10 res 속성 : bayesian.ipynb

또한 BayesianOptimization 클래스 내부에는 최적화 실행 결과를 단계별로 리스트(list) 형태로 저장하고 있는 res 변수가 있다. 물론 최적화 과정이 진행되는 과정에서 화면에 결과를 단계적으로 출력해주지만, 모든 과정이 완료된 후 단계별 실행 결과를 분석할 필요가 있다. 그러한 경우 res 클래스 변수를 유용하게 사용할 수 있다.

```
'''
@Misc{,
    author = {Fernando Nogueira},
    title = {{Bayesian Optimization}: Open source constrained
                                    global optimization tool for {Python}},
    year = {2014--},
    url = " https://github.com/fmfn/BayesianOptimization"
}
'''
optimizer.set_bounds(new_bounds={"x": (-2, 3)})

optimizer.maximize(
    init_points=0,
    n_iter=5,
)

|  iter  |  target  |    x    |    y    |
---------------------------------------------
|  6     | -2.942   |  1.98   |  0.8567 |
|  7     | -0.4597  |  1.096  |  1.508  |
|  8     |  0.5304  | -0.6807 |  1.079  |
|  9     | -5.33    | -1.526  |  3.0    |
|  10    | -5.419   | -2.0    | -0.5552 |
=============================================
```

그림 11-11 set_bounds 함수 : bayesian.ipynb

BayesianOptimization 클래스에서는 set_bounds 함수를 제공하는데, 이를 활용하면 학습 과정에서 파라미터의 범위를 변경할 수 있다. 따라서 먼저 BayesianOptimization 클래스를 생성할 때 파라미터 범위를 지정해서 최적화를 수행하고, 그 결과를 분석해서 새로운 파라미터를 설정해서 학습을 다시 진행할 수 있다. set_bounds 함수를 사용하면 기존 파라미터를 사용해서 진행한 최적화 과정을 재활용할 수 있다는 장점이 있다.

```
'''
@Misc{,
    author = {Fernando Nogueira},
    title = {{Bayesian Optimization}: Open source constrained
                                global optimization tool for {Python}},
    year = {2014--},
    url = " https://github.com/fmfn/BayesianOptimization"
}
'''
optimizer.probe(
    params={"x": 0.5, "y": 0.7},
    lazy=True,
)

optimizer.probe(
    params=[-0.3, 0.1],
    lazy=True,
)

optimizer.maximize(init_points=0, n_iter=0)

|   iter    |  target   |     x     |     y     |
-------------------------------------------------
|  11       |  0.66     |  0.5      |  0.7      |
|  12       |  0.1      | -0.3      |  0.1      |
=================================================
```

그림 11-12 probe 함수 : bayesian.ipynb

또한 설정한 파라미터 범위에 의구심이 생길 경우 별도의 파라미터를 지정해서 최적화를
수행할 수 있는 기능도 제공한다. probe 함수를 사용하면 파라미터 값을 지정해서 최적화
를 수행할 수 있다. 인수로 넘겨지는 lazy=True는 maximize 함수가 호출된 다음 probe 함
수가 동작할 수 있도록 지정한 것이다.

```
'''
@Misc{,
    author = {Fernando Nogueira},
    title = {{Bayesian Optimization}: Open source constrained
                              global optimization tool for {Python}},
    year = {2014--},
    url = " https://github.com/fmfn/BayesianOptimization"
}
'''
from bayes_opt.logger import JSONLogger
from bayes_opt.event import Events

logger = JSONLogger(path="./bayesian/logs.json")
optimizer.subscribe(Events.OPTIMIZATION_STEP, logger)

optimizer.maximize(
    init_points=2,
    n_iter=3,
)
```

iter	target	x	y
13	-12.48	-1.266	-2.446
14	-3.854	-1.069	-0.9266
15	-3.594	0.7709	3.0
16	0.8237	0.03431	1.419
17	0.9721	-0.1051	0.8701

그림 11-13 JSON 파일 저장 : bayesian.ipynb

JSONLogger 클래스를 사용하면 학습 과정에서 발생하는 다양한 이벤트를 JSON 형식의 파일로 저장할 수 있다. JSONLogger 클래스를 생성한 다음 BayesianOptimization 클래스의 subscribe 함수를 호출하면서 JSONLogger 객체를 넣어주면, 다음 maximize 함수를 호출할 때 이벤트를 파일에 기록한다.

```
'''
@Misc{,
    author = {Fernando Nogueira},
    title = {{Bayesian Optimization}: Open source constrained
                            global optimization tool for {Python}},
    year = {2014--},
    url = " https://github.com/fmfn/BayesianOptimization"
}
'''
from bayes_opt.util import load_logs

new_optimizer = BayesianOptimization(
    f=black_box_function,
    pbounds={"x": (-2, 2), "y": (-2, 2)},
    verbose=2,
    random_state=7,
)

load_logs(new_optimizer, logs=["./bayesian/logs.json"])

new_optimizer.maximize(
    init_points=2,
    n_iter=3,
)
|   iter   |  target  |    x     |    y     |
---------------------------------------------------
|    1     |  -1.887  |  -1.695  |   1.12   |
|    2     |   0.928  |  -0.2464 |  0.8939  |
|    3     |  -4.825  |   2.0    |  -0.351  |
|    4     |  -3.456  |   2.0    |   1.675  |
|    5     |  -0.5305 |  -0.7284 |   2.0    |
===================================================
```

그림 11-14 JSON 파일 재사용 : bayesian.ipynb

JSON 파일에 기록된 이벤트는 다시 불러와서 재사용할 수 있다. 새로운 `BayesianOptimi`
`zation` 클래스를 생성한 다음 `load_logs` 함수를 호출할 때, 그 객체와 저장된 JSON 파일
의 위치를 지정하면 기존에 학습한 내역을 재활용해서 보다 효율적인 학습을 진행할 수
있다.

이제 기본적인 베이지안 최적화 패키지 기능을 알아보았으니 다음에는 베이지안 최적화
패키지를 활용해서 강화학습 알고리즘의 성능을 향상시키는 방법에 대해 살펴보자.

11.4

베이지안 최적화 패키지 활용

```
def black_box_function(layer_num_actor, node_num_actor, epochs_actor,
                       layer_num_critic, node_num_critic, epochs_critic,
                       learning_rate_actor, learning_rate_critic,
                       discount_rate, smooth_rate,
                       penalty, mini_batch_step_size, loss_clipping
                      ):
    config_data = {
        'layer_num_actor' :layer_num_actor,
        'node_num_actor'  :node_num_actor,
        'epochs_actor'    :epochs_actor,
        'layer_num_critic':layer_num_critic,
        'node_num_critic' :node_num_critic,          튜닝 파라미터
        'epochs_critic'   :epochs_critic,

        'learning_rate_actor' :learning_rate_actor,
        'learning_rate_critic':learning_rate_critic,
        'discount_rate'          :discount_rate,
        'smooth_rate'            :smooth_rate,
        'penalty'                :penalty,
        'mini_batch_step_size':mini_batch_step_size,
        'loss_clipping'          :loss_clipping
    }
    agent = Agent(config_data)
    agent.train()
    return np.mean(agent.reward_list)   반환값 정의
```

그림 11-15 cartpole_PPO_bayesian : 목표 함수 정의

목표 함수 이름은 앞에서 살펴본 예제와 동일하게 black_box_function으로 만들었다. 목
표 함수는 튜닝할 파라미터를 결정하고, 이 파라미터를 기반으로 프로그램을 실행해서
결과를 반환하는 기능을 수행한다. 여기에서 실행하는 프로그램은 강화학습을 수행하는
Agent 클래스가 된다. train 함수를 호출해서 Agent 클래스를 학습하고, 학습 전 과정에서

발생하는 보상을 누적하여 그 평균을 구해 반환한다. 최적화의 목적은 반환값의 평균을 최대로 만드는 파라미터를 찾는 것이다.

```
pbounds = {
            'layer_num_actor':(1,2),
            'node_num_actor':(12,128),
            'epochs_actor':(3,6),
            'layer_num_critic':(1,2),
            'node_num_critic':(12,128),
            'epochs_critic':(3,6),
            'learning_rate_actor' :(0.0001,0.001),
            'learning_rate_critic':(0.0001,0.001),
            'discount_rate'       :(0.9,0.99),
            'smooth_rate'         :(0.9,0.99),
            'penalty'             :(-500,-10),
            'mini_batch_step_size':(4,80),
            'loss_clipping'       :(0.1,0.3)
        }
```

그림 11-16 cartpole_PPO_bayesian : 파라미터 범위 지정

튜닝할 파라미터의 범위를 pbounds 변수에 딕셔너리 형태로 지정할 수 있다. 범위가 설정된 모든 파라미터는 최적화 과정에서 실수 값으로 선택되기 때문에 강화학습 과정에서 정수 입력이 필요한 파라미터는 강제로 자료형을 변경해줘야 한다.

```
def __init__(self, config_data):
    self.env = gym.make('CartPole-v1')
    self.state_size = self.env.observation_space.shape[0]
    self.action_size = self.env.action_space.n
    self.value_size = 1

    self.layer_num_actor = int(round(config_data['layer_num_actor'],0))   정수로 변환
    self.node_num_actor = int(round(config_data['node_num_actor'],0))
    self.epochs_actor = int(round(config_data['epochs_actor'],0))
    self.layer_num_critic = int(round(config_data['layer_num_critic'],0))
    self.node_num_critic = int(round(config_data['node_num_critic'],0))
    self.epochs_critic = int(round(config_data['epochs_critic'],0))

    self.learning_rate_actor = config_data['learning_rate_actor']
    self.learning_rate_critic = config_data['learning_rate_critic']
    self.discount_rate = config_data['discount_rate']
    self.smooth_rate = config_data['smooth_rate']
    self.penalty = int(round(config_data['penalty'],0))
    self.mini_batch_step_size = int(round(config_data['mini_batch_step_size'],0))
    self.loss_clipping = config_data['loss_clipping']
```

그림 11-17 cartpole_PPO_bayesian : Agent 클래스 변수 설정

앞서 언급한 것과 같이 **Agent** 클래스를 학습할 때 전달되는 파라미터는 모두 실수(float) 값이기 때문에 `layer_num_actor`와 `node_num_actor` 같은 변수를 설정하기 위해서는 강제로 정수로 바꿔주는 작업이 필수다.

```
optimizer = BayesianOptimization(
        f=black_box_function,
        pbounds=pbounds,
        random_state=1,
)
optimizer.maximize(           랜덤 5회, 최적화 20회
        init_points=5,            총 25회 수행
        n_iter=20
)
```

그림 11-18 cartpole_PPO_bayesian : 최적화 수행

이제 미리 만들어놓은 목표 함수와 튜닝을 위한 딕셔너리를 사용해서 BayesianOptimization 클래스를 생성하고 학습을 위해 maximize 함수를 실행하자. 다양한 데이터 수집을 위한 init_points 인수에 5를 설정해서 랜덤하게 5번 강화학습 에이전트를 실행하고, 최적화를 위한 n_tier 인수에 20을 설정해서 최적화 과정을 20번 수행한다.

11.5 베이지안 최적화 전체 코드

이제 앞에서 만든 코드를 PPO 알고리즘에 적용해서 베이지안 최적화 코드를 완성해보자.

cartpole_PPO_bayesian.py

```python
# -*- coding: utf-8 -*-
import tensorflow as tf
import tensorflow.keras.backend as K
from tensorflow.keras.layers import Input, Dense, Flatten
from tensorflow.keras.optimizers import Adam
import gym
import numpy as np
import random as rand
from bayes_opt import BayesianOptimization
class Agent(object):

    def __init__(self, config_data):
        self.env = gym.make('CartPole-v1')
        self.state_size = self.env.observation_space.shape[0]
        self.action_size = self.env.action_space.n
        self.value_size = 1
```

```python
        self.layer_num_actor = int(round(config_data['layer_num_actor'],0))
        self.node_num_actor = int(round(config_data['node_num_actor'],0))
        self.epochs_actor = int(round(config_data['epochs_actor'],0))
        self.layer_num_critic = int(round(config_data['layer_num_critic'],0))
        self.node_num_critic = int(round(config_data['node_num_critic'],0))
        self.epochs_critic = int(round(config_data['epochs_critic'],0))

        self.learning_rate_actor = config_data['learning_rate_actor']
        self.learning_rate_critic = config_data['learning_rate_critic']
        self.discount_rate = config_data['discount_rate']
        self.smooth_rate = config_data['smooth_rate']
        self.penalty = int(round(config_data['penalty'],0))
        self.mini_batch_step_size = int(round(config_data['mini_batch_step_size'],0))
        self.loss_clipping = config_data['loss_clipping']
        self.episode_num = 100
        self.moving_avg_size = 20

        self.model_actor = self.build_model_actor()
        self.model_critic = self.build_model_critic()

        self.states, self.states_next, self.action_matrixs, self.dones = [],[],[],[]
        self.action_probs, self.rewards = [],[]

        self.DUMMY_ACTION_MATRIX = np.zeros((1,1,self.action_size))
        self.DUMMY_ADVANTAGE = np.zeros((1,1,self.value_size))

        self.reward_list= []
        self.count_list = []
        self.moving_avg_list = []

class MyModel(tf.keras.Model):
    def train_step(self, data):
        in_datas, out_action_probs = data
        states, action_matrixs = in_datas[0], in_datas[1]
        advantages, loss_clipping = in_datas[2], in_datas[3]
        with tf.GradientTape() as tape:
            y_pred = self(states, training=True)
            new_policy = K.max(action_matrixs*y_pred, axis=-1)
            old_policy = K.max(action_matrixs*out_action_probs, axis=-1)
            r = new_policy/(old_policy)

            LOSS_CLIPPING = K.mean(loss_clipping)
```

```python
            loss = -K.minimum(r*advantages,
                              K.clip(r, 1-LOSS_CLIPPING, 1+LOSS_CLIPPING)*advantages)
        trainable_vars = self.trainable_variables
        gradients = tape.gradient(loss, trainable_vars)
        self.optimizer.apply_gradients(zip(gradients, trainable_vars))


    def build_model_actor(self):
        input_states = Input(shape=(1,self.state_size), name='input_states')
        input_action_matrixs = Input(shape=(1,self.action_size),
                                     name='input_action_matrixs')
        input_advantages = Input(shape=(1,self.value_size), name='input_advantages')
        input_loss_clipping = Input(shape=(1,self.value_size),
                                    name='input_loss_clipping')



        x = (input_states)
        for i in range(1,self.layer_num_actor+1):
            x = Dense(self.node_num_actor, activation="relu",
                      kernel_initializer='glorot_normal')(x)
        out_actions = Dense(self.action_size, activation='softmax', name='output')(x)


        model = self.MyModel(inputs=[input_states, input_action_matrixs,
                             input_advantages, input_loss_clipping],
                             outputs=out_actions)
        model.compile(optimizer=Adam(lr=self.learning_rate_actor))


        return model


def build_model_critic(self):
        input_states = Input(shape=(1,self.state_size), name='input_states')

        x = (input_states)
        for i in range(1,self.layer_num_critic+1):
            x = Dense(self.node_num_actor, activation="relu",
                      kernel_initializer='glorot_normal')(x)
        out_values = Dense(self.value_size, activation='linear', name='output')(x)

        model = tf.keras.models.Model(inputs=[input_states], outputs=[out_values])
        model.compile(optimizer=Adam(lr=self.learning_rate_critic),
                      loss = "binary_crossentropy"
                      )
        return model
```

```python
    def train(self):
        for episode in range(self.episode_num):
            state = self.env.reset()
            count, reward_tot = self.make_memory(episode, state)
            self.train_mini_batch()
            self.clear_memory()

            if count < 500:
                reward_tot = reward_tot-self.penalty

            self.reward_list.append(reward_tot)
            self.count_list.append(count)
            self.moving_avg_list.append(self.moving_avg(self.count_list,self.moving_avg_size))

    def moving_avg(self, data, size=10):
        if len(data) > size:
            c = np.array(data[len(data)-size:len(data)])
        else:
            c = np.array(data)
        return np.mean(c)

    def clear_memory(self):
        self.states, self.states_next, self.action_matrixs, self.done = [],[],[],[]
        self.action_probs, self.rewards = [],[]

    def make_memory(self, episode, state):
        reward_tot = 0
        count = 0
        reward = np.zeros(self.value_size)
        advantage = np.zeros(self.value_size)
        target = np.zeros(self.value_size)
        action_matrix = np.zeros(self.action_size)
        done = False

        while not done:
            count+=1
            state_t = np.reshape(self.normalize(state),[1, 1, self.state_size])
            action_matrix_t = np.reshape(action_matrix,[1, 1, self.action_size])

            action_prob = self.model_actor.predict([state_t, self.DUMMY_ACTION_MATRIX,
                        self.DUMMY_ADVANTAGE])
            action = np.random.choice(self.action_size, 1, p=action_prob[0][0])[0]
            action_matrix = np.zeros(self.action_size)  # 초기화
```

```
        action_matrix[action] = 1
        state_next, reward, done, none = self.env.step(action)

        state_next_t = np.reshape(self.normalize(state_next),[1, 1, self.state_size])

        if count < 500 and done:
            reward = self.penalty

        self.states.append(np.reshape(state_t, [1,self.state_size]))
        self.states_next.append(np.reshape(state_next_t, [1,self.state_size]))
        self.action_matrixs.append(np.reshape(action_matrix, [1,self.action_size]))
        self.dones.append(np.reshape(0 if done else 1, [1,self.value_size]))
        self.action_probs.append(np.reshape(action_prob, [1,self.action_size]))
        self.rewards.append(np.reshape(reward, [1,self.value_size]))

        if(count % self.mini_batch_step_size == 0):
            self.train_mini_batch()
            self.clear_memory()
        reward_tot += reward
        state = state_next

    return count, reward_tot

def make_gae(self, values, values_next, rewards, dones):
    delta_adv, delta_tar, adv, target = 0, 0, 0, 0
    advantages = np.zeros(np.array(values).shape)
    targets = np.zeros(np.array(values).shape)
    for t in reversed(range(0, len(rewards))):
        delta_adv = rewards[t] + self.discount_rate * values_next[t] * dones[t]
                    - values[t]
        delta_tar = rewards[t] + self.discount_rate * values_next[t] * dones[t]
        adv = delta_adv + self.smooth_rate * self.discount_rate * dones[t] * adv
        target = delta_tar + self.smooth_rate * self.discount_rate * dones[t] * target
        advantages[t] = adv
        targets[t] = target
    return advantages, targets

def normalize(self, x):
    norm = np.linalg.norm(x)
    if norm == 0:
        return x
    return x / norm
```

```python
def train_mini_batch(self):

    if len(self.states) == 0:
        return

    states_t = np.array(self.states)
    states_next_t = np.array(self.states_next)
    action_matrixs_t = np.array(self.action_matrixs)
    action_probs_t = np.array(self.action_probs)
    loss_clipping = [self.loss_clipping for j in range(len(self.states))]
    loss_clipping_t = np.reshape(loss_clipping, [len(self.states),1,1])

    values = self.model_critic.predict(states_t)
    values_next = self.model_critic.predict(states_next_t)

    advantages, targets = self.make_gae(values, values_next, self.rewards, self.dones)
    advantages_t = np.array(advantages)
    targets_t = np.array(targets)

    self.model_actor.fit([states_t, action_matrixs_t, advantages_t,
                          loss_clipping_t], [action_probs_t],
                         epochs=self.epochs_actor, verbose=0)
    self.model_critic.fit(states_t, targets_t,
                          epochs=self.epochs_critic, verbose=0)


if __name__ == "__main__":
    def black_box_function(layer_num_actor, node_num_actor, epochs_actor,
                           layer_num_critic, node_num_critic, epochs_critic,
                           learning_rate_actor, learning_rate_critic,
                           discount_rate, smooth_rate,
                           penalty, mini_batch_step_size, loss_clipping
                           ):
        config_data = {
            'layer_num_actor':layer_num_actor,
            'node_num_actor':node_num_actor,
            'epochs_actor':epochs_actor,
            'layer_num_critic':layer_num_critic,
            'node_num_critic':node_num_critic,
            'epochs_critic':epochs_critic,

            'learning_rate_actor' :learning_rate_actor,
            'learning_rate_critic':learning_rate_critic,
            'discount_rate'        :discount_rate,
```

```
            'smooth_rate'           :smooth_rate,
            'penalty'               :penalty,
            'mini_batch_step_size':mini_batch_step_size,
            'loss_clipping'         :loss_clipping
    }
    agent = Agent(config_data)
    agent.train()
    return np.mean(agent.reward_list)


pbounds = {
            'layer_num_actor':(1,2),
            'node_num_actor':(12,128),
            'epochs_actor':(3,6),
            'layer_num_critic':(1,2),
            'node_num_critic':(12,128),
            'epochs_critic':(3,6),
            'learning_rate_actor' :(0.0001,0.001),
            'learning_rate_critic':(0.0001,0.001),
            'discount_rate'        :(0.9,0.99),
            'smooth_rate'          :(0.9,0.99),
            'penalty'              :(-500,-10),
            'mini_batch_step_size':(4,80),
            'loss_clipping'        :(0.1,0.3)
        }

optimizer = BayesianOptimization(
    f=black_box_function,
    pbounds=pbounds,
    random_state=1,
)
optimizer.maximize(
    init_points=5,
    n_iter=20
)
```

이제 베이지안 최적화에 필요한 모든 기능을 결합해서 PPO 알고리즘 튜닝에 필요한 프로
그램을 완성해 보자. 베이지안 최적화 기법은 카트폴을 일정 횟수 이상으로 실행해야 하
고, 이후 최적화 과정을 한 번 더 거쳐야 하기 때문에 그리드 서치보다 시간이 오래 걸린
다. 하지만 베이지안 최적화는 이론적으로 보다 적은 실행 횟수로 성능을 낼 수 있다는 장

점이 있다.

11.6 베이지안 최적화 결과 분석

베이지안 최적화 코드가 적용된 PPO 알고리즘을 실행하고 로그를 중심으로 결과를 분석
해 보자.

cartpole_PPO_bayesian 실행 결과

| iter | target | discou... | epochs... | epochs... | layer_... | layer_... | learni... |
learni...	loss_c...	mini_b...	node_n...	node_n...	penalty	smooth...	
1	37.65	0.9375	5.161	3.0	1.302	1.147	0.000183
0.000267	0.1691	34.15	74.5	60.63	-164.2	0.9184	
2	23.1	0.979	3.082	5.011	1.417	1.559	0.000226
0.000278	0.2601	77.59	48.36	92.31	-70.57	0.9805	
3	32.31	0.9077	3.117	3.509	1.878	1.098	0.000479
0.000962	0.2066	56.58	48.6	91.63	-91.03	0.9016	
4	25.11	0.9675	5.967	5.244	1.28	1.789	0.000192
0.000503	0.2817	26.31	45.38	27.08	-490.5	0.9611	
5	34.92	0.919	3.797	4.475	1.053	1.574	0.000232
0.000630	0.24	11.78	60.03	92.55	-297.1	0.9045	
6	143.0	0.9626	3.623	3.248	1.306	1.548	0.000779
0.000576	0.1574	51.44	42.72	87.71	-87.47	0.9575	
7	33.65	0.9424	3.826	5.102	1.779	1.849	0.000585
0.000741	0.2949	34.85	61.93	28.71	-420.1	0.9347	
8	261.0	0.9561	5.377	4.037	1.091	1.536	0.000949
0.000489	0.1358	17.45	90.82	122.4	-133.1	0.9446	
9	29.04	0.9352	3.343	5.206	1.199	1.062	0.000959
0.000135	0.2367	44.62	119.1	51.09	-47.23	0.9792	

10	23.04	0.9682	5.624	4.292	1.77	1.288	0.000258
0.000582	0.2948	36.58	83.53	23.39	-362.3	0.9589	
11	42.52	0.9226	3.466	5.953	1.183	1.364	0.000418
0.000281	0.2086	10.69	119.6	18.01	-368.9	0.9539	
12	50.81	0.9216	5.941	4.988	1.431	1.603	0.000164
0.000936	0.2232	17.56	75.3	126.5	-123.4	0.9677	
13	28.11	0.9274	3.438	5.431	1.271	1.792	0.000169
0.000275	0.2057	17.54	85.69	24.01	-315.8	0.9555	
14	15.64	0.9223	4.879	4.707	1.951	1.056	0.000329
0.000266	0.2299	61.55	55.41	118.3	-390.9	0.928	
15	17.65	0.9873	4.764	4.072	1.858	1.077	0.000435
0.000464	0.2783	39.85	55.34	21.24	-484.9	0.9184	
16	20.63	0.9692	3.7	5.935	1.737	1.245	0.000185
0.000744	0.1418	72.77	38.84	66.25	-443.6	0.954	
17	28.45	0.9384	4.063	5.433	1.973	1.702	0.000253
0.000483	0.2822	20.95	14.45	56.22	-360.9	0.9325	
18	31.68	0.9874	4.124	5.531	1.317	1.099	0.000648
0.000143	0.1877	64.63	66.42	46.25	-324.1	0.9804	
19	112.5	0.9468	5.848	4.31	1.338	1.942	0.000230
0.000143	0.1504	17.42	119.2	72.16	-343.8	0.9182	
20	207.3	0.9015	4.888	4.1	1.926	1.801	0.000619
0.000111	0.1151	16.53	112.0	74.65	-344.8	0.9123	
21	334.6	0.9138	4.136	3.069	1.813	1.29	0.000704
0.000732	0.2671	18.73	119.2	74.68	-347.1	0.9321	
22	15.76	0.9723	5.409	3.821	1.124	1.855	0.000676
0.000359	0.189	50.06	46.28	89.35	-84.37	0.9848	
23	90.43	0.9503	4.78	4.383	1.522	1.837	0.000163
0.000425	0.1385	25.44	123.0	72.82	-348.1	0.9822	
24	33.81	0.9737	3.471	4.316	1.198	1.542	0.000170
0.000305	0.2157	17.06	121.6	77.53	-353.6	0.9655	
25	166.0	0.9869	4.916	5.744	1.673	1.487	0.000203
0.000690	0.2577	17.62	88.07	117.1	-135.2	0.9771	

===
==

베이지안 최적화 프로그램을 실행하면 결과는 이와 같다. 앞서 설정한 파라미터 값과 같이 모두 25회 프로그램이 실행되었다. 실행 과정 중에 보다 좋은 성능이 나오면 보라색으로 표시해 준다. 여기서는 맨 마지막 보라색 결과가 프로그램이 찾은 최적의 파라미터가 된다.

```
target_list = []
i=0
for res in optimizer.res:
    target_list.append([res["target"], i])
    i=i+1
target_list.sort(reverse=True)              실행 결과순으로 정렬
target_list

[[334.62, 20],
 [260.99, 7],
 [207.33, 19],
 [165.97, 24],
 [142.99, 5],
 [112.53, 18],
 [90.43, 22],
 [50.81, 11],
 [42.52, 10],
 [37.65, 0],
 [34.92, 4],
 [33.81, 23],
 [33.65, 6],
 [32.31, 2],
 [31.68, 17],
 [29.04, 8],
 [28.45, 16],
 [28.11, 12],
 [25.11, 3],
 [23.1, 1],
 [23.04, 9],
 [20.63, 15],
 [17.65, 14],
 [15.76, 21],
 [15.64, 13]]
```

최적의 파라미터 확인

```
print("*result:" , optimizer.res[20]['params'])

*result: {'discount_rate': 0.9138068228055699, 'epochs_actor': 4.13579
6340297432, 'epochs_critic': 3.068824820615902, 'layer_num_actor': 1.8
127168005702576, 'layer_num_critic': 1.2899196661865222, 'learning_rat
e_actor': 0.0007044665544668867, 'learning_rate_critic': 0.00073253232
36616151, 'loss_clipping': 0.2671282081035625, 'mini_batch_step_size':
18.73240705651665, 'node_num_actor': 119.19096504720964, 'node_num_cri
tic': 74.68079589490598, 'penalty': -347.12015260105, 'smooth_rate':
0.9321116290822046}
```

그림 11-19 베이지안 최적화 결과 분석

베이지안 최적화 실행 결과를 순서대로 정렬해 보자. 그러면 가장 큰 값은 334.62인 것을 확인할 수 있다. 강화학습 알고리즘에 가장 큰 값에 해당하는 파라미터를 입력해도 좋은 성능을 보이지만, 두 번째나 세 번째 값이 오히려 성능이 우수한 경우도 있다. 따라서 다양한 실험을 위해 결과가 우수한 순으로 정렬해볼 필요가 있다.

이제 최적의 파라미터를 확인하고 강화학습 모델에 적용한 다음 실제로 프로그램을 실행해 보자.

```
.....
LOSS_CLIPPING = 0.2671282081035625
class Agent(object):
    def __init__(self):
        self.env = gym.make('CartPole-v1')
        self.state_size = self.env.observation_space.shape[0]
        self.action_size = self.env.action_space.n
        self.value_size = 1
        self.layer_num_actor = int(round(1.8127168005702576,0))
        self.node_num_actor = int(round(119.19096504720964,0))
        self.epochs_actor = int(round(4.135796340297432,0))

        self.layer_num_critic = int(round(1.2899196661865222,0))
        self.node_num_critic = int(round(74.68079589490598,0))
        self.epochs_critic = int(round(3.068824820615902,0))

        self.learning_rate_actor = 0.0007044665544668867
        self.learning_rate_critic = 0.0007325323236616151
        self.discount_rate = 0.9138068228055699
        self.smooth_rate = 0.9321116290822046
        self.penalty = int(round(-347.12015260105,0))
        self.mini_batch_step_size = int(round(18.73240705651665,0))

        self.episode_num = 300

        self.moving_avg_size = 20

        self.model_actor = self.build_model_actor()
        self.model_critic = self.build_model_critic()
.....
```

그림 11-20 cartpole_PPO_bayesian_test.py 파라미터 설정

Agent 클래스에 앞에서 찾은 최적의 파라미터를 설정해 보자. 베이지안 최적화에서 파라미터는 모두 실수로 만들어지기 때문에 layer_num_actor나 node_num_actor 같은 변수에 값을 설정할 때는 정수로 만들어주는 과정이 필요하다.

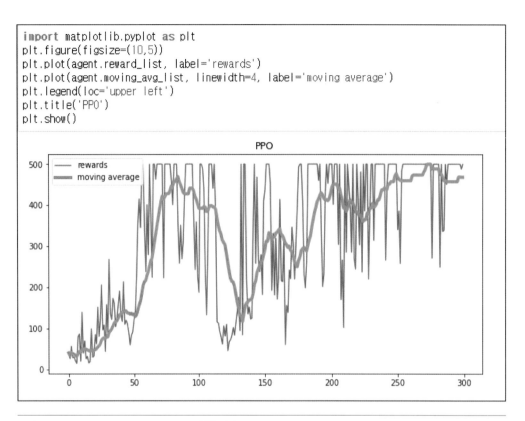

```python
import matplotlib.pyplot as plt
plt.figure(figsize=(10,5))
plt.plot(agent.reward_list, label='rewards')
plt.plot(agent.moving_avg_list, linewidth=4, label='moving average')
plt.legend(loc='upper left')
plt.title('PPO')
plt.show()
```

그림 11-21 cartpole_PPO_bayesian_test.py 실행 결과

보다 쉬운 분석을 위해 실행 결과를 시각화해 보자. 그리드 서치에서 찾은 파라미터보다 결과가 좋지는 않지만 60회 실행 이후에 최대 실행 횟수에 도달하는 등 수동으로 찾은 파라미터보다는 성능이 우수한 것을 확인할 수 있다.

여기에서는 단순하게 maximize 함수를 호출하면서 최적의 파라미터를 찾아보았다. 앞에서 설명한 set_bound, probe, load_logs 등 다양한 기능을 함께 사용하면 보다 효율적으로 알고리즘을 튜닝할 수 있다.

결과를 보면 앞선 장에서 살펴본 그리드 서치와 비교해서 성능이 그리 좋지는 않은 것을 확인할 수 있다. 들인 노력을 비교해 봤을 때는 베이지안 최적화 기법이 좀 더 우수한 성능을 보여줘야 하지만 결과는 반대다. 이는 카트폴 환경의 특성이 원인일 수도 있고 베이지안 최적화 기법에서 제공하는 다양한 기능을 활용하지 않아서일 수도 있다. 하지만 베이지안 최적화 기법이 개념적으로는 더 우수한 기술이기 때문에 앞으로 만나게 될 다양한 강화학습 문제에 적용해 보길 바란다.

지금까지 공부한 내용을 모두 이해한 사람이라면 이제 비즈니스 환경을 개선하거나 새로운 제품을 만들고 싶은 생각이 들 것이다. 이 책에서 소개한 강화학습 알고리즘은 아주 기본적인 내용이다. 지금 이 순간에도 강화학습과 관련된 다양한 이론들이 발표되고 있으며, OpenAI에서도 새로운 기술이 계속 소개되고 있다. 수준 높은 강화학습 전문가로 나아가기 위해서는 여기에서 머무르지 말고 다음과 같은 사항을 계속 준비해야 한다.

· · ·

기본으로 돌아가기

강화학습의 교과서는 리처드 서튼(Richard S. Sutton)이 집필한 《Reinforcement Learning: An Introduction》이다. 이 책에서 다루는 이론 부분이나 인터넷에서 검색되는 대부분의 자료들이 이 교과서를 기반으로 만들어졌다.

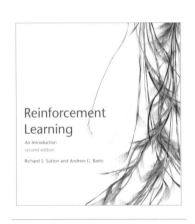

Reinforcement Learning: An Introduction

이 교과서는 국내에서는 《단단한 강화학습》이라는 제목으로 번역되어 소개되었다. 영문을 읽기에 부담을 느끼는 사람이라면 번역서를 읽는 것도 좋은 대안이 될 수 있다.

강화학습 이론은 기본적으로 어렵기 때문에 이 책에서는 교과서에 있는 많은 부분을 생략하고 필수적인 부분만 소개하였다. 이 책을 기반으로 하여 이후 강화학습 교과서를 완전히 이해한다면 지금보다 훨씬 높은 수준으로 발전할 수 있을 것이다.

이제 기본으로 돌아가서 교과서를 한 번 읽어 보자. 혼자가 힘들다면 여럿이 팀을 이루어 스터디를 해 보는 것도 좋은 방법이다.

• • •

인공신경망 기술 깊이 있게 공부하기

이 책에서 소개한 인공신경망 기술은 아주 기초적인 내용이다. 이미지를 처리하기 위한 CNN이나 요즘 각광받고 있는 GAN 기술에 대해서는 언급하지 않았다. 인공신경망은 활용 범위와 방법이 무궁무진하다. 인공신경망의 활용 가능성을 보여주는 대표적인 사례가 바로 CNN과 GAN이다. 전이학습(Transfer Learning)으로 대표되는 인공신경망 재활용 기술은 GAN에서 꽃을 피우고 있다.

자동차가 자율주행하기 위해서는 라이더가 인식한 이미지를 인공신경망을 통해 처리하고 그 결과를 강화학습을 통해 정책적으로 판단해야 한다. GAN은 새로운 이미지를 생성하는 데 많이 사용하지만 기본적으로는 인공신경망을 결합해서 새로운 결과를 만들어내는 기술이다. 따라서 GAN을 사용해서 강화학습의 성능을 개선하는 연구도 활발히 진행되고 있다.

이제 좀 더 다양한 인공신경망 기술을 공부해서 어떻게 강화학습 알고리즘에 적용하여 성능을 개선할지 고민해 보자.

OpenAI Spinning Up을 통해 업그레이드하기

OpenAI는 다양한 인공지능 기술을 연구하고 그 결과를 공유하는 비영리 기관이다. OpenAI Spinning Up은 OpenAI에서 제공하는 강화학습 학습 사이트다.

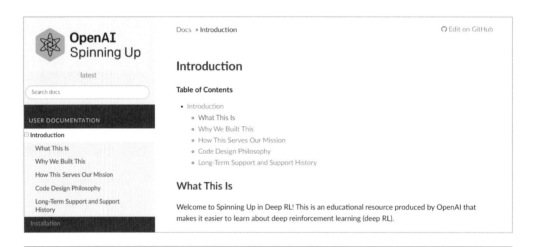

OpenAI Spinning Up

이 사이트에서는 다양한 자료를 찾을 수 있는데, 특히 강화학습을 어떻게 공부해야 하는지 구체적인 방법론도 소개하고 있다. 또한 PPO보다 최신에 소개된 DDPG 알고리즘을 소개하고 있으며 로봇 제어를 실험할 수 있는 Mujoco 게임에 대해서도 자세히 설명하고 있다.

OpenAI Spinning Up은 강화학습에 대한 이론을 좀 더 깊이 배울 수 있는 사이트다. 강화학습의 최신 이론을 인터넷에서 찾은 논문으로 공부하는 것은 학자에게나 적합한 이야기이고 프로그래머에게는 OpenAI가 아주 좋은 대안이 될 수 있다.

· · ·

인공신경망 도구 잘 다루기

아무리 좋은 레시피를 가지고 있는 요리사일지라도 칼 다루는 솜씨가 부족하다면 빠른 시간 안에 많은 식사를 준비해야하는 고급 호텔에서는 일할 수 없다.

대표적인 인공신경망을 지원하는 패키지에는 텐서플로우(Tensorflow)와 파이토치(Py-Torch)가 있다. 텐서플로우는 구글에서 개발해서 무료로 공개한 패키지이며, 확장 가능성과 기능의 다양성 때문에 기업에서 많이 사용하고 있다. 파이토치는 페이스북에서 개발하고 공개한 패키지로써 사용법이 간단하기 때문에 학계에서 연구용으로 많이 사용한다. 최근 들어 파이토치로 개발한 강화학습 알고리즘이 많이 공개되고 있는 추세다. 두 패키지 모두 각각의 장단점을 지니고 있기 때문에 자신의 상황에 알맞은 패키지를 선택해서 아주 잘 다룰 수 있을 수준으로 공부해 두는 것이 좋다.

텐서플로우 홈페이지

시중에 텐서플로우를 잘 다루는 방법을 설명한 책은 없는 것 같다. 텐서플로우는 홈페이지에서 튜토리얼과 가이드를 기본으로 제공하고 있기 때문에 홈페이지를 방문해서 패키지 사용법을 익히기를 추천한다. 튜토리얼만 제대로 공부해도 이론적인 측면에서 어느 정도 수준에 올라설 수 있다.

인공지능 기술을 산업계에 도입한 사례는 많이 보고되고 있다. 인공지능 스피커, 인공지능을 활용한 신약 개발, 제품 불량 검사, 사진 보정 솔루션 등 종류를 이루 다 말할 수 없을 정도다. 하지만 강화학습을 산업계에서 본격적으로 활용하고 있는 단계는 아직까지 실현되지 않은 것 같다. 독자분들도 느꼈겠지만 강화학습은 무한한 가능성을 가지고 있는 인공지능 기술이다. 지금이라도 빨리 이러한 기술을 내 것으로 만들어 비즈니스에 적용해 보자. 내가 속한 기업의 가치가 올라가고 내 몸값이 한 단계 업그레이드될 것이다.

찾아보기